レファレンスサービスの射程と展開

New Perspectives in the Evolution of Reference Services

根本彰・齋藤泰則 編

日本図書館協会

New Perspectives in the Evolution of Reference Services

レファレンスサービスの射程と展開　／　根本彰・齋藤泰則編. －　東京　：　日本図書館協会,
2020. －　349p　；　21cm. －　ISBN978-4-8204-1913-6

t1. レファレンス　サービス　ノ　シャテイ　ト　テンカイ　a1. ネモト, アキラ　a2. サイトウ,
ヤスノリ
s1. レファレンスワーク　①015.2

序文

　17世紀バロック期に微積分学の基礎をつくった万能の天才ライプニッツ
はハノーバー宮廷の司書を務めていた人である。彼が構想した「普遍百科事
典」は今インターネットとGoogleの組み合わせとして実現されようとして
いる。というのは，Googleはそもそも開発者セルゲイ・ブリンとラリー・
ペイジによって，所属していたスタンフォード大学のデジタル図書館計画と
して構想されたものに起源があるからだ。「ページランク」と呼ばれるその
検索アルゴリズムは，被引用回数，引用メディアの重要性，引用者の重要性
など学術論文評価システムの考え方をそのまま踏襲していた。インターネッ
トが検索エンジンと組み合わされて普遍百科事典あるいは巨大な図書館と
なっているというのは，単なる隠喩ではなくて，実際にそれを実現しようと
いう構想からスタートしているのである[1]。これにより図書とその他の情報
源の区別をするのが難しくなっている今日，何を調べるのにもまずGoogle
を検索するのが日常になっている。

　本書がテーマとするレファレンスサービスは，19世紀後半にアメリカの
図書館界で使われ始めた言葉である。18世紀後半，独立後のアメリカでは
近代社会実現のためのインフラ整備が行われた。その中で都市施設や大学を
発達させ，そこに公共図書館や大学図書館を設置した。これは特にヨーロッ
パ諸国への知的文化的従属からアメリカ人を解放するのに貢献した。独立後
1世紀が過ぎた頃には働く人々の専門的スキルを共有する動きが見られ，
1876年にアメリカ図書館協会（ALA）がつくられる前後から図書館員の専門
性を主張する動きが活発になった。ALA設置を決めた図書館員会議でウス
ター公共図書館長サミュエル・グリーンは「通俗図書館における図書館員と
利用者との間の人的な交流や交渉の望ましさ」を主張する論文を発表した。
これが明示的に人的サービスとしてのレファレンスサービスの必要性を説い

た最初の主張だという[2]。

　当初は「図書館員への接近」（access to librarians）や「利用者援助」（user assistance）などと呼ばれていたものが，20世紀前半にはレファレンスワーク（reference work）という呼称が一般的になっていった。これが徐々に「レファレンスサービス」（reference service）と呼ばれるようになるのは，「サービス」という呼称が，図書館員の業務の専門職化，分化，深化が進む際の仕事の特性を示しやすかったからだろう[3]。

　現在は，レファレンスサービスあるいはレファレンス情報サービス（reference and information services）という呼び方が一般的である。情報が入ったのは言うまでもなく，デジタル情報資源が増えてきたからであり，図書館学（library science）が図書館情報学（library and information science）と変更されたのと基本的に同じ理由である。ちなみに，現在，この領域で使われているアメリカの標準的な教科書2点は「レファレンス情報サービス」の呼称をもっている[4]。しかしながら，ロースティーンはボストン公共図書館では19世紀末にこのサービスが「情報サービス」と「読書嗜好の向上」との区別もなく開始されていたことに言及しているから，当時からレファレンスと情報との区別もそれほど明確ではなかったと言える[5]。

　日本でも明治末から「閲覧指導」，「指導＝レフェランス」，「参考業務」等の呼称での業務の紹介があり，大正年代には今澤慈海が『図書館雑誌』に「参考図書の使用法及び図書館における参考事務」の記事を書いて論じた[6]。だが本格的に実施されるようになるのは，第二次世界大戦後の占領期にCIE図書館の設置や図書館員研修，養成課程を通じて積極的に導入されてからである。特に1951年から翌年にかけて18か月間，慶應義塾大学の日本図書館学校で教えたアメリカの専門家フランシス・チェニー（Cheney, Francis）の影響が大きかった。レファレンスサービスの理論と実践は同校の教え子や同時期の図書館指導者講習会を通じて全国各地に広がった。

　戦後間もない時期に，神戸市立図書館では図書館指導者講習会でレファレンスについて学び，それを実践に移そうとした館長志智嘉九郎のリーダー

シップの下で,「相談係」を置いてレファレンスサービスを実施した。この活動は, 文部省の依頼でつくられた報告書『レファレンス:公共図書館における実際』(1954) を通じて公共図書館界に広く知られるようになった。志智はその改訂版として『レファレンス・ワーク』(1962) を著し, これが図書館の実践的手引き書になった。この本を見ると, レファレンスワークあるいはレファレンスサービスのことを reference と原綴りで表現している。アメリカの影響がいかに強かったかがわかると同時に, まだ, 自らのものとなっていないことをも示している。

　レファレンスサービスの考え方は, 慶應でチェイニーについて学んだ藤川正信が『第二の知識の本』(1963) を書き, これは「新潮社ポケットライブラリ」という新書版の本として刊行されたので広く読まれた。ただし, 藤川が「第二の知識」と言い換えたように, レファレンスの概念自体が難しいものと捉えられていた。その後も現在に至るまで, レファレンスを扱った一般向けの書籍はひっきりなしに出版されている。それは関連用語の「情報サービス」,「情報検索」や「情報探索」を謳ったものに限られない。書誌事項省略で書名キーワードと刊年だけあげると,「文献探索学」(1969),「取材学」(1975),「調べる技術」(2004),「情報調査力」(2009),「情報術」(2011),「図書館活用術」(2016),「調べるチカラ」(2018) が書名で使われていた。さらに少々間口を広げると,「発想法 (KJ法)」(1967),「知的生産の技術」(1969),「知的トレーニングの技術」(1980),「『知』のソフトウェア」(1984),「自分で調べる技術」(2004),「読書の技法」(2012),「知の操縦術」(2016),「知の仕事術」(2017),「情報生産」(2018) なども, 知を整序しそこから必要なものを取り出すスキルについて述べているという意味で, レファレンスの考え方を使用している。

　レファレンスとは, 資料に含まれる「知」のネットワークの媒介作用のことであり, これを使いこなすことが重要と考えられてきた。しかし図書館員の思いに反して, それは図書館の公的なサービスとして日本社会に受け入れられたとは言えなかった。2012 年の国立国会図書館によるレファレンスサー

ビス調査によると,「リスク時の生活支援者」,「産業従事者」,「研究従事者」の各グループにインタビューを行ったところ,図書館のレファレンスサービスはほとんど知られておらず,人的サービスの現状に対して厳しい意見が多く見られたという結果が報告されている[7]。

世界的傾向として,インターネットが情報インフラとなるにしたがってレファレンスサービスに大きな変化が生じている[8]。統計数値に現れるレファレンス質問件数の減少は顕著であることから,図書館では,研究内容に踏み込んだ主題質問への対応,課題解決支援のような質問者が置かれた状況に踏み込むサービス,情報リテラシー教育,書誌・索引データベースの構築,デジタルアーカイブの構築,レファレンス質問回答の協同データベースの構築などの試みが行われている。冒頭で触れたようにインターネットが巨大な図書館であるとの見方がある一方,ネットにはない情報に注目する動きがあり,改めて図書館にも目が注がれている。さらには従来の図書館,博物館,文書館にあった知的資源をデジタル化してネットで利用可能にするジャパンサーチ開発の動きもある。

レファレンスサービスの概念は依然として有効であるが,それはもはや図書館員だけが対応できる領域ではない。誰もが知を発信し,知を利用する状況の中で,知を扱う専門機関である図書館はどのようなスタンスでサービスを行うべきなのか。これは,図書館関係者が共通して抱いている関心事である。

本書は,慶應義塾大学,東京大学,愛知淑徳大学で教鞭をとられ,長い間日本のレファレンスサービス研究をリードされてきた長澤雅男先生が 2018 年 3 月に逝去されたことを悼み,教え子だった研究者を中心に企画を立てて執筆にあたったものである。参加者それぞれが自由に問いを立て,2 度の研究会を開いてレファレンスサービスに対する問題意識を共有したうえで,執筆した。全体の構成は,第 I 部がレファレンスサービスの理論や技術を扱い,第 II 部は情報資源の管理や情報メディアを取り上げ,第 III 部では図書館のレファレンスサービスと利用者に焦点を当てている。執筆者一同,本書

が，長澤先生によって切り拓かれたレファレンスサービス論の考え方が社会全体で受け入れられつつあることを確認し，図書館レファレンスサービスの新たな動向を示唆する内容を持ちえたのではないかと，密かに自負しているところである。

2019 年 11 月

根本　　彰

注

1)　石田英敬・東浩紀『新記号論：脳とメディアが出会うとき』ゲンロン，2019，p.368-392.

2)　ローススティーン，サミュエル『レファレンスサービスの発達』（長沢雅男監訳）日本図書館協会，1979，p.50.

3)　とはいえ，20 世紀後半の 30 年間に 8 版まで版を重ねて刊行されたウィリアム・カッツの教科書は 2002 年まで reference work という用語を使用し続けていた。Katz, William A. *Introduction to Reference Work*, 2 vols. 1st -8th editions, McGraw Hill, 1969-2002.

4)　Smith, Linda C. et al.（eds.）*Reference and Information Services: an introduction*, fifth edition, Libraries Unlimited, 2016. Cassell, Kay Ann and Hiremath, Uma（eds.）*Reference and Information Services: an introduction*, fourth edition, ALA Neal-Schuman, 2018.

5)　長澤雅男『参考調査法』理想社，1973，p.57.

6)　Ibid., p.51-52.

7)　『日本の図書館におけるレファレンスサービスの課題と展望』（図書館調査研究リポート No.14）国立国会図書館，2013，p.145.

8)　田村俊作「総論・レファレンス再考」『情報の科学と技術』vol.58, no.7，2008，p.322-328.

目次

序文　根本　彰　*iii*

Ⅰ部　理論・技術 ——————————————————————— *1*

第1章　知識の論理とレファレンスサービス…………………………　齋藤泰則　*2*

第2章　レファレンスサービスの要素技術…………………………　高久雅生　*30*

第3章　レファレンスサービスの自動化可能性　…………………　浅石卓真　*49*

第4章　レファレンス理論でネット情報源を読み解く…………　根本　彰　*72*

Ⅱ部　情報資源の管理と提供 ——————————————— *105*

第5章　レファレンスサービスからみた IFLA LRM の情報資源の世界

　　　　…………………………………………………………………　橋詰秋子　*106*

第6章　知識資源のナショナルな組織化　………………………　根本　彰　*134*

第7章　パーソナルデジタルアーカイブは 100 年後も「参照」

　　　　されうるか　………………………………………………　塩崎　亮　*163*

第8章　『広辞苑』デジタル版の移り変わり　…………………　石黒祐子　*184*

Ⅲ部　図書館レファレンスサービスと利用者 ——————— *217*

第9章　日本のレファレンスサービス　七つの疑問　…………　糸賀雅児　*218*

第10章　公共図書館における読書相談サービスの再構築……　福永智子　*257*

第11章　米国の大学図書館界における教育を担当する図書館員の

　　　　人材像の変遷………………………………………………　上岡真紀子　*289*

第 12 章　探究学習における学校図書館の役割 ……………………… 岩崎れい　*313*

あとがき……………………………………………………………… 齋藤泰則　*333*

索引 ……………………………………………………………………………… *337*

I部
理論・技術

第 1 章
知識の論理とレファレンスサービス

齋藤泰則

1. はじめに

　レファレンスサービスは，質問回答サービスとも称される直接サービスと
レファレンスコレクションの形成等にかかわる間接サービスとに分けられ
る。前者の質問回答サービスは，その名称のとおり，利用者からの質問の提
示を受け，レファレンスインタビューによる質問の明確化の作業を経て，参
照すべき資料を選択・決定し，参照した資料から得られたものを回答として
提供するサービスである。この利用者から提示される質問は，事項調査質問，
文献調査質問，文献探索質問，所蔵調査質問，探索法質問などに分類される。
　一方，間接サービスは，レファレンスコレクションを形成し，パスファイ
ンダー等の検索ガイドを作成・提供するなど，間接的に利用者自身の探索を
支援するものである。利用者は，要求を充足する回答を得るために，辞書・
事典類等の事実検索用のレファレンス資料や書誌・索引・蔵書目録等の文献
検索用のレファレンス資料を自ら選択，参照することになる。間接サービス
の利用をとおして充足する利用者の要求は，直接サービスで扱われる上記の
質問類型のいずれかに分類される。直接サービスと間接サービスとの基本的
な違いは，要求が質問として図書館員に提示されるか否かにあるが，間接
サービスには資料の参照を通じて潜在化していた要求の意識化を促すという
きわめて特徴的かつ重要な機能が見られる。
　直接サービスであれ，間接サービスであれ，レファレンスサービスに寄せ
られる質問は，ある特定主題に関する知識を直接求めるような事実検索質問
を除き，ある特定主題に関する知識を求める質問がその基底にあり，その質

問を処理するために暫定的に設定された質問として捉えられる。たとえば，所蔵調査質問は，利用者が獲得しようとしている知識が記録されていると判断された資料の所蔵を調査する質問である。利用者の最終的な要求は所蔵調査質問への回答により入手できた資料から得られる特定主題に関する知識である。また，探索法質問は，自らが必要とする資料や知識を探索する方法を問う質問であるが，ここでも，利用者の最終的な要求は回答として提示された探索法を使って自ら探索し入手できた資料から得られる特定主題に関する知識である。

　このように，レファレンスサービスの利用者は，ある主題に関する知識を求めている人間である。ある主題に関する知識を求める行為は，その主題についてわからないことがあるという利用者の認識，すなわち「無知の知」から生じる行為を意味する。たとえば，「関ケ原の戦いの年を知りたい」という利用者は，関ケ原の戦いの年を知らない人間である。それだけでなく，関ケ原の戦いの年を知らないということを認識している人間でなければならない。関ケ原の戦いの年を知らない人間であっても，知らないということを認識していなければ，レファレンスサービス，とりわけ質問の提示が求められる直接サービスの利用はできない。レファレンスサービスが無知の知を前提とすることは，直接サービスの利用はいうまでなく，多くの間接サービスの利用にもあてはまるが，間接サービスは，この無知の知そのものの生成を促す点に最大の特徴がある。

　レファレンスサービスは，直接サービスと間接サービスの違いを問わず，ある主題に関する無知の知を有する利用者に対して，その主題に関する知識が含まれている資料への参照をとおして，利用者の知識獲得を支援するサービスであり，知識が含まれている資料から知識をもたない利用者への知識の転移を支援するサービスである。

　そこで本稿では，無知の知とレファレンスサービスの関係性について，知識の論理にもとづいて考察する。

　2 節では，ある主題に関する知識をもたず，無知の知の状態にある利用者

がその主題に関する知識を獲得し，わかったといえる条件，すなわち知識の
条件について取り上げる。また，レファレンスサービスは図書や雑誌記事・
論文等の資料に依拠して提供されるサービスであるが，これらの資料は知識
の条件を満たすうえでどのような機能を有しているのかについて考察する。

　3 節では，間接サービスが無知の知を生成し，無意識のレベルにある要求
を顕在化させる機構をもつことを示す。無知の知を生成するうえで，間接
サービスの一環である開架制のもつ意義と機能について取り上げる。さら
に，レファレンスサービスの利用者の要求の基底にある主題探索質問を扱う
主題探索の特性について論じる。

　4 節では，3 節の考察を踏まえて，レファレンスサービスにおける質問回
答からなる直接サービスとレファレンスコレクションの形成等からなる間接
サービスとの関係性について考察し，間接サービスの提供が無知の知を生成
し，直接サービスの利用を導く発信型のレファレンスサービスモデルを提示
する。

2. 知識の条件とレファレンスサービス

　レファレンスサービスは利用者の情報への要求を充足するサービスとさ
れ，要求を満たすために参照される資料は一般に情報資源と呼ばれている。
しかし，本節で見ていくように，レファレンスサービスは，情報要求という
よりも，利用者の知識要求を充足させるサービスという点に特徴がある。本
節では，レファレンスサービスに寄せられる要求は，直接サービスと間接サー
ビスを問わず，知識への要求として捉えたほうがよい理由について述べる。

　そこでまず，資料への参照により，ある主題について知ることができた，
わかったといえる知識の条件について取り上げる。そのうえで，図書や雑誌
記事・論文を中心とする資料には知識が記録されており，それらの資料は何
かを知るうえで典拠としての機能を有しているという特性について見ていく。

2.1　知識の条件と典拠となる資料

　レファレンスサービスを利用する利用者は，ある主題について何かわからないことがあり，そのわからないことについてレファレンス資料を参照して知るようになることを期待している人間である。では，そのような利用者は，どのような条件を満たしたならば，わからなかった主題についてわかったといえるのだろうか。

　たとえば，「関ケ原の戦いの年」がわからず知りたいと思っている利用者がいたとしよう。このとき，その利用者が「関ケ原の戦いの年が知りたい」という質問をレファレンスライブラリアンに提示したならば，そのレファレンスライブラリアンは『国史大辞典』（吉川弘文館），『日本史年表』（岩波書店）等のレファレンス資料を参照し，その年が 1600 年であるとの回答を提供することになろう。この場合，利用者は直接サービスを利用したことになる。質問を提示することなく，利用者自らレファレンス資料が排架されている書架に行き，上記のレファレンス資料を参照してその年を知ったならば，その利用者は間接サービスを利用したことになる。いずれのサービスを選択したにせよ，その利用者はレファレンスサービスを利用して，自らの知識要求を充足したことになる。では，関ケ原の戦いの年を知りたい人間が，サーチエンジンを検索し，著者が明記されていない匿名のサイトを参照したとしよう。この場合，その人間は関ケ原の戦いの年について知ることができたといえるであろうか。

　知識の問題を扱う哲学の一領域である認識論によれば，ある主題について知識がある，すなわち，知っているといえるためには，次の 3 つの条件が必要になるとされている[1)]。

表 1　知識の条件

1. ある人間は，ある主題 s について，なんらかの信念 p をもっていること
2. その信念 p が正しいこと
3. その人間は，その信念 p が正しいことの根拠を提示できること

　ここで信念とは，その人間が正しいと信じる自分の考えを指すものである。たとえば，いま主題 s を「関ケ原の戦いの年」とするならば，「関ケ原の戦いの年は 1600 年である」という考えをもち，それが正しいものとその人が考えているとき，その人間は「関ケ原の戦いの年は 1600 年である」という信念 p をもっていることになる。これが知識の第 1 条件である。

　しかし，それだけではその主題について知っていることにはならない。その信念の内容が客観的に見て正しいものでなければならない。それが知識の第 2 条件である。そして，その正しさを根拠づけなければならないというのが第 3 条件である。

　関ケ原の戦いの年の例でいえば，「関ケ原の戦いの年は 1600 年である」ことを知っているといえるためには，正しさのよりどころを意味する「典拠」となる資料への参照によって，その信念の内容が形成されたものでなければならない。『国史大辞典』（吉川弘文館）や『日本史年表』（岩波書店）はそうした典拠となる資料として位置づけることができる資料である。

　以上の典拠となる資料の参照と知識獲得との関係は次の図 1 のように示すことができる。

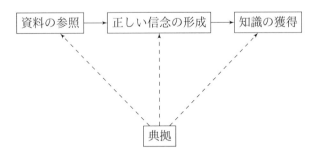

図 1　典拠となる資料の参照と知識獲得

2.2　典拠となる資料の条件

　先の例では，『国史大辞典』や『日本史年表』が典拠資料として利用され

ていたが，なにゆえ，それらの資料が典拠となるのか。そもそも，典拠とはどのような意味なのであろうか。国語辞書によれば，「典拠」には次のよう意味が与えられている。

表2　典拠の意味

> 典拠
> ・頼りにできる根拠。正しいよりどころ（『日本国語大辞典』）
> ・頼りにできる根拠。文献などにみえる，しっかりしたよりどころ　（『大辞泉』）
> ・（文献上の）確かな根拠。よりどころ　（『大辞林』）

このように，典拠とは，ある主題に関して正しい内容が記述されており，その内容の信頼性が保証されているような資料のもつ属性といえる。よって，知識の条件の第3条件にもとづき，ある主題について知らない人間がその主題について知るために参照されるべき資料は典拠となりえる資料でなければならない。

では，典拠となる資料が正しい内容をもち，信頼できるという属性を有するという特性はどこから生じるのであろうか。その手がかりとなるのが，典拠を意味する英単語である authority と著者を意味する author である。*The Concise Oxford English Dictionary*（OED）によれば，authority と author について次のような意味解説が与えられている[2]。

表3　authority と author の意味

> authority
> 　the power to influence others based on recognized knowledge or expertise.
> 　an authoritative person, book, or other source.
> author
> 　one who has authority over others

　OEDによれば，authorityとは，「承認された知識や専門知識にもとづいて他者に影響を及ぼす力」である。一方，authorとは，「他者に対してauthorityを有する者」とされている。authorityとauthorという単語の語幹が一致していることからわかるように，この二つの概念は密接に関係している。この著者を意味するauthorという概念は，ただ単に著す者，執筆者という意味にとどまらず，読者にとっては，著作物の主題に関する専門知識を有することから生じる著者のもつ権威，すなわち認識論的権威（epistemic authority）をもつ個人ないしは団体を意味することになる[3]。このように，ある資料が典拠となるのは，その資料が扱う主題に関する専門知識を有する個人ないし団体が書き著したものであることに依拠しているのである。

　専門知識を有する個人ないし団体の著作物であることが，典拠としての機能を発揮するという点について，次のような具体的な事例をもとに見ていきたい。ある専門用語，たとえば「エントロピー」という用語の意味についてわからないので，知りたいと思っている人間がいたとしよう。そこで，その人間は次の3種類の資料を参照したとする。1）サーチエンジンで検索してヒットした匿名のサイト，2）友人，3）『日本大百科全書』（小学館）である。このとき，エントロピーの正しい意味を知ることができる典拠となる資料は何であろうか。それは『日本大百科全書』である。なぜなら，百科事典の見出し項目に関する解説は，当該分野の専門家によって解説されており，その記述内容の信頼性が基本的に保証されているからである。すなわち，その解説の末尾には，執筆者名が明記され，参考文献や出典も明示するなど，その解説内容の信頼性をさらに高めるような手がかりが与えられている。

　それに対して，1）の匿名のウェブサイトはどうであろうか。匿名のサイトはそもそも執筆者が明記されていないがゆえに，信頼性の有無そのものを判断できない。また，友人は，仮にその分野の専門知識を有している人物であったとしても，正しさの拠り所として客観的，社会的に承認されている専門家であるという証拠が示されない限り，典拠とはなりえない。

　辞書・事典などのレファレンス資料は，専門家によって執筆されているこ

とに加えて，出版者による編集作業を経て公刊された資料でもある。その分野に関するすぐれた出版実績によって社会的に形成された出版者のもつ権威も，著者とともに，読者にとっては認識論的権威として捉えられる。

こうした，著者や出版者のもつ認識論的権威に依拠して当該資料が典拠となりえるかどうかを判断しなければならない理由は，ある主題について知らない人間のもつ本質的な特性にある。すなわち，エントロピーに関する知識をもたない人間は，そもそも，参照した資料に示された当該用語の解説内容を参照しても，その内容自体が正しいかどうかを判断することはできない。ゆえに，典拠となる資料の選択にあたっては，資料における解説内容そのものに依拠することはできず，資料の記述内容以外の客観的指標にもとづいて判断することが必要となる。

次の表 4 は，典拠となる資料かどうかを判断する際の指標，条件となるものを示したものである。

表4　典拠となる資料の指標と条件

1. その主題に関する専門家が解説を執筆しており，その氏名が明記されていること
2. 解説の作成にあたり，出典や参考文献に依拠し，その書誌的事項を明記していること
3. その資料の出版者が当該分野に関する出版の実績があり，社会的に評価を受けていること

ある主題に関する知識をもたない利用者でも，こうした客観的な指標をもとにするならば，その資料の内容の信頼性を評価できるのである。同様に，レファレンスライブラリアンはあらゆる主題分野について専門知識を有しているわけではない。主題専門知識をもたない分野に関するレファレンス質問を受け付けることが多い中で，回答を提供するために利用する資料の選択にあたって，レファレンスライブラリアンもこうした客観的な指標を用いる必

要がある。

2.3　知識と情報

　前項で示したように，レファレンス資料をはじめとする図書館資料は，ある主題についてわからない利用者がその主題について知識を獲得するための典拠資料として参照されるものであり，その意味で知識資源として捉えるべきものである。

　図書館の領域では，図書や雑誌等の図書館資料を総称して情報資源という用語が使用されており，知識資源という用語の使用例は少ない。文部科学省令で定められている図書館に関する科目においても，図書館情報資源論など，情報資源という用語が使用されている。しかしながら，次のような日常交わされる会話をみるとき，「情報」と「知識」には一定の差異があることがわかる。

　　＜文１＞「先ほど，Ａを震源地とする震度７の大きな地震がありました」
　　＜文２＞「地震に関するメカニズムとして"プレートテクトニクス"というものがあります」

　この二つの文について，文１の内容は，「情報」が示されているとはいえるが，「知識」が示されているとはいわないだろう。たとえば，文１がある放送局のニュース速報として発表され，その後に「気象庁から先ほどの巨大地震に伴う津波に関する『情報』が発表されました」というニュースの表現は考えられるが，「気象庁から先ほどの地震に伴う津波に関する『知識』が発表されました」とはいわないだろう。一方，文２については，地震に関する「知識」を示したものとはいえるが，地震に関する「情報」を示したものとはいわないだろう。

　この違いは何に起因しているのであろうか。それは，その内容のもつ価値の即時性と持続性の違いからくるものといえる。文１の内容は，緊急避難の

対応を促すなど，即時的価値がきわめて高いものである。それに対して文 2 の内容は，さまざまな地震について，その主要なメカニズムを示したものであり，今後予想されている地震のメカニズムにも適用可能なものとして，持続的価値の高いものといえる。

　即時的価値をもつ文は，いうまでもなく，即時的伝達が可能な媒体をとおして伝達される必要がある。それゆえ，文 1 の伝達にあたって，TV やウェブサイトという即時的伝達が可能な媒体が選択・使用され，図書や雑誌記事という媒体が選択されることはない。一方，文 2 の内容は，主に地震に関する専門図書等の中で記述されるものであって，TV やラジオで伝達されるようなものではない。中学校や高等学校において，理科や地学といった科目の中で，児童・生徒に対して，地震のメカニズムとして学習されるような内容である。

　また，次のような発話にも注目したい。「今日，私は，理科の授業で，プレートテクトニクスに関して学習し，地震のメカニズムに関する知識を習得しました」とはいうが，「今日，私は，理科の授業で，プレートテクトニクスに関して学習し，地震のメカニズムに関する情報を習得しました」とはいわないであろう。この違いは，学校で学ぶものは，短期的な価値をもつ情報ではなく，長期的で持続的な価値を有する知識であることを示唆している。大学教育においても，そこで学ぶものは，持続的，長期的に価値を有する理論や思想，概念であり，初等中等教育と同様，基本的に知識を習得する場であることに変わりない。このことから，学校図書館や大学図書館が所蔵すべき図書や雑誌等の資料は，授業や学習内容を深化・拡張させるような知識が記録された媒体でなければならず，知識資源と呼ぶことがふさわしいものである。公共図書館においても，市民の生涯学習を支援する公的機関として機能することが求められており，情報が学習の対象となることはないとするならば，所蔵資料あるいは図書館をとおしてアクセス可能な資料はやはり知識資源でなければならない。

　以上の情報と知識の違いをまとめたのが表 5 である。情報と知識の間に

は，価値，行為，メディアにおける差異に加えて，内容に関する真偽との関係が指摘できる。知識とは，表2に示したように，正しい信念を形成するもので，その内容が真であることが条件となる。それに対して情報は，誤った情報が伝達されたという言い方が示すように，真偽からは中立である点に注意したい。

表5　情報と知識の違い

区　分	価　値	行　為	メディア	真　偽
情報	即時性	伝達	TV, ウェブ	中立
知識	持続性	学習	図書・雑誌記事	真

　長澤雅男も情報と知識との関係性について着目し，次のように指摘している。

　　情報を特定の目的に対して評価されたデータであるとするならば，知識は単なる個々のバラバラな情報ではなく，それらの情報がある関連をもって組織化されたシステムをなしているものと考えられる[4]。

　この指摘にあるように，知識は関連する情報が組織化されたシステムとして成立しているという点が，知識のもつ持続的価値を生み出していると考えられる。

　情報と知識との関係でもう一つ重要なのは，情報と知識との間には相互に転換するという特性が見られるという点である。ある情報が知識へと転換することがあり，逆にある知識が情報へと転換することがある。

　たとえば，「2000年9月11日に米国において同時多発テロが起きた」というニュースはTVやラジオで事件当日同時刻に世界中に速報され，即時的価値をもつ情報といえるものであった。その情報は，今日ではその後の国際政治や国際関係に大きな影響を与え，現代史において記憶すべき歴史的事実

となり，いまや 2000 年以降の国際政治や国際関係を説明するうえで不可欠な知識として持続的価値をそなえたものといえる。

　それとは逆に，ある時代において持続的価値をもつ知識として捉えられたものが，今日では，その真理が否定され，知識としての地位を失ったものがある。その一例として，15 世紀にコペルニクスの地動説が現れるまでの千数百年もの間，天動説が知識として受け入れられてきたという事例をあげることができる。

　知識は，先の定義が示すように，その内容が正しいこと，すなわち，その命題が真であることが条件となる。一方，情報という表現をとる場合，誤った情報，間違った情報という表現が可能なように，その表現が指示する内容に関して真であることが条件とはならない。その意味で，天動説は今日では知識ではなく，真偽を必要条件としない情報として位置づけられる。ただし，コペルニクスの地動説が現れるまでの時代においては，天動説が知識であったことに注意する必要がある。このように，ある主題に関する知識は未来永劫，正しいものとして持続的価値をもち続けるものではなく，時代とともに知識としての地位を失う場合がある。したがって，図書館が提供する資料に記録されている知識も，その執筆時点において，知識として承認されたものであることに注意する必要がある。

　ところで，知識の生産は，学会発表等の前段階があるものの，基本的に論文や雑誌記事の発表をもって開始される。学術図書や専門図書も，通常，蓄積された論文をもとに執筆，作成される。そして，専門事典，百科事典は，そうした学術図書や専門図書からなる一次資料を参考文献として各見出し項目に関する解説が執筆された資料である。図書館が収集，蓄積し，提供するのは，こうした論文や記事を掲載した雑誌，図書，事典類である。ゆえに，図書館は知識が記録された資源を扱う機関であり，利用者が求めるのも，基本的に知識である。確かに，知識の中には，先述のとおり，時代の変遷を経て，もはやその正しさが保証されなくなり，知識でなくなったものもある。しかしながら，少なくとも，利用者が知識を求める時点において，その正し

さが保証された内容である知識が記録されている図書や論文・記事，辞書・事典類から得られる知識を提供するのが，図書館の基本的使命である。直接サービスであれ，間接サービスであれ，レファレンスサービスをとおして利用者に提供されるのは，論文や記事，専門図書のような一次資料と辞書・事典類の二次資料に記録されている知識なのである。

2.4　知識の公理と利用者の知識状態

　直接サービス，間接サービスを問わず，レファレンスサービスの利用者は，ある主題についてわからない状態にあることを，自ら認識している人間である。そこで，ある主題について知識を欠いた利用者は，その主題について正しい信念を形成し，わかった，といえる知識状態に移行することを求めて，レファレンスサービスを利用することになる。

　レファレンスサービスの利用の前後の利用者の知識状態は，認識論で提示されている「知識の公理」に合致していることがわかる。知識の公理とは表6に示した次の3点である[5]。ここで命題 φ とは，たとえば「関ケ原の戦いの年は1600年である」という真偽の判定が可能な文を指す。

表6　知識の公理

1. ある人間が命題 φ について知らないならば，その人間は自分がその命題 φ について知らない，ということを知っている
2. ある人間が命題 φ を知っているならば，その命題は真である
3. ある人間が命題 φ について知っているならば，その人間は自分がその命題 φ を知っている，ということを知っている

　公理1は，いわゆる「無知の知」を意味しており，人間は自分がある主題について知らない場合，その知らないという状態にあるということを知っている，ということを意味している。直接サービスを利用する利用者が質問を提示するときの知識状態とは，まさにこの無知の知の状態を指している。す

なわち，「関ケ原の戦いの年が知りたい」という質問を提示する利用者は，「関ケ原の戦いの年を知らない」（無知）ということを認識している（知）という，「無知の知の状態」にあるのである。

　公理2は，知っている命題は真でなければならない，ということを示したものである。すなわち，偽となるような命題について知っているとはいわない，ということである。よって，ある命題について知っているといえるためには，典拠となる資料を参照し，真となる命題を得る必要がある，ということになる。

　認識論においては，上記の公理1を無条件に認めてよいかどうかについて論争がある[6]。すなわち，関ケ原の戦いの年について知らない人間は，関ケ原の戦いの年について知らないということを知っている，と無条件に認めてよいのか，ということである。少なくとも，図書館利用者には，この公理を無条件に適用することはできない。確かに，レファレンスライブラリアンへの質問の提示を必要とする直接サービスの利用者にはこの公理はあてはまる。知識への要求を表明した質問を提示できる利用者は自分がある主題について知らない，ということを知っているからである。

　しかしながら，利用者には，間接サービスの利用をとおして，資料を参照することにより，自分の知らないことを認識する瞬間がある。たとえば，植物のハスについて調べている利用者が，『日本大百科全書』の「ハス」の項目を参照し，そこに「大賀ハス」という記述を見出し，これまで「大賀ハス」というものの存在を知らないことに気づく瞬間である。この瞬間はまさに無知の知の生成の瞬間である。と同時に，その無知の知が直ちに知の知の生成に移行していることに注意する必要がある。「大賀ハス」について知らないことを認識したと同時に，百科事典の記述をとおして「大賀ハス」について知り，そのことを認識したのである。

　このように，間接サービスの利用においては，公理1の成立と公理3の充足を図る認知作業が連続的に展開することになる。そして，『日本大百科全書』の記述であるということが，公理2が求める真であることを保証してい

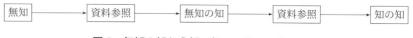

図2 無知の知から知の知への展開と資料参照

る。間接サービスの利用者を観察するならば，無知の知は無条件に認められるわけでなく，資料への参照をとおして無知の知が生成される側面に注目する必要がある。図2に示したように，間接サービスの最大の効用は，資料参照をとおして，無知の状態にある利用者に無知の知の生成を促し，それを受けて直ちに知の知を生成させる点にある。

3. 無知の知とレファレンスサービス

　前節では，無知の知は直接サービスの前提となり，間接サービスはその生成を促す機能を有するものであることを見てきた。本節では，この無知の知の生成の種類について見ていくとともに，無知の知を生成するうえで重要な機能を果たす開架制とレファレンスサービスとの関係について考察する。

3.1　問題駆動型と発見型の無知の知の生成

　無知の知の生成は2種類あると考えられる。一つは，何らかの問題に遭遇し，その問題の解決に必要な知識が不足していることを認識するような場合であり，問題駆動型の無知の知の生成である。たとえば，遺産相続の問題を抱えた人間が，その解決方法について知らない，という認識をもつような場合である。

　もう一つは，さまざまな資料への参照によって，ある主題について知らないことに気づくような場合であり，発見型の無知の知の生成である。前節で示したように，間接サービスはこの発見型の無知の知を生成するという特徴をもつことになる。

　直接サービスは，問題駆動型と発見型の無知の知の両方に対応するサービスである。遺産相続の問題を抱えた利用者が，その問題解決を図るために，

遺産相続に関する専門資料の提供を求める質問をレファレンスライブラリアンに提示する場合が問題駆動型の無知の知の生成にもとづく直接サービスの利用である。それに対して，利用者自らがレファレンス資料を参照して，遺産相続問題の解決法に関する知識を獲得するならば，それは間接サービスの利用にあたる。また，直接サービスにより提供された専門資料を参照して意味のわからない法律用語が出てきたような場合，発見型の無知の知の生成となり，その用語の意味を知りたいという質問をレファレンスライブラリアンに提示したならば直接サービスの利用となり，自らレファレンス資料を参照してその意味を知ったならば，それは間接サービスの利用となる。

　間接サービスも，問題駆動型と発見型の無知の知に対応するものだが，直接サービスでは対応できないような発見型の無知の知に対応可能な特徴があるのは前節で見たとおりである。

　現在，図書館において広く採用されている開架制は，間接サービスとして，この発見型の無知の知の生成をより促進するものである。次項では，この開架制と無知の知の生成，それにつづく直接サービスへの展開の仕組みについて見ていく。

3.2　無知の知の生成と開架制

　開架制が無知の知を生成するという原理を示したのが，S. R. ランガナタン（Ranganathan, S. R.）による図書館学の五法則の「第三法則」である。その第三法則とは次のとおりである。

　　"Every book its reader". 「いずれの図書にもすべて，その読者を」[7]

　ランガナタンは，この第三法則の中で，開架制の導入は第三法則を満足させるために最も優れた方法であるとし，同時にこの第三法則を実現するには，レファレンスライブラリアンの配置が不可欠なものとしている[8),9)]。

　一般に開架制は，利用者による資料への直接的なアクセスと参照を可能に

するがゆえに，レファレンスライブラリアンの関与を最小化するという側面
をもつと考えられる。しかしながら，ランガナタンは，この第三法則を満た
すためには，開架制の導入と同時にレファレンスライブラリアンの配置が求
められるとしている。開架制がレファレンスライブラリアンの配置を必要と
する理由は次項で扱うこととし，ここでは，無知の知の生成と開架制との関
係について考察する。

　利用者の知識への要求はつねに明確な状態で生じるのではなく，要求への
漠然としたあいまいな認識の段階がある。R. S. テイラー（Taylor, R. S.）は利
用者の要求のレベルが，あいまいな状態から明確な段階へと移行し，レファ
レンス質問の段階に遷移するモデルを提示している。テイラーが示した要求
の段階とは次の 4 つのレベルである。

> 1．実際に要求があるけれども，まだかたまっていないもやもやとした
>   要求（visceral need）
> 2．頭の中にはっきりと思い描ける程度の要求（conscious need）
> 3．質問として正式に述べることができる段階の要求（formalized need）
> 4．情報システムに提示された質問（compromised need）[10), 11)]

　長澤は，この第 3 段階のレベルにまで要求がかたまってはじめて探索方法
を決定する手がかりとしての質問になる，と指摘している[12)]。この指摘のと
おり，直接サービスとは，この第 3 段階の要求となった時点で利用可能な
サービスである。それに対して，間接サービスは，第 1 段階の要求の場合に
も利用可能である。特に具体的な要求としてかたまっていない場合でも，開
架に排列された資料をブラウジングすることにより，第 2，第 3 段階の要求
へと移行することが考えられる。

　ランガナタンは，この開架制におけるブラウジングの効果として，利用者
が図書を発見する頻度が高くなることをあげ，次のような利用者の言葉を紹
介している。

「この本がここにあるとは知らなかった」と心地よくおどろいて叫ぶ利用者のいない日は一日たりとてないのである[13]。

　この「発見」という概念は，何か特定の目的を有した利用者が資料を探索・参照するというよりも，特に目的もなく，開架に並ぶ豊富な資料群を渉猟し，ブラウジングすることにより，興味ある資料や事項を偶然見出すような行動を指している。こうした開架資料の自由なアクセスは，無知の知を生成し，知識への潜在的な要求を顕在化させ，資料参照をとおして知の知を生成させるものである。

　開架資料のアクセスに関する重要な特徴は，図書館蔵書目録をはじめとする検索システムとは異なり，検索語として表現可能な明確な知識への要求を前提としない点にある。テイラーが第一レベルの無意識の要求の段階の特徴としてあげている漠然とした不安や焦燥感さえも，開架資料の利用要件とはならない。テイラーが指摘する不安や焦燥感とは，ある目的や課題が設定されていることが前提とされており，目的を達成し，あるいは課題を解決するうえで必要な知識が明確でなく，言葉で表現できないことから生じる不安や焦燥感なのである。開架制は，特に達成すべき目的や解決すべき具体的な課題などない利用者が，ただ漠然とした興味関心から資料をブラウジングすることを可能にするものなのである。

　このように，開架制は，目的や課題の有無にかかわらず，資料参照をとおして，利用者に無知の知の生成を促し，無意識のレベルにある要求を顕在化させると同時に，無知の知を生成させる資料の発見を可能にする特性をもつ。質問回答サービスとしてのレファレンスサービスが無知の知を前提とするサービスであるのに対して，間接サービスの一環である開架制は無知の知を生成するサービスとして改めてその意義と重要性に注目すべきである。

3.3　無知の知の生成とレファレンスサービス

　ランガナタンは第三法則の実行に関して次のように指摘している。

　　第三法則は図書を勧めるために人間，すなわちレファレンスライブラリ
　　アンを配置することを常に要求している。
　　レファレンスライブラリアンの配置は，第三法則の命令を実行するため
　　に近代の図書館が採用した有効な方法の一つである[14]。

　第三法則を実現するうえで重要なシステムである開架制には，先述のとお
り，利用者による資料への自由なアクセスを可能にすることから，資料の探
索におけるレファレンスライブラリアンの支援と関与を最小化するシステム
という側面がある。閉架資料であれば，蔵書目録の検索が必要となり，レ
ファレンスライブラリアンには検索支援が求められる。なにより，出納とい
う作業が不可欠となるという意味で，自動出納システムを導入していない図
書館では図書館員の関与は必須となる。また，閉架資料の探索には，蔵書目
録の検索利用が必要であることから，要求が検索語として表現可能なレベル
にまで具体化され明確になっていることが前提となる。ゆえに，無意識のレ
ベルにある要求を充足する資料から閉架資料は完全に排除されることにな
る。それに対して，開架制は，無知の知を生成し，人間のもつ広大無辺とも
いえる無意識のレベルにある知識への要求を図書館サービスの対象とする道
を開いたものといえる。
　それではなにゆえ，ランガナタンは，無意識のレベルの要求にも対応する
開架制と明確に意識された要求を表明したレファレンス質問を扱うレファレ
ンスライブラリアンがともに第三法則の実現において不可欠としたのであろ
うか。次の図3は開架資料へのアクセスが無知の知を生成し，要求を顕在化
させることにより，明確となった要求を扱うレファレンスライブラリアンの
配置が必要となるまでの機構を示したものである。
　開架制の興味深い特徴は，前項で見たとおり，間接サービスと同様，無知
の知の生成を受けた要求の顕在化とその充足による知の知の生成を同時に実
現することである。その無知の知の生成と知の知の生成が同時進行する過程
において，新たな要求が生成されることが考えられる。植物のハスについて

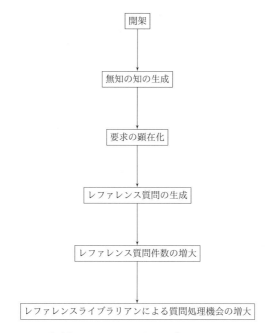

図3　開架制とレファレンスライブラリアンとの関係

百科事典を使って調べる過程で，それまで知らなかった「大賀ハス」の存在
について知り，百科事典から一定の知識を得たものの，「大賀ハス」につい
てさらに詳しく知りたいという新たな要求をもつような場合である。

　このように，開架資料が無意識のレベルにある要求を刺激し，顕在化させ
ることにより，新たなレファレンス質問を生成するのである。そして，その
充足のためにレファレンスライブラリアンへの質問提示の機会が増え，その
結果としてレファレンスライブラリアンの増員が必要になるというシナリオ
である。ランガナタンが第三法則の実現において開架制とレファレンスライ
ブラリアンの配置がともに必要になるとしたのは，こうした機構に基づいて
いるのである。

3.4　主題探索の非特定性

　ここでは，開架資料との接触によって無知の知が生成され，無意識のレベルにある知識への要求が顕在化し，その充足に必要となる主題探索について考察する。

　開架資料との接触によって顕在化した知識への要求は，ある特定主題に関する文献を求める質問（以下，主題探索質問）の形式をとることに注意したい。なぜなら，開架資料は主題によって分類排架されていることから，開架資料との接触によって利用者の無意識のレベルにある知識への要求を刺激するのは，ある特定の主題に関する文献の集合だからである。ゆえに，開架資料との接触によって顕在化された要求を充足させるためにとられる探索は主題探索の形式をとることになる。そして，1節でも述べたように，直接サービスに提示される利用者の所蔵調査質問や探索法質問であっても，ある主題に関する知識を求める質問を処理するために設定された質問であり，主題探索質問がその基底にある質問であることに注意したい。

　この主題探索は，特定の著者や特定のタイトルの資料を検索する行動とは異なり，主題概念を表現した件名やディスクリプタによる探索となることから，常に文献の集合が探索対象となる。このことは，固有名詞が特定の事物を固定的に指示するのに対して，普通名詞の指示対象が複数の事象からなるのと同じである。すなわち，哲学者の「ウィトゲンシュタイン」という固有名詞はウィトゲンシュタインその人しか指示しないのに対して，「哲学者」という普通名詞はウィトゲンシュタインを含むすべての哲学者，すなわち哲学者の集合を指示するのである。このように，哲学者という普通名詞が特定の哲学者を指示しないのと同様に，ある特定の主題概念（たとえば，「不登校」）という主題概念を扱った文献は，特定の図書（たとえば，不登校を扱った A 氏の書いた B というタイトルの図書）を指示することはなく，常に文献の集合を指示することになる。それゆえ，主題探索の対象は常に文献の集合となる。

　この主題探索を構成する「探索」（seek）という動詞については，内包論理

に基づく厳密な意味論で知られているモンタギュー意味論で分析が加えられており，その内包的特性が明らかにされている[15]。そこで，以下の「ジョンは本を探している」という文章と「ジョンは本を見つける」という文章の英語表現を取り上げてみよう[16]。

　　＜文1＞　　John seeks a book.
　　＜文2＞　　John finds a book.

　「探索」を意味する"seek"という動詞を使った上記の文1は，探索対象となる図書について「非特定的」（non-specific）な解釈が可能である。探そうとしている本が実際に存在したかどうかにかかわらなくても真となる文であることに注意する必要がある。それに対して，"find"を含む上記の文2の場合には，ジョンが本を見つけたならば，必ず，ジョンが見つけた特定の本が存在していることを意味する。

　ある主題sを扱った図書を探索する利用者は，N. J. ベルキン（Belkin, N. J.）の変則的な知識状態仮説[17]が示すように，その主題sに関する知識を欠いているがゆえに，求める知識自体を特定できない，という特徴がある。ここで注意すべきことは，特定の主題に関する事実を求める質問と，特定の主題を扱った文献を求める質問との違いである。再三取り上げている「関ケ原の戦いの年が知りたい」という要求は前者の質問であり，「関ケ原の戦いについて書かれた図書を知りたい」という要求は後者の質問である。前者の質問は，わからない対象は関ケ原の戦いの年という明確な事実であり，これ以上，明確にする要素はなく，そこにあいまいな要素はない。

　それに対して，「関ケ原の戦いについて書かれた図書」という要求は漠然とした対象への要求である。なぜなら，関ケ原の戦いというところまでは明確だが，その先に求められている対象が特定化できないのである。仮に，レファレンスインタビューにより，その歴史的意義について知りたいということが明らかにされたとしても，歴史的意義については，歴史学者によってさ

まざまな見解があるように，具体的に何を指すのかを明確にすることはできない。つまり，歴史的意義の内容について知りたいのであるから，その内容についてそれ以上特定化はできないのである。

　このように，主題探索質問は原理的に常にこうしたあいまいな対象に関する知識への要求となる。ベルキンが変則的な知識状態仮説にもとづき，利用者の要求はつねにあいまいで漠然としており，テイラーの第一レベルの要求にあると指摘するとき，その要求とはある特定主題に関する文献を求める質問を指すのである。探索という行動は，そもそも，その探索対象自体の存在を前提とはしない非特定的な行動であることに加えて，ある主題に関する文献探索という行動は，当該主題に関する要求対象の非特定性という特徴がさらに加わることになる。こうして主題に関する文献探索は二重の非特定的な性質を有する行動となる。

4. レファレンスサービスのモデル

　直接サービスとしてのレファレンスサービスは，無知の知を前提とし，利用者からの知識への明確な要求を表現した質問の提示を必要とするサービスである。それに対してレファレンスコレクション形成等を扱う間接サービスは，無知の知を生成するという特性をもち，明確に意識された要求を前提としないサービスである。前節で見てきたように，間接サービスとして捉えられる開架制は，利用者の要求の有無にかかわらず，まず利用者に資料が提示され，提示された資料の参照によって無知の知の生成を促し，知識への要求を形成するという機能をもつものである。そこで本節では，無知の知の生成から知の生成への展開と，直接サービスと間接サービスからなるレファレンスサービスに関するモデルを提示する。

4.1　直接サービスとしてのレファレンスサービスのモデル

　直接サービスとしてのレファレンスサービスは，利用者から無知の知の生

成をもとに形成された知識への要求を表現した質問の提示から始まり，レファレンスライブラリアンによる回答の提供をもって終了する。この無知の知の生成にもとづく要求の形成と回答との関係は次の式1に示した写像 f によって定式化することができる。

　　＜式1＞　$f: N \to I$

　ここで，N：知識への要求，I：（回答としての）資料，をそれぞれ表すものとする。

　知識への要求 $a \in N$ に対して，資料 $b \in I$ が回答として提供されることは，次の式2のように表現される。

　　＜式2＞　$b = f(a)$　または　$f: a \to b$

　写像 f は，利用者の要求 N を定義域とし，その要求をみたす知識が含まれ回答として提供される資料 I を値域とする写像となる。

　このモデルは，無知の知の生成をもとに形成された知識への要求を質問として明確に表現可能な利用者を前提としている。貸出サービスも，貸出要求の表明を起点としている点で，基本的にこのモデルに依拠したサービスである。

　このモデルで示された直接サービスは，無知の知にもとづく明確な知識への要求を前提として設計され導入されたものである。

　ところで，これまで見てきたように，人間のもつ要求の多くは無意識のレベルにあり，意識された要求はそのほんの一部にすぎない。こうした無意識のレベルにある要求に働きかけ，顕在化させる機能をもつ間接サービスのモデルについて次に取り上げる。

4.2 間接サービスとしてのレファレンスサービスのモデル

間接サービスは，これまで見てきたように，明確に意識された要求を前提とすることなく，開架制によって資料を利用者に提示し，利用者は提示された資料への参照をとおして無知の知を生成し，利用者の無意識のレベルにある要求を顕在化させるサービスという側面がある。こうした資料の提示と要求との関係は，上記のfの逆写像f^{-1}として次の式3のように定式化することができる。

<式3>　$f^{-1}: I \rightarrow N$

ここで，N：知識への要求，I：（発信された）資料，をそれぞれ表すものとする。

提示された資料$b \in I$に対して，要求$a \in N$が生成されることは，次の式4のように表現される。

<式4>　$a = f^{-1}(b)$　または　$f^{-1}: b \rightarrow a$

この写像f^{-1}は，図書館側から利用者に提示された資料を定義域とし，その提示された資料に刺激されて無知の知を生成し，無意識のレベルにある要求を顕在化させた質問という形式をとった，明確な要求を値域とする写像である。

レファレンスサービスにおける間接サービスとして形成されるレファレンスコレクションは，写像fの値域として機能するだけでなく，その逆写像f^{-1}の定義域としても機能することが重要である。開架に排列されたレファレンス資料をブラウジングすることで，無知の知を生成し，無意識のレベルにある要求に利用者が気づき，やがてはレファレンス質問の生成にまで向かうことが期待されるのである。

4.3　発信型のサービスとしてのレファレンスサービスのモデル

　利用者の要求の提示を待つことなく，図書館側から提供される間接サービスは発信型のレファレンスサービスへと展開することができる。レファレンスコレクションの形成，自館作成資料の作成と提供，さらにはパスファインダーの作成と提供等の間接サービスは，利用者から具体的な要求を前提とすることなく，利用者に資料を発信・提示し，利用者に無知の知を生成させ，無意識レベルの要求を顕在化させる。そして，その顕在化された要求を充足する資料を提供するという直接サービスへと展開する過程をたどるのが，発信型のレファレンスサービスの特徴である。こうした発信型のレファレンスサービスにおける資料と要求との関係は写像 f^{-1} と写像 f の合成写像 g として次の式5のように定式化することができる。

　　＜式5＞　$g : I \to I$

　ここで，I :（発信・回答された）資料，を表すものとする。

　提示した資料 $b \in I$ に対して，要求 $a \in N$ が生成され，その生成された要求 a に対して資料 $b \in I$ が提供されたことは，次の式6のように表現される。

　　＜式6＞　$b = f \circ f^{-1}(b)$　　または　　$f \circ f^{-1} : b \to b$

　このレファレンスサービスモデルは，間接サービスとしてのレファレンスサービスを利用者に能動的に提供し，無知の知を生成し，無意識のレベルにあった要求の顕在化とそれによるレファレンス質問の形成を促し，質問回答サービスとしてのレファレンスの提供につなげていくモデルということができる。

5. 結び

　本稿は，知識の論理にもとづいてレファレンスサービスを利用する利用者
の無知の知の生成と典拠資料の参照による知の知の生成を中心に考察したも
のである。インターネット情報源が普及拡大し，サーチエンジンで容易に情
報が入手可能となる環境において，レファレンスサービスの基盤となる図書
館資料というものが情報というよりも知識を提供するものであることに改め
て注目する必要がある。

　レファレンスサービスを含めた図書館サービスはすべからく資料への参照
行為，すなわちレファレンスをとおして提供されるサービスである。蔵書目
録は，その書誌情報と所在情報への参照をとおして，利用者に必要な資料を
同定・識別するための機構である。蔵書目録のデータベース（OPAC）や書
誌データベースの導入は，図書館員の人的支援を受けることなく，利用者自
身による資料検索と必要な資料の同定識別を可能にしてきたという側面があ
る。これをもって直接サービスとしてのレファレンスサービスの必要性は低
下したと指摘するのは誤りである。蔵書目録や書誌データベースがレファレ
ンスライブラリアンの代替機能を発揮していると捉えるべきである。レファ
レンスサービスはレファレンスライブラリアンによる直接的な支援を指すと
いう捉え方はもはや妥当でない。重要なのは，レファレンスライブラリアン
が直接関与するか否かではなく，レファレンスという機能が，OPACや書誌
データベースなど，電子化された図書館サービスやシステムによって担われ
る機会が増大してきているという事実に着目することである。

　図書館では，レファレンスという用語は利用者にはなじみのない用語とし
て，その使用を控える傾向が見られる。レファレンスサービスに代わる別の
用語をサインや図書館の利用案内に使用する判断に異を唱えるものではない
が，図書館サービスが資料への参照行為によって成立しているという図書館
の基本原理を正しく理解することが，これからの図書館のあり方を探究する
うえできわめて重要である。

注・引用文献

1) ロー，スティーブン『考える力をつける哲学問題集』中山元訳，筑摩書房，2013，p. 260.

2) *Concise Oxford English Dictionary*.12th ed. Oxford University Press, 2011.

3) 齋藤泰則『図書館とレファレンスサービス：論考』樹村房，2017，p. 53-80.

4) 長澤雅男『情報検索入門』森北出版，1971，p. 5.

5) Ditmarsch, Hans van; van der Hoek, Wiebe ; and Kooi, Barteld. *Dynamic Epistemic Logic*. Springer, 2008, p. 38.

6) Meyer, J.-J. Ch; and van der Hoek, W. *Epistemic Logic for AI and Computer Science*. Cambridge University Press, 1995, p. 23.

7) Rangnathan, S.R.『図書館学の五法則』森耕一監訳，日本図書館協会，1980，425p.

8) Ranganathan, op. cit., p.240.

9) 齋藤泰則『利用者志向のレファレンスサービス：その原理と方法』勉誠出版，2009，182p.

10) Taylor, R.S. "Question-negotiation and information seeking in libraries," *College and Research Libraries*, vol. 29 no. 3, May 1968：p. 178-194.

11) 長澤, op. cit., p. 172.

12) 長澤, op. cit., p. 173.

13) Ranganathan, op. cit. p. 240.

14) Ranganathan, op. cit. p. 249-250.

15) 白井賢一郎『形式意味論入門：言語・論理・認知の世界』産業図書，1985，342p.

16) 1 と 2 の英語表現はモンタギュー意味論によれば，次の 1 と 2 のように定式化される。ここで，j はジョンを表す個体定項，seek' は「探す」という述語，find' は「見つける」という述語，book' は「本」を表す述語記号である。Q は book' という述語の項となる x が有する属性の集合を表している。∃は存在を示す量化子，λ は属性 Q の集合を指示するラムダ演算子，＾は内包演算子である。

　1. John seeks a book.
　　seek'(j, ^λQ ∃ x[book'(x) and Q|x|])
　2. John finds a book.
　　　∃ x [book'(x) and ^find'(j, x)]

　詳細は，白井賢一郎『形式意味論入門：言語・論理・認知の世界』産業図書，1985，p.167-172. を参照されたい。

17) Belkin, N.J., et al. "ASK for information retrieval: part I: background and theory," *Journal of Documentation*, vol. 38, no.2, 1982, p. 61-71.

第2章
レファレンスサービスの要素技術

高久雅生

1. はじめに

　本章では，レファレンスサービスの要素技術について述べる。「要素技術」とは，製品やサービス全体を構成する基本的な要素を支える技術を指す用語である。レファレンスサービスを構成する要素は大きく 3 つに分けられる。すなわち，文献（情報資源），情報検索システム，そして利用者（情報ニーズ）である。これらの要素を支える技術として要素技術をみるとき，これらの要素それぞれにおける技術，さらには，これらの要素同士の間をつなぐ技術がある。具体的には，1）文献世界を的確に捉えて組織化する技術，2）利用者による情報へのアクセスを効果的にそして効率的に行う技術，3）利用者の情報ニーズを整理したり理解する技術である。ネットワークを通じて，ビッグデータとも呼ばれる膨大な情報がいきかう中で，情報組織化や情報アクセスのための技術はさまざまに進歩を遂げてきた。本章ではこのような状況にあるレファレンスサービスの要素技術について解説する。

　まず，近年，レファレンスサービスに大きな影響を与えてきたネットワーク情報資源の発達から話を始めてみたい。1990 年代以降のインターネットとウェブの普及は，その膨大な量の側面から，伝統的な図書館所蔵資料の枠組みを越えた情報資源の進展をもたらしている。また，ウェブ上の情報資源へのアクセスは時間と場所を問わずにアクセスできるという利便性から，多くの利用者の支持を受け，普及を続けている。とりわけ，文献の二次的情報である書誌情報だけでなく，本文フルテキストまで検索と閲覧が可能な電子図書館サービスが多く提供されるようになってきた。図書館の文脈を離れれ

ば，電子書籍や一般のウェブページ群，ウェブ上で提供されるソーシャルネットワークサービス等で発信された大量のテキストデータが産出されアクセス可能となっている。これらの膨大な情報に対して，利用者の情報ニーズを満たす形で適切に検索し案内するための工夫として，さまざまな情報アクセス技術が開発され，実サービスにおいても活用されている。本章では，ウェブ上の情報資源や大規模テキストコーパスに対する情報探索と情報利用のために，どのような要素技術が使われてきたか，テキスト検索とウェブ検索を中心とする，ウェブ上で利用される情報検索サービスとその処理技術を解説する。また，情報共有システムとしてのウェブそのものの構成とその役割についても紹介する。加えて，利用者の視点からウェブにおける情報利用の様態について述べる。最後に，図書館側におけるウェブ活用として，レファレンスサービスのための情報組織化と情報発信にかかわる観点について解説する。

　「情報通信白書」によれば，2017 年時点の国内のインターネット利用は 8 割を超え，特に 10 代後半から 50 代までの年齢層では 9 割を超える利用率となっている[1]。ウェブはありふれた存在となり，場合によっては社会的なインフラとして遍在化し，ウェブ上の情報資源をそれと意識せずとも利用するような存在となっている。

　ウェブ上の情報資源利用においては，利用者自身が検索サービスを用いて情報を探索することもありふれた行為となって久しい。ウェブ上の情報を探す検索ツールとしてはサーチエンジンと呼ばれる全文検索型のサービスが広まった。サーチエンジンは単なる全文検索型の検索サービスというだけではなく，毎分数百万件にも及ぶ検索要求を処理するなど，人類史上例を見ない規模のサービス提供を行う基盤となっており，インターネット上のインフラともなってきた。後述するように，検索サービスの内容としても，単に検索対象となる文書内に含まれるキーワードを探すツールという意味合いを越えて，ウェブ全体のリンク構造解析による情報や他の利用者による利用行動そのものを検索の手がかりとするなどして，的確な検索結果を出すことを目指しており，単なるテキスト文書検索としての枠を越えたサービスが実現され

ている。

　このようなウェブおよびサーチエンジンの普及という環境は，利用者の情報行動を変え，図書館におけるレファレンスサービスの提供様態や位置づけにも影響を与え，その内実が変容しつつあると捉えることもできる。すなわち，サーチエンジンの普及を通じて，利用者は自身の情報ニーズにもとづく検索を日常的に行えるようになり，レファレンスサービスの役割は図書館の所蔵資料の裏づけのある情報の獲得や，信頼性ある情報源を求める情報ニーズ，比較的長期にわたる情報収集や調査活動といった，ウェブにおける簡易な情報検索を越える情報ニーズや内容に踏み込むことが求められる。言い換えると，事実調査や所蔵確認といったレファレンスサービスにおける簡易な質問を満たすような種類の検索に対しては，その検索を利用者自身が行えるような環境やツールを図書館側が用意することにより，すばやい問題解決や調査利用に役立てられるようになってきた。さらに，レファレンスサービスを提供する側である図書館員がこういった情報アクセス技術に親しみ，その内実を熟知することは，探索者のみならずレファレンスサービス全体における情報検索リテラシーを高め，よりよい情報探索の支援，よりよいレファレンスサービスにつながる可能性がある。

　このように，サーチエンジンに代表されるネットワーク情報資源と検索サービスの広がりは，信頼性ある情報サービスとしてのレファレンスサービスのあり方にも影響を与えている。本章では以下，このようなウェブ環境において情報を適切に発見し，アクセスできるようにするためのサービスがどのように生まれ，どのように構築されてきたか，どのような技術にもとづいているかを紹介しながら，その影響について述べていきたい。

2. テキスト検索のための情報アクセス技術の進展

　1990 年代以降，情報検索システムにおける検索技術は集合演算モデルから，適合検索モデルに推移してきた。これは，取り扱う検索対象となる文書

数の桁があがり，数百万件から数千万件単位の文書を対象に検索することがありふれてきたこと，さらに，利用者の情報ニーズが多様化してすばやく情報にたどりつけることが期待されるようになってきたことによる。

　集合演算モデルはブーリアン検索モデルとも呼ばれ，AND・OR・NOT 演算子により検索対象の文書集合を絞り込んだり広げたり，検索結果集合を操作して，情報ニーズに適合する文献集合を最大化するモデルである。一方で，適合検索モデルは，情報ニーズを具現化した検索キーワードと文書との関連度を算出するアルゴリズムを開発し，関連度の高い文書から順に順序づけされたランキング一覧を検索結果として返すものである。

　1980 年代以前のオンラインデータベースの環境下では，図書館員等の専門家が洗練された検索キーワードとその集合演算を案出し，それにもとづいた検索結果を精査して必要な情報を得ることがなされてきた。大量の文書群のデジタルテキスト化が進み，検索対象の文書群が加速級数的に増加すると，これらをすべて精査することは不可能となり，できるだけ少ない労力で必要な文献を漏れなく精度よく検索・閲覧できることが求められるようになってきた。この環境下では，情報ニーズを的確に表現した少数のクエリキーワードと文書内テキストとの関連度算出アルゴリズムや，キーワードの適切な重みづけ，その補正や拡張が重要となってきた。

　このような適合検索モデルに基づく情報検索システムにおける基本的な処理の流れを図 1 に示す。基本的な処理は，1）キーワードの分かち書き・トークナイズ，2）索引づけ，3）キーワードの重みづけ，4）キーワード（クエリ／語彙）拡張，5）検索結果の出力といった流れで処理が行われ，ユーザの検索利用に供される。以下では，このプロセスをそれぞれ取り上げ，解説する。

　テキスト文書を検索に供するための最初のフェーズは，文書内の語を分かち書きしてトークン化することである。欧米諸語の場合，単語は空白で区切られているため，これを目安に抽出すればよいが，日本語等の膠着語の場合は，単語区切りに明白な規則が存在しないため，分かち書きの処理により単

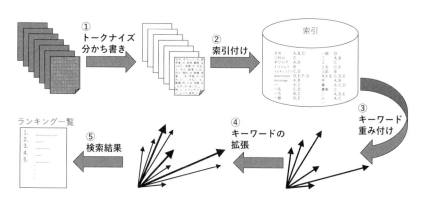

図1 情報検索システムにおける基本的な処理の流れ

語を切り出す処理を行う必要がある。分かち書き処理には，切り出す単位と
なる語彙を収録した辞書をもとに形態素解析ツールにより区切る方式と，
n-gramと呼ばれる一定の文字長ごとに機械的に文字を区切る方式の2種類，
あるいはこれらを組み合わせた方式が使われる。また，クエリ側のキーワー
ドも同様の分かち書き処理で単語を区切り，索引づけや照合などの処理に用
いる。

　次に，出現キーワードすべての重みを高速に計算できるよう，索引を構築
する。転置索引はこのような索引データ構造の代表例である。全文検索にお
ける索引づけの基本的な考え方は，文書群から抽出した語を単位として，そ
の語がどの文書に存在するかをすばやく引き出すことである。このため「文
書とその文書内に存在する語」という通常の文書表現の関係を，「ひとつの
語とその語を含む文書群」という表現とし，キーワードから文書へとたどれ
る表現に変換する。このようなキーワードの再編成により構築された全文検
索用の索引を転置索引と呼ぶ。また，文書が追加されたり更新されるたび
に，これらの索引づけ処理を行い，常に元の文書群と索引とが対応づけられ
ている状態となるようにする。

　クエリとの照合処理にあたっては，索引の情報をもとに，キーワードの重
みづけを行う。基本的には，クエリ内の特徴的なキーワードに大きな重みを

つけ，それらの特徴語を多く含む文書を上位にランクできるようにすることをねらう。テキスト検索技術におけるキーワードの重みづけ手法とは，適切な規模のテキストコーパスにおける，キーワード単位の出現頻度や出現確率をもとに，そのキーワードの特徴度の度合いを示す重みを求めることである。キーワードの重みとは，テキスト中でどれくらい頻繁に出現するか，頻度の情報をもとに推定される，そのキーワードの重要度を指す。よく用いられる古典的な重みづけ手法に TF・IDF がある。TF は Term Frequency の略語で文書内でのキーワードの出現頻度を示し，IDF は Inverse Document Frequency の略で，文書群において当該キーワードが出現する文書数の逆数を示す。TF はその文書内での出現回数が多ければ高くなり，出現しなければゼロとなる。IDF は多くの文書で出現するありふれたキーワードほど小さな値となり，ありふれた頻出キーワードの重みを下げる役割がある[2),3)]。TF・IDF 手法は，この TF と IDF を掛け合わせた TF × IDF 値をそのキーワードの重みとする。

　このように文書内の特徴量を用いて語への重みづけが行えると，1 つの文書はその文書を構成する語群とそれぞれの語の重みのペアからなる集合とみなして扱えるようになる。このような語群とその重みからなる集合を重みつき語集合（バッグ・オブ・ワーズ，Bag of words）と呼ぶ。さらにこの集合は，異なり語数の要素数からなるベクトルともみなせることから，このようなベクトルとその演算による検索アルゴリズムをベクトル空間モデルとも呼ぶ。

　キーワード拡張とは，クエリもしくは文書に含まれない別の箇所から取り出したキーワード特徴量を加えて検索処理を行うことであり，元のクエリに含まれたキーワードと文書に含まれるキーワードだけでは，情報ニーズを満足する文書を抽出できない場合に対応するための方法のことである。このような語彙のミスマッチが存在する場合には検索結果に漏れが出ることになる。したがって，検索対象の文書群の外に由来する辞書やテキストコーパス，ほかの利用者によって入力されたクエリログ情報を用いて，一定の重みづけを施したキーワード群をクエリの照合に加えるキーワード拡張が行われ

る。キーワードを拡張することにより，そのままではキーワードが一致せ
ず，求めている文書を検索できないような状況を改善できる可能性が高ま
る。具体的なキーワード拡張手法としては，疑似適合フィードバックやクエ
リの誤り補正といった手法が代表的である。疑似適合フィードバックは，検
索結果として得られた検索結果文書群から，元のクエリに含まれていなかっ
た特徴語をいくつか抽出し，それらの特徴語をクエリキーワードのベクトル
の一部として追加し，その新しいベクトルと索引の情報との再照合を行って
検索する手法である。

　以上のように，基本的な情報検索のための手法が多く開発されてきた。そ
のほか，2000 年代以降，単純なベクトル空間モデルを越える手法として，
情報検索モデルを確率論的に扱う言語トピックモデルが提案され，機械学習
手法との相性もよいことから，多くのモデルが提案され，研究開発の主流と
なりつつある[4]。

3. ウェブとは

　ウェブとはワールド・ワイド・ウェブ（World Wide Web: WWW）の略で，ハ
イパーメディアの考え方に基づく情報共有システムである[5]。ウェブにおい
て，個別のコンテンツはウェブページを単位としてつくられ，複数のウェブ
ページの間を有機的につなぐハイパーリンクにより構成される。ウェブの世
界では，ハイパーリンクをもとにさまざまなウェブページ内から別のページ
へとたどれるようにリンクが張られ，利用者は求める情報を探して，リンク
をたどってページからページへとジャンプしながら情報を得る。また，各
ページの作成者はページを新たにつくったり，既存のページにリンクを加え
たりすることに制約はなく，自由にリンクを形成しながら新たな情報を発信
できる。

　このようなウェブの世界を構成する重要な要素は，1）URL（Uniform Re-
source Locator）＝ページを同定するアドレス，2）HTML（HyperText Markup

Language）＝ページ内容を記述するマークアップ言語，3）HTTP（HyperText Transfer Protocol）＝ページの転送方法を規定する通信プロトコル，の 3 つからなる。ウェブがこうしたシンプルな要素から構成されており，誰もが自由に参入できるオープンな情報共有システムであることから，ウェブの世界は，1990 年代後半以降，さまざまな情報が提供されるようになって急速に普及が進み，多くの利用者を獲得して，人類史上例を見ない情報共有システムとして成立するに至っている。

　ウェブの特徴は，分散的なアーキテクチャの中で自律的なネットワークが形成されるという点にある。ウェブページを発信したい者がいつでもウェブページをつくって発信することができ，その発信にかかる金銭的および人的コストは既存の出版発行物に比べればきわめて小さい。ウェブ上には多様な発信者が存在し，それぞれの観点から随時自由にウェブページをつくり，ページ間にリンクをつくることも自由に行うことにより，自然発生的に生まれる膨大な情報空間が生成されてきた。またウェブページの特性は，分散的で自律的な情報発信ができるというだけでなく，更新性も高く，古い情報が更新され新しい内容に書き換わったり，ページそのものが消えてしまうことも頻繁に発生するといった特徴をもつ。これらは，これまで図書館で扱ってきたような出版刊行物との違いともいえる。

4. ウェブ検索とは

　膨大なウェブページの中から所望のページにたどりつくためには，的確な検索を実行できるサーチエンジンが必要となる。サーチエンジンが対象とするものはウェブページであり，ウェブページに対するメタデータとして，URL，タイトル，作成者，サイト名，フォーマット，作成日や更新日などを記録し，検索提供している。これらの情報を人手で作成し提供することも可能だが，用途に合わせて適切な粒度でメタデータを作成したり，メンテナンスするコストは，ウェブがもつ分散的な性質から労力やコストに見合わず，

多くの場合は機械的な処理に任される。ウェブ草創期には Yahoo! に代表される人手で構築したディレクトリ型のサーチエンジンが提供されたが，ウェブ上の情報の急速な増加と多様化する情報ニーズによって，機械的な自動処理にもとづく全文検索型サーチエンジンが主流となっている。現代のサーチエンジンは，ウェブページの間に形成されたハイパーリンクを自動的にたどって，日夜，ウェブページの情報を収集し続けている。

　サーチエンジンの処理は，ウェブページ収集，文書解析，リンク解析，索引付け，クエリ解析，文書ランキングといった流れで行われる。これらの処理の多くは 2 節で述べた通常の情報検索システムと同様であるが，ウェブ検索特有の処理として，ウェブページ収集とリンク解析がある[6]。

　サーチエンジンは，ウェブ上の主要なサイト群，とりわけ検索の要求がありそうな主要なページ群を機械的に収集し，収集時点の情報がその検索対象となる。サーチエンジンは収集の過程において，収集対象ページからたどれるその先のページ群へと，その収集範囲をハイパーリンクの広がりにあわせて適切に広げることにより，人々の情報ニーズに応えようとしている。すなわち前節においてウェブの分散的な性質として述べたように，ウェブページの発信状況やその更新頻度はその主体や発信内容ごとに異なるため，機械的な収集といっても，一括して更新された内容をすべて取り込むことはサーチエンジンにも不可能であるため，収集の範囲や更新頻度は対象となるウェブサイトごとに大幅に異なる。このような状況から，ウェブ空間は，サーチエンジンが検索対象とする表層ウェブと，通常のリンクをたどるだけではアクセスできない深層ウェブと呼ばれる 2 つの空間に分けられ，深層ウェブ空間は表層ウェブ空間の数倍にわたるとの報告もある[7]。したがって，ウェブ上の膨大な情報量のすべてを対象としうるサーチエンジンは存在しないという前提は改めて確認しておきたい。

　リンク解析処理は，ウェブページ収集の過程で得たページ間のリンク情報を解析する処理である。膨大なページ群，場合によっては，数十兆を超えるウェブページから構成される空間からページ収集を行う過程で得られた情報

のうち，ページ間に随時に張られたリンク関係や，そのリンク時に使われているアンカーテキストは検索のための特徴量として用いることができる。これらは，ページ内に書かれたテキスト内容にとどまらない情報であるため，これらの情報を抽出して検索アルゴリズムの中で用いることにより，適切なページを提示できる可能性が広がる。これらの情報を用いる手法の特徴としては，任意のページ間に張られたリンク関係を扱うため，当該ページを作成した者以外による情報を加味できる点にある。つまり，複数のサイトからのリンクが張られていることは，学術文献における引用関係のように，一種の総合的な評価として使える。リンク関係にもとづく検索手法としてはリンク情報とアンカーテキスト情報に基づくものが代表的で，それぞれさまざまな手法が提案されている。

　リンク情報にもとづくウェブページ群に対する分析と重みづけの手法としては，PageRank アルゴリズム[8]や HITS（Hyperlink-Induced Topic Search）アルゴリズム[9]がよく知られている。これらのアルゴリズムは実運用のサーチエンジンにおいて性能向上のために用いられた実績をもつことから，また，リンク構造自体がウェブ空間における重要な特徴を示しており，その解析から多くの知見が得られることから，多くの研究がなされてきた。特に，PageRank を採用したサーチエンジン Google の成功を皮切りに，手法としてのリンク解析の改良や，さまざまなデータへの適用が進んだ。PageRank は，ページ間のハイパーリンク構造を有向グラフとみなして多くのリンク流入を受けるページに重みを与える手法であり，もともと人のブラウジング行動を模した数学モデルである。ランダムウォークを通じた伝播モデルを取り入れたグラフ構造の再帰適用に特徴がある[8]。HITS アルゴリズムも同様に，ページ間のリンク群をグラフ構造とみなしたうえで，ハブとオーソリティという概念にもとづき，ページノードの分類とグラフ上での位置づけを重みづけに用いる特徴をもつ[9]。

　アンカーテキストとはハイパーリンクにおけるリンク箇所に用いられたキーワードを指す。アンカーテキストに基づく検索モデルは，それぞれのア

ンカーテキストをリンク先の文書を説明しているものとして用いる手法である。アンカーテキストをリンク先文書の代替テキストとして用いることはウェブ検索においては非常に有効である。とりわけ，多くのページからリンクを集めるページについてはさまざまな観点からページ内容を表現するテキスト文字列が集まるため，クエリに該当する語が当該ページ内に存在しなくても，その語を含むアンカーテキストによるリンクが張られていれば，検索結果として返すことができる。アンカーテキストは多様なキーワードを含むものであり，多様な観点からの情報を提供することから，リンク情報の中でも高い検索性能をあげることが以前から知られてきた[10]。

　さらに，サーチエンジンは単にウェブページ文書群を集めてテキスト検索に供するだけにとどまらず，数億人にも及ぶとされる検索利用者のアクセス傾向やキーワード検索の過去の利用情報を，クエリキーワードに対応する重みづけに活用している。たとえば，過去の利用者が使用したキーワードの出現頻度をもとにそのキーワードの人気度を推定したり，利用者の多くが同時に使用したキーワードの共起頻度をもとに関連キーワードを推薦したりする手法が提案され，実用に供されている。また，クエリとして入力されたキーワードとその検索結果内でクリックされたページ URL との関係性やその頻度を，文書ランキングのための特徴量として活用する手法も利用されてきた。これらは，クエリログやクリックスルーログと呼ばれ，検索結果の有効性を高めるのに役立つことが知られている[11]。一方で，これらの膨大なクエリログには利用者の個人情報や機密情報が含まれていることが知られており，第三者がそれらの情報を閲覧できないよう適切に管理保護する必要がある。研究開発にあたっても利用者の同意なしに利用できないものとされ，サーチエンジン企業等は利用規約のもとに利用者のプライバシーへ配慮することが強く求められる。したがって，これら利用者の探索行動履歴の活用は，情報の集中性から，大手の商用プラットフォーム事業者が独占的に収集できるだけでなく，プライバシー配慮の観点からも，それらの情報を他者と共有することも難しいという課題がある。この課題は，大手事業者の手に莫

大なビッグデータがあり，それらを活用することでさらに有用なサービスが
提供できるという寡占化を加速させるという結果をもたらしており，サーチ
エンジンの利用者側からみても検索結果のブラックボックス化が加速してい
るということができる。

5. ウェブ検索における利用者の情報ニーズ

　前節までで述べたように，レファレンスサービスの 3 つの構成要素のう
ち，情報資源としてのウェブとその検索ツールとしてのサーチエンジンの 2
つは，多くの情報を提供・収集し，利用者のニーズにあわせて提供しようと
してきた。つまり，サーチエンジンに代表されるウェブ上の検索サービス
は，ウェブ上の一般利用者の情報ニーズの多くを拾い上げ，端的には適切な
情報源に案内指示することを実現してきた。それでは，このような情報ニー
ズはどのような種類があり，どの程度の広がりがあるだろうか。以下では，
残る要素として重要な役割をもつ，利用者側における情報ニーズについて取
り上げておきたい。特に，情報ニーズの分析事例や情報探索行動研究の領域
から代表的なものを紹介する。

　まず，スピンク（Spink）らは，いくつかのサーチエンジンにおける検索ク
エリログの分析結果の傾向をもとに，サーチエンジンにおける多くの検索で
は，せいぜい 2 ～ 3 語のクエリしか入力されないこと，検索結果も大多数が
最初のページしか閲覧せず，検索結果ページから 2 ～ 3 件のページへのリン
クをクリックするだけにとどまることを報告している[12]。

　ブローダー（Broder）はサーチエンジン利用者が入力するクエリとその意
図を，情報収集型（Informational），案内指示型（Navigational），トランザクショ
ン型（Transactional）の 3 種類に大別することを提案した[13]。ブローダーは，
AltaVista サーチエンジンにおけるユーザ調査とログ分析を通じて，それぞ
れのクエリ種別の頻度を案内型クエリが 20～25 ％，情報型クエリが 39～
48 ％，トランザクション型クエリが 30～36 ％とそれぞれ報告している。ブ

ローダーによるクエリ分類は，そのわかりやすさから多くの情報検索研究において用いられてきた。たとえば，クエリ種別ごとに適用する検索モデルを切り替えたり，たとえば案内指示型クエリへの対応に比重を大きくすることにより，サーチエンジンは利用者の要求に応えるための研究を進めている。同様に，情報ニーズについて調査した研究やその応用は，ブログ検索，画像検索，ウェブ広告，ECサイト検索など，さまざまな領域を対象に行われている。

　一方，サーチエンジンに限定しない，より幅広い情報探索行動における情報ニーズに関する研究もある。たとえば，ケラー（Kellar）ら[14]は，ウェブ上での情報行動を事実発見（Fact finding），情報収集（Information gathering），ブラウジング（Browsing），トランザクション（Transaction）という4種類にユーザタスクを大別し，21人の実験参加者の1週間にわたるウェブ上での行動を調査して，各カテゴリごとに，トランザクションが47％，ブラウジングが20％，情報収集が18％，事実発見が13％と報告している。ほかにも，ハー（He）ら[15]は23人の実験参加者の5日間のウェブ上の情報行動におけるユーザタスクの特徴を報告し，41％のタスクがクエリ投入のないものであり，さらに8割超のタスクが複数のセッションにまたがる行動として遂行されていると報告している。

　このように，さまざまな情報ニーズをもつ利用者が存在し，それらのニーズに対応するウェブ上の情報を求める探索をユーザ自身が行っている。しかしながら，前節で述べたようなサーチエンジンの研究開発だけではすべての情報ニーズを満たせるわけではない。特に，このような既存のサーチエンジンだけでは満足できない情報ニーズといった課題として，試行錯誤を要するような情報収集や調査研究そのものを支援する手法であったり，明確な情報ニーズをもっているとは言い難い利用者の情報ニーズがある。これらの課題は，マルチオニーニ（Marchionini）が調査学習型検索（Exploratory search）と呼び，研究課題として提唱されてきている[16),17)]。

　「調査学習型検索」概念を提案するにあたりマルチオニーニは，情報探索の種類として，探索者が事前知識が乏しい分野であったり，探索手段が不明

確であったりするようなケースを想定したうえで，探索行動を，事実調査（Lookup），調査（Investigate），学習（Learn）に大別し，3 区分のうち後者 2 区分の範疇の活動を総称して，調査学習型探索と呼んでいる。このような調査学習の中では，探索の中で探索者自身が学びながら知識を獲得し，得られた知識を使ってさらなる探索にあたるといった，知識の獲得と利用が何度か複数回にわたって行われる。また，複数の情報源にまたがる情報の分析や統合といった形での知識獲得も行われ，幅広い範囲の知的活動や情報行動が探索ゴールを満足するために用いられる。このような幅広い情報ニーズやタスクを満たすための探索プロセスは一つのツールだけで事足りるわけではない。領域ごとにさまざまな検索ツールがあることを認識したうえで，情報ニーズにあわせてさまざまに使い分ける必要がある。また，探索にあたっては領域固有の情報資源の種類についての知識や，探索手段そのものについての知識も求められることになる。

6. ウェブ環境下におけるレファレンスサービス

　ここまで，レファレンスサービスを行う図書館の側で理解しておかなければならない要素として，ウェブ上で提供されている検索ツールや検索サービスの技術的な側面，さらには利用者の情報ニーズの側面を中心に述べてきた。一方で，情報共有システムとしてのウェブの普及により，ウェブ上での図書館側からの情報共有や発信が，利用者に対するサービスとしても成り立つようになっていることから，図書館の側から，積極的にウェブ上の利用者にアプローチするような取り組みも欠かせない。ここでは特に，直接的な情報探索にかかわることがら以外からも，よりよいレファレンスサービス実現のために，ウェブ環境を活用する事例について触れておきたい。具体的には，（1）レファレンス質問の記録と共有，（2）調べ方ガイドの作成と共有，（3）コレクションの組織化と公開といった取り組みがある。

　まず，（1）レファレンス質問の記録と共有としては質問事例集の作成があ

る。レファレンス質問として受けた内容を記録して，その質問内容，探索手段やツール，回答とその回答プロセスをあわせて記録しておくことにより，さらなる質問に備えることができる。レファレンス事例集の作成には，図書館員の間で質問ニーズを共有してレファレンスサービスのニーズへの対応に備える人材育成と研修を目的とした効果も期待される。さらに，そういった事例集をウェブを通じて発信して公開提供することにより，類似の質問ニーズをもつ利用者のニーズを満たすことが期待できる。

　また，レファレンス事例の記録と公開を単館で行う取り組みに加え，複数の図書館におけるレファレンス事例を記録して公開提供するデータベースを共同で運用する取り組みもある。国立国会図書館のレファレンス協同データベース事業には 2018 年 12 月時点で，全国 792 館が参加し，総数 22 万件以上のレファレンス事例が蓄積されている。レファレンス協同データベース事業では，公共図書館，大学図書館，学校図書館等の館種を越えて，さまざまな参加館におけるレファレンス事例が公開されている。また，公開された事例だけではなく，一部の事例については非公開，参加館のみ公開といった形で公開状態を限ることにより，用途に応じた事例集の集約と提供が行われている。

　また，ネットワークを通じてレファレンス質問を受け付けて，その回答プロセスを支援するデジタルレファレンスサービスも普及が進んでいる。デジタルレファレンスサービスといっても，質問を単にメールやウェブフォームで受け付けて回答を行うものから，より積極的にネットワーク上の情報共有ツールとして成立させたものまでいくつかの類型が見られる[18]。たとえば，レファレンスサービスのための情報共有の観点から，ネットワーク上でレファレンスサービスを実現するプラットフォームの一つに OCLC が運営する QuestionPoint がある。QuestionPoint では，質問受付から回答までのフローをデータベース上で管理して，担当者間での受け渡しや進捗管理を図ることができるようなデジタルレファレンス環境を提供している。

　次に，(2) 調べ方ガイドの作成と共有としては，事例集に蓄えられたレ

ファレンス質問事例を，探索ツールの選択や回答プロセスという観点から次回の質問に答えるための調べ方ガイドとして昇華させ，知識ベースとして共有する取り組みがある。主題トピックを単位として情報探索するための方法や探索ツールの情報共有を目的としたものに，パスファインダーの取り組みがある。パスファインダーは特定の主題の調べ方の手がかりとなるようなキーワードや情報資源を簡潔にまとめたもので，印刷体のほかウェブ上での提供も見られる[19]。また，さまざまな領域の調べ方ガイドをとりまとめ，レファレンスサービスに共用できる知識ベースとして活用する試みも考えられる。たとえば，国立国会図書館のリサーチナビは，主題ごとに探し方の戦略や検索ツールなどをまとめて，隣接領域同士の調べ方を通覧させるような探索支援の機能を加えて提供することにより，質問回答プロセスや調べ方全般の知識ベースとして一般に供している[20]。

　一方，(3) コレクションの組織化と公開としては，典型的なレファレンスニーズを満たすための特定主題の書誌作成やそれをデジタル化して検索サービスとして提供する取り組みがある。公共図書館等では，地域資料に類するコレクションに対して，このような書誌データベースを作成して一般に供する取り組みは多く見られる。たとえば，石川県立図書館では，「石川県関係人物文献」や「石川県関係雑誌記事」といったデータベースをまとめてウェブ上で検索できるようにし，レファレンスのニーズに対応しうるような形で提供している。このように，地域資料などのコレクションに対して，独自の主題件名や分類，典拠情報を付加したり，索引化したりして，組織化することにより，調べ物に役立てることができる。加えて，そうして人手で構築された書誌情報や典拠情報などの再利用性を高め，ほかでつくられた知識と組み合わせて応用していく試みが近年みられるようになってきた。再利用のためには，作成したデータをほかでも利用しやすいライセンス（利用規約）として提供することが肝要である。近年では，オープンデータと呼ばれる再利用に適したライセンスとして，クリエイティブコモンズ（Creative Commons）ライセンスの普及が進んでいる。さらに，提供データの形式として，より柔

軟なデータ共有の枠組みであるリンクトオープンデータ（Linked Open Data: LOD）として公開するサービスも増えてきている[21]。今後，レファレンスニーズに応えるためのウェブ上の検索ツールやメタデータにも，こういった自由に利用可能なライセンスを付したり，再加工や再利用を行いやすい形式での公開が求められる。

　さらに，書誌情報だけでなく，一次情報としての本文フルテキストを電子化し，著作権処理のうえでウェブ公開する試みもある。2000年代以降，デジタルアーカイブとして提供データが公開提供されることが増えている。たとえば，国立国会図書館は，蔵書を中心に電子化した膨大な書籍や資料等の提供プラットフォームとして，「国立国会図書館デジタルコレクション」（NDLデジタルコレクション）を提供している。NDLデジタルコレクションでは，著作権状態に応じて資料の公開種別を分け，著作権制限がなくなったパブリックドメイン資料については館外含めて提供を行っており，著作権の制限がある資料についても一部の絶版等の資料については，館内閲覧または国内の公共図書館，大学図書館等の館内端末から自由に閲覧できるサービスも行っている。

7. おわりに

　1990年代以降のインターネットとウェブの普及は，ネットワーク情報資源の発達を主導してきた。本章では，レファレンスサービスにおける技術的諸要素として，ウェブ上の情報資源を対象とした情報アクセス技術を論じ，ウェブ上の情報資源を活用する情報探索と情報利用のために，どのような要素技術が使われてきたか，ウェブ検索をはじめとする，ウェブ上で利用される情報検索サービスを振り返りつつ，それぞれのサービスにおける情報源とその処理技術を解説した。同時に，それらの技術的手法や考え方がどのような利用者支援を目指していたか振り返りながら，新しい時代の情報探索の考え方を整理した。

　ウェブや新しいメディアの進展にともなって，情報探索のための手がかり
や検索ツールは変わり続けていくものの，利用者の情報ニーズの理解，さら
には将来の利用のためのコレクションの適切な組織化が今後ともレファレン
スサービスの中核であることに変わりはない。本稿が，次世代の図書館サー
ビスに向けて利用者理解を図り，利用者に役立つ，ウェブ上の情報源を活用
するレファレンスサービスの一助となれば幸いである。

注・引用文献

1）　総務省「平成 30 年度情報通信白書」2018.
2）　Jones, Karen Sparck. "A statistical interpretation of term specificity and its application in retrieval." *Journal of Documentation*, vol.28, no.1, p.11-21, 1972.
3）　Robertson, Stephen. "Understanding inverse document frequency: on theoretical arguments for IDF." *Journal of Documentation*, vol.60, no.5, p.503-520, 2004.
4）　Ponte, Jay M,; and Croft, W, Bruce, "A language modeling approach to information retrieval," In *Proceedings of the 21st annual international ACM SIGIR conference on Research and development in information retrieval*, p.275-281, 1998.
5）　バーナーズ＝リー，ティム『Web の創成：World Wide Web はいかにして生まれどこに向かうのか』毎日コミュニケーションズ，2001.
6）　日本図書館情報学会研究委員会編『情報アクセスの新たな展開：情報検索・利用の最新動向』（図書館情報学のフロンティア　No. 9）勉誠出版，2009.
7）　He, Bin; Patel, Mitesh; Zhang, Zhen; and Chang, Kevin Chen-Chuan. "Accessing the deep web." *Communication of the ACM*, vol.50, no.5, p.94-101, 2007.
8）　Brin, Sergey; and Page, Lawrence. "The anatomy of a large-scale hypertextual web search engine." In *Proceedings of the seventh international conference on World Wide Web*, p.107-117, 1998.
9）　Kleinberg, Jon M.. "Authoritative sources in a hyperlinked environment." *Journal of ACM*, vol.46, no.5, p.604-632, 1999.
10）藤井敦「アンカーテキストモデルと検索質問分類による Web 文書検索の高度化」『情報処理学会論文誌』vol.51, no.12, p.2330-2342, 2010.
11）Joachims, Thorsten. "Optimizing search engines using click through data." In *Proceedings of KDD 2002*, p.133-142, 2002.
12）Spink, Amanda; and Jansen, Bernhard J. *Web Search: Public Searching of the Web*. Springer, Dordrecht, 2005.
13）Broder, Andrei. "A taxonomy of web search." *SIGIR Forum*, vol.36, no.2, p.3-10, 2002.
14）Kellar, Melanie; Watters, Carolyn; and Shepherd, Michael. "A field study characterizing web-based

information-seeking tasks." *Journal of the American Society for Information Science and Technology*, vol.58, no.7, p.999-1018, 2007.

15）He, Jiyin; and Yilmaz, Emine. "User behaviour and task characteristics: A field study of daily information behaviour." In *Proceedings of the 2017 Conference on Conference Human Information Interaction and Retrieval, CHIIR '17*, p.67-76, 2017.

16）Marchionini, Gary. "Exploratory search: From finding to understanding." *Communications of ACM*, vol.49, no.4, p.41-46, 2006.

17）White, Ryen W.; and Roth, Resa A.. *Exploratory Search: Beyond the Query-Response Paradigm*. Morgan & Claypool, 2009.

18）小田光宏「総論：デジタルレファレンスサービスの現在」『情報の科学と技術』vol.56, no.3, p.84-89, 2006.

19）鹿島みづき『パスファインダー作成法：主題アクセスツールの理念と応用』樹村房，2016.

20）兼松芳之「図書館サービスにおけるナレッジマネジメントツール」『情報の科学と技術』 vol.62, no.7, p.288-295, 2012.

21）Baker, Thomas, et al.「図書館 Linked Data インキュベータグループ最終報告書」2012. 国立国会図書館電子情報部電子情報流通課標準化推進係，田辺浩介（訳） http://www.ndl.go.jp/jp/aboutus/standards/translation/XGR-lld-20111025.html（参照2019-01-03）

第 3 章
レファレンスサービスの自動化可能性

浅石卓真

1. はじめに

　情報技術の進展にともない，図書館業務の一部を自動化する機器や設備が数多く開発されてきた。たとえば自動貸出機は図書館員が行ってきた貸出手続きを利用者自身で行えるようにしたし，自動返却仕分機は利用者が返却口に資料を入れるだけで返却処理を行ってくれる。自動書庫システムは資料を書庫から取り出す出納業務を自動化したし，RFID（IC タグシステム）対応の専用リーダによって蔵書点検で資料を一つ一つ手作業で書棚から取り出す必要がなくなった。

　情報技術により図書館業務がどこまで自動化可能かを検討することは，将来における図書館員の専門性を考えることにもつながる。貸出・返却や予約処理などすでにかなりの部分が自動化可能な業務で図書館員の専門性を主張することは今後は難しいだろう。逆に対面によるコミュニケーションが必須であるブックトーク・読み聞かせや，利用者に応じた対処が必要な図書館利用教育，講演会などのイベント実施は本来的に自動化が難しいか，少なくとも当面は自動化される見込みはない[1]。それらは引き続き図書館員が必要な業務となるだろう。

　本稿では，図書館業務の中でもレファレンスサービスの自動化可能性を検討する。レファレンスサービスにおける利用者からの質問（以下，レファレンス質問）は，特定機関の住所や単語の意味など簡単に解決できるものから，複数の文献を調査したり他機関に問い合わせなければならないものまで幅広く存在する。それらの中でどこまでがコンピュータで自動回答できるか

見極めることは，図書館員の専門性を検討するうえでも特に興味深い課題の一つである。なお，レファレンスサービスは利用者の質問に回答する質問回答サービス（直接サービス）とレファレンスコレクションの形成（間接サービス）に大別されるが，本稿では前者のみを検討する。

　レファレンスサービス（の中の，質問回答サービス）の自動化の究極的な形態の一つは，図書館で利用者がヒューマノイド型ロボット（以下，ロボット）に質問すると内蔵された音声対話システムが即座に回答してくれる，というものであろう。以前から利用者と会話し，わかりやすい情報提供を目指す司書ロボットは開発されてきた[2]。2015 年には山梨県の山中湖情報創造館でソフトバンク社の Pepper が見習い職員となり，2016 年以降は東京都の江戸川区立篠崎図書館などでも設置され簡単な図書館案内を行っている[3]。図書館以外の企業のオフィスや小売店でも Pepper を見かけるようになってきた。

　音声対話システムが電話口でレファレンス質問に回答したり，インターネットに接続されたコンピュータを介してメールやチャットで自動返信する形態も考えられる。2013 年の国立国会図書館の調査によれば，日本の図書館の約 9 割が電話で，約半数は電子メールでもレファレンス質問を受け付けている[4]。アメリカでは図書館の協同レファレンスサービスである Question-Point をはじめ，チャットと電子メールにより人間が質問回答サービスを行う仕組みはすでにいくつも実用化されている。

　質問に応答するシステム（以下，質問応答システム）は，図書館以外ではすでに多くのアプリケーションとして実用化されている。代表的な質問応答システムとして Wolfram Research 社の WolframAlpha や，NTT ドコモの my daiz（旧「しゃべってコンシェル」）に搭載されている SpeedQA などがあげられる。また，旅行案内やレストラン検索や病名・病院検索，バーチャル秘書などを行うチャットボットにも質問応答の機能が搭載されている[5]。最近では情報通信研究機構（NICT）がウェブ上の情報をもとに多様な質問に回答する WISDOM X を試験公開した。

　現在の質問応答システムは，人間と同じような自然言語での会話は実現で

きていない。ただし，限定的な状況ではすでに人間以上の性能を発揮する。たとえばアメリカの IBM が開発した質問応答システム Watson は，2011 年にアメリカのクイズ番組 Jeopardy! で人間のチャンピオンに勝利している[6]。Watson は Wikipedia やブログ記事，ニュース記事といった大量のテキスト情報から問題の回答候補とその根拠・確信度を計算し，確信度の高い候補を提示する。Watson はその後，医療現場での病名診断支援，銀行のコールセンターでのオペレータ補助など多方面で活用されている。

　それでは図書館のレファレンスサービスにおいて，質問応答システムは図書館員を代替できるのか？　また，完全には代替できないにせよどの程度の（どのような）レファレンス質問なら回答できるのだろうか？　本稿ではまず，質問応答システムの概要とこれまで扱ってきた質問，基本的な構成を確認する。次に，質問応答システムとレファレンスサービスの異同を分析し，質問応答システムがレファレンス質問に回答する際の課題を整理する。最後にコンピュータと比較したときの人間の優位性を踏まえて，質問応答システムが活用されるシナリオを述べる。

2. 質問応答システム

2.1　対話システムと質問応答システム

　対話システムは人工知能の一つである。これは，自然言語による対話には人間の知能に相当するものが必要だとする伝統的な考えにもとづく。17 世紀にデカルトは『方法序説』の中で，人間には機械や動物にはない知能を備えており，それは言語を使う能力であると主張した。20 世紀に考案されたチューリングテストでも自然な対話から知能の有無を判定している。これは，人間が隔離された部屋にいる相手とキーボードで対話し，その相手がコンピュータか人間か見分けられなければ合格（＝相手に知能がある）とするもので，現在もコンピュータの知能を測る標準的なテストとされている。

　対話の中ではユーザが質問してシステムが回答するやり取りが頻繁に起こ

るため，質問応答システムは対話システムにおける重要なモジュールである。対話システムは雑談を続ける非タスク志向型と，特定のタスクの達成を目的としたタスク志向型に大別される。レファレンスサービスを代替する質問応答システムは「利用者の情報要求を解消する」というタスクを達成するという意味で後者の一つになる。必要に応じてユーザに問い返すこともあるが，その目的は対話を続けること自体ではなく，対話を通じてユーザの情報要求を明確化することである。

　質問応答システムでは一般に質問を分析して解釈し，何らかの情報源から回答を見つけてユーザに提示する。情報源となるのはインターネット上のウェブページや手元にあるコーパス（特に新聞記事データベース）であり，回答は語句，文または段落単位で抽出・提示される。なお1980年代に人工知能分野で開発されたエキスパートシステムは特定分野の組織化された文書集合から推論によって回答を導出するのに対して，質問応答システムは分野が限定されず組織化もされていない文書集合から回答を抽出する。

　質問応答システムの要素技術は，TREC（Text REtrieval Conference）やNTCIR（NII Testbeds and Community for Information access Research）といった評価型ワークショップの中で発展してきた。これらは正解つきの実験用データセットを複数の研究グループが利用して共通のタスクに取り組むことで，ある研究分野を集中的に進展させるプロジェクトである。TRECはアメリカのNIST（National Institute of Standards and Technology）を中心に実施され1992年からしばらくは文書検索のみを扱っていたが，1999年から質問応答を課題とするQAトラックが開始された。NTCIRは日本の国立情報学研究所が主催するもので2001年から質問応答が扱われるようになり，2016年のNT-CIR-13まで継続してさまざまなタスクに取り組まれている。

　上記の評価型ワークショップにおける質問応答のタスクでは，初期には人名や地名に関する質問が設定されていたが，研究が進むにつれて定義，理由，方法，そして物事の過程や概要に関する質問にも取り組まれるようになってきた。また，一問一答型だけでなく，前の質問を受けた文脈依存型の

タスクもある（たとえばあるテーマについて詳しく知りたい場合，そのテーマについて次々に質問する場合など）。

2.2　扱われてきた質問

　従来の質問応答システムで扱われてきた質問は，人名や金額など一言で回答できる質問（ファクトイド型質問）と，理由や方法など一言では回答できない質問（ノンファクトイド型質問）に大別される。上述したように TREC や NTCIR で最初に扱われたのはファクトイド型質問だが，質問応答システムの性能が向上していく中でノンファクトイド型質問にも取り組まれるようになった。

　ファクトイド型質問は，典型的には以下のような固有表現を求める質問である。なおこれは，1999 年に開催された情報検索・情報抽出の評価ワークショップ IREX（Information Retrieval and Extraction Exercise）で提案された類型である。

　人名：「現在の日本の総理大臣は誰ですか？」
　地名：「富士山があるのは何県ですか？」
　組織名：「外交を司る日本の省庁はどこですか？」
　固有物名：「世界で最も市場シェアの高い OS は何ですか？」
　日付：「本能寺の変が起きたのは西暦何年ですか？」
　時刻：「次の名古屋方面の電車の発車時刻は何時何分ですか？」
　金額：「ルーブル美術館の入館料はいくらですか？」
　割合：「日本の 15 歳以下の人口は全体の何％ですか？」

　ファクトイド型質問の変種としてリスト型質問がある。これは「オリンピックの正式種目を 8 つ挙げよ」のように複数の回答を要求する質問である。また「すべて挙げよ」のように正解の個数が明示されない場合も含まれる。その他に「湯川秀樹はノーベル賞受賞者ですか？」のような Yes/No 型の質問もある。

　一方で，ノンファクトイド型は以下のような質問が典型である。

　　定義：「チャットボットとは何ですか？」
　　理由：「月の満ち欠けはなぜ起きるのですか？」
　　関係：「大学と文部科学省はどのような関係にありますか？」
　　方法：「競輪選手になるにはどうすればよいですか？」
　　経緯：「イラク戦争はどのように起きたのですか？」

　それぞれの質問タイプに特化した質問応答システムが開発されてきたが，特に定義と理由では多くの研究の蓄積がある[7),8)]。これら以外の質問タイプにも，定義や理由に回答する質問応答モジュールを変更することで対処してきた[9)]。

　ファクトイド型質問とノンファクトイド型質問の両方に対応できる質問応答システムも開発されている。たとえば横浜国立大学で開発された MinerVA は，名前や数値・日時に回答する MinerVA-N と定義や理由・方法などに回答する MinerVA-D という2つのシステムから構成されている[10)]。また NICT が開発した WISDOM X は「なに？」，「どうなる？」，「なぜ？」，「それなに？」という4つの質問に回答できる。

　近年ではより応用的な研究として，大学入試問題（正誤判定，語句選択，論述問題など）に質問応答システムで解答する試みも始まっている。これは日本の大学入試問題に自然言語処理技術で解答することを目指す，国立情報学研究所の「ロボットは東大に入れるか」プロジェクトの一環である[11)]。2013 ～ 2014 年に行われた NTCIR の QA Lab トラックでも，世界史の大学入試問題に解答するタスクが設定された[12)]。論述問題には「ポリスの形成過程を 60 文字以内で答えなさい」のように物事の過程を解答する問題や，「北イタリアで結成された都市同盟について 60 字以内で答えなさい」のように何を解答すべきか明示されない問題が含まれる。

　ここまで述べてきたことからわかるように，従来の質問応答システムで取

り組まれてきたのは，図書館のレファレンス質問としてはいわゆる事実調査型の質問に相当する。レファレンス質問にはほかにも「・・に関する文献はあるか？」のような文献調査型の質問や，「・・という文献はどの図書館で所蔵しているか？」といった所蔵調査／所蔵機関調査型の質問，図書館の施設やサービスに関する利用案内型の質問がある。これらのうち，文献調査型の質問や所蔵調査／所蔵機関調査型の質問は，質問応答というよりは情報検索の領域で扱われてきた。

2.3　質問応答システムの構成

　質問応答システムの多くは「質問解析」,「文書検索」,「回答候補の抽出」,「回答」という 4 つのモジュールから構成される。これはファクトイド型質問でもノンファクトイド型質問でも同じである。なお，音声による質問応答システムでは音声をテキストに変換する音声認識や，その逆を行う音声合成のモジュール，さらに多言語での質問応答を行う場合には機械翻訳のモジュールなども必要となるが，本稿では字数の関係上，そこまでは扱わない。以下，各モジュールの古典的な方法を説明する。

　「質問解析」ではテキスト形式で入力された質問文を検索式に変換する。ここでは質問文を形態素解析したうえで，その結果から内容語（主に名詞，動詞，形容詞）を検索語として抽出する。ただし質問文に含まれなくても，シソーラスやクエリログ等を利用して同義語や類義語も含めるように検索語を拡張する場合もある。これによって，検索漏れを少なくする効果が期待できる。また，質問文に対する構文解析や意味解析の結果を反映させる場合もある。

　質問解析ではさらに，求められている回答の種類（たとえば人名，地名，定義，理由など）（以下，回答タイプ）を判定する。判定方法として，人手で判別ルールを作成する（たとえば質問文が「なぜ」を含む場合は理由をたずねる質問と判定する）ほか，あらかじめ用意した訓練用データから機械学習で判別ルールを自動生成する方法がある。具体的には FAQ や QA サイトか

ら抽出した質問と回答のペアから,「どこに」という質問には「の近く」を含む文書が回答候補になるなどの規則を自動生成する。ただし, 回答タイプの判定を行わないタイプフリー質問応答と呼ばれる手法もある[13]。

　「文書検索」では, 質問解析で得られた検索式を用いて, 回答を含むと思われる文書を抽出する。検索対象となる文書は事前に形態素解析され(または連続する数文字ごとに区切られ), 全文検索のための転置索引を作成する。ベクトル空間モデルと呼ばれる古典的手法では, 検索式と文書を単語ベクトルで表したうえで, 検索式とのコサイン類似度が高い文書(特徴的な単語を多く含む文書)を検索結果の上位にランキングする。情報源が新聞記事コーパスのように文書(記事・項目)の分量が少ない場合は文書単位で, ウェブのように分量が多い場合は段落・文単位で検索する。全文検索のための検索エンジンとしては Elasticsearch などが使われている。

　「回答候補の抽出」では, 回答を含む文書(またはその一部)から, 回答タイプに合う単語や文字列を抽出する。たとえば回答タイプが国名・都道府県名・動植物名の場合には事前に用意したリストにマッチするものを抽出し, 長さ・重さ・広さなどの場合は「数字+単位」といったパターンに合致するものを抽出する。網羅的なリスト化やパターン記述が難しい人名や地名は, あらかじめアノテーションされたコーパスから機械学習で抽出規則を学習させる。また回答タイプが定義や理由の場合には, 単語ではなく名詞句や文, 段落, ウェブページのスニペットが回答候補となる。

　「回答」では, 得られた回答候補の適切性を評価したうえで, 最も評価が高いものを出力する。ファクトイド型質問の場合, 回答は検索語が頻出する箇所の近くにあるというヒューリスティクスを利用して, 検索語からの距離を計算する方法が代表的である。一方でノンファクトイド型質問, たとえば定義に関する質問では, 質問文と回答候補(文や段落)で重複する語の数, 語義や構文の類似度を利用する方法が代表的である。回答では文書や文, 段落をそのまま出力するだけでなく, 複数の回答候補の重複を除去して簡潔に出力する場合もある。

3. 質問応答システムとレファレンスサービスの異同

　従来の質問応答システムがそのままの形でレファレンスサービスを代替できるとは考えられない。それは，質問応答システムが扱ってきた質問が限定的だからというだけでなく，質問の受付から回答までの過程が異なるからである。本節では質問応答システムとレファレンスサービスとの異同を，レファレンスプロセスに沿って説明する。表1に質問応答システムのモジュールとレファレンスプロセスの各段階との対応を示す。

　　表1　質問応答システムとレファレンスサービスの対応

質問応答システム	レファレンスサービス
－	レファレンス質問の受付 質問内容の明確化
質問解析	質問内容の分析 検索方針・検索語の決定
文書検索 回答候補の抽出 回答候補の評価	検索の実行
回答	回答
－	レファレンス記録票への記入・保存

3.1　レファレンス質問の受付／質問内容の明確化

　質問の受付の際，質問応答システムでは質問内容のみ入力するが，レファレンスサービスでは質問者の情報もレファレンス記録票に記入する。たとえば国立国会図書館のレファレンス協同データベースにおけるレファレンス記録票には，質問者区分（小・中学生，高校生，社会人など）や質問者連絡先を記入する欄が設けられている。特に質問者区分は，小・中学生には専門用語や学術文献は使わず回答するなど，その後のレファレンスプロセスにも影

響する。それ以外にも，高齢者にはゆっくり話すなど接遇上の工夫も考えられる。質問応答システムでは，このような質問者に応じた対応は基本的に想定されていない。

　また，質問の受付においては，質問応答システムでは質問の分野は限定しない。しかしレファレンスサービスでは，（回答が可能か否かにかかわらず）回答すべきでない質問への対応が求められる。そのような質問として，個人のプライバシーに関する質問，医療健康相談，法律相談，身上相談，学校の宿題，懸賞問題などがあげられる。質問応答システムでは回答不能な質問に「わかりません」と応答する機能は実装しうるが，回答すべきでない質問は想定されていない。またレファレンスサービスでは，質問内容によっては専門機関を紹介するレフェラルサービスへの変化も求められる。

　質問内容を明確化するレファレンスインタビューは，レファレンスサービスで特に重要なプロセスである。たとえば「昔の地図はどこにあるか？」というレファレンス質問に対して，「場所はどこか？」，「昔とはいつ頃か？」，「地形図か，住宅地図か？」のような質問をしなければ，真の情報要求はわからない。質問応答システムでも質問があいまいなときに問い返しを行い，ユーザからの返答にもとづき最適な回答を選択するものは考案されてきた[14), 15)]。しかし TREC や NTCIR など評価型ワークショップでは現在も一問一答型が多く，このような問い返しはあまり研究されていない。

　質問応答システムでは考慮されないがレファレンスインタビューでは重要なこととして，質問者が話しやすい雰囲気づくりがある。一般にレファレンスサービスでは，挨拶をする，質問者の発話を復唱する，適当なタイミングで相槌を打つ，視線を合わせる，笑顔で応対するなどが必要とされている（これらの一部は電話やチャットのレファレンスインタビューでも同様である）。質問者の表情，身ぶり・手ぶり，視線，うなずきなど対面コミュニケーションで用いられる非言語情報は，管見の限り質問応答システムにはまだほとんど取り入れられていない。

3.2　質問内容の分析／検索語の選定

　ジャホダ（Jahoda）とブロウナゲル（Braunagel）は，情報要求の主題（何について）を given，その主題について必要とされる情報（どのようなことを）を wanted として区別した[16]。質問内容を分析する際，質問応答システムでは回答タイプ，すなわち「どのようなことを」知りたいかを判定したが，レファレンスサービスでは「何について」知りたいかも分析する。主題を分析することで，件名や分類記号による文書検索も可能になる。また文献紹介型のレファレンス質問の場合には，資料種別の特定も重要になる。

　質問応答システムでは，入力された音声やテキストの中から検索語が選定される。これに対してレファレンスサービスでは，質問に含まれていなくても統制語彙表などを参照して検索語を追加する。また，人間の推論によって検索語を追加する場合もある。前節で述べたように，質問応答システムでも WordNet などのシソーラスや検索ログから別の検索語を提示する（検索質問拡張）機能が研究されているが，少なくとも現段階では人間ほど柔軟に検索語を調整できるわけではない。

　レファレンスサービスでは求める情報の新しさや言語，許容しうる探索時間が考慮される。これらの条件設定は質問応答システムでも研究されており，たとえば NTCIR-6 では多言語の情報源から指定された言語で回答を抽出する多言語質問応答のタスクに取り組まれている。また Google など商用の検索エンジンでは言語や最終更新を指定する検索オプションが設定できる。ただし探索時間に関しては，質問応答システムでは数秒以内に回答することが前提とされているため基本的には考慮されない。

3.3　検索の実行

　質問応答システムではウェブ上の文書やコーパスといった電子化された情報源を検索するのに対して，レファレンスサービスでは紙媒体の情報源も検索する。参考図書の中でも書誌・目録や辞典・事典類の一部はデータベース化されウェブ上で無料公開されているものもある。しかし少なくとも現在の

ところ，図書館には郷土資料，著作権が切れていない新刊書籍，非公刊資料など，電子化されていない情報源のほうがはるかに多い。レファレンスサービスではこれらの中から必要に応じて最適な情報源を選択する。

　また，質問応答システムは検索語との表層的な一致を手がかりとして回答候補を抽出するが，人間が行うレファレンスサービスでは含意関係を考慮して回答候補を抽出できる。たとえば「津波を引き起こすのは何か？」という質問に対して，人間は「A が B をもたらす」は「A が B を引き起こす」を含意する（言い換えられる）とわかるので，情報源の中に「地震は津波をもたらす」という表現があれば，上記の質問に対して「地震」という回答が得られる。ただし近年では，このような含意関係を一定程度考慮したシステムも試作されている[17]。

　質問応答システムと比べて，レファレンスサービスでは情報源の信頼性を重視する。そのため紙媒体であっても複数の資料で裏を取ることが望ましいとされているし，ウェブ上の情報源の中では大学や政府機関のウェブページの信頼性が高く，逆に個人サイトや SNS での情報は信頼性が低いとされている。一方でこれまでの質問応答システムでは，回答候補の評価において情報の信頼性までは考慮されてこなかった。むしろ Wikipedia や Twitter の書き込みも積極的に情報源とすることで，ユーザの幅広い質問に回答できるようにしてきたと言える[18]。

3.4　回答

　質問応答システムでは回答自体を提供するが，レファレンスサービスは（回答を含んだ）資料の提供を原則としてきた。たとえば日本図書館協会公共図書館部会が 1961 年に作成した「参考事務規程」では，回答事務の原則の中には以下の記述がある。

　　3　回答事務は資料を提供することを原則とする。
　　4　前条の規程にかかわらず，軽微な質問であって資料の裏付けのある

　ものに限って解答を与えてもよい。

　これに対して質問応答システムは回答内容を直接提供するものであり，根拠となる文書の情報は付加的なものである。この違いは前節で述べた情報の信頼性ともかかわる。

　質問応答システムではユーザの違いはあまり想定されていないが，レファレンスサービスでは質問者に応じた回答を作成する。たとえば「深層学習とは何か？」という質問に回答する場合，質問者が小学生・大学生・社会人かで回答の量や提供する資料は異なるはずである。図書館での具体的な対応として，(1) 文献調査型の質問では，適切な難易度の文献を選択して提供する，(2) 事実調査型の質問では，回答中の専門用語を日常語に言い換える，などを行う。

　（一問一答型の）質問応答システムでは，質問者に対して回答を出力した時点で終了となる。これに対してレファレンスサービスでは，質問者が回答に満足しなければレファレンスプロセスの必要な段階に戻ってやり直す。また，回答が得られない場合は質問に探索過程を示す。質問応答システムでは探索過程がブラックボックスになりがちであるが，回答しか示されなければ質問者が満足できない場合，それが質問応答システムの問題なのか（たとえば，質問文の表現を少し変えれば容易に回答できたのか），情報源に回答が存在しないためなのかわからない。

　回答の形式について，質問応答システムは今のところ，回答候補を列挙するだけのものが多い。一方でレファレンスサービスでは複数の回答候補が得られた場合，図書館員がそれらを総合して回答を作成する。ただし，相互に矛盾する回答候補が得られた場合には両方を提示する。また，レファレンス質問が複数の内容を含む場合には回答も別々にする必要がある（たとえば「『ホシノヒトミ』の命名者・時期を知りたい」という質問には「人名」と「時期」を回答する）。これらの対応も質問応答システムではあまり想定されていない。

3.5　レファレンス記録票への記入と保存

　レファレンスサービスでは結果をレファレンス記録票に記入する。記入される内容は質問内容と回答内容のほか，回答プロセス，利用した資料，事例作成日，調査種別，内容種別，解決／未解決などである。質問応答システムは，このような人間が見るための記録票には未対応である。ただし質問応答システムでは，ログとして残される質問と回答の入出力テキストがそれに相当する。

4. レファレンス質問への自動回答における課題

　前節では質問応答システムとレファレンスサービスとの異同を概観した。それらの異同は，質問応答システムがレファレンス質問に自動回答する場合にどのような課題を生じさせるのだろうか？　本節では，まずレファレンス質問一般に共通する受付段階の課題を説明した後，「事実調査／文献調査型」「所蔵調査／所蔵機関調査型」「利用案内型／回答すべきでない質問」に分けてそれぞれの課題を列挙する。

4.1　レファレンス質問の受付での課題

　質問応答システムを搭載したロボットをレファレンスカウンターに立たせる場合，どのような外見にするかがまず課題となる。人間に似せたロボットをつくる場合，ロボットが機械的なものから人間に近づくにつれて親近感が増すが，人間にかなり近づいたところで不気味さや嫌悪感が生じ，そこを越えて人間に近づくと再び親近感が増すと言われている（「不気味の谷」現象）。このことを踏まえ，ロボットでレファレンス質問を受け付ける場合には，気軽に質問ができるよう嫌悪感を抱かせない外見が必要となる。

　音声入力（人間の発話）でレファレンス質問を受け付ける場合には，音声認識の精度が課題となる。音声認識は音声を文字列化する処理であり，入力された音声を辞書に含まれる単語の並びとして解釈・出力する。すでに多く

の音声対話システムが実用化されているが，発話者の滑舌の悪さや言い澱み，背景の雑音やマイクの伝送性能などによって正しく音声認識できない可能性は常に残される。また，新語など単語辞書に存在しない単語を正しく認識することは原理的に不可能である。

　キーボード入力でレファレンス質問を受け付ける場合，漢字変換ミスが起きたときに正しく変換する必要がある。また，従来の質問応答システムは自然言語で入力できない情報には対応できない。たとえば，「（絵画やイラストを見せて）これは何か？　いつ頃の作品か？」のようなレファレンス質問に回答するには，テキスト検索だけでなく画像検索・映像検索の技術を併用する必要がある。

4.2　事実調査／文献調査型の質問における課題

　事実調査型や文献調査型の質問における最大の課題は，レファレンスインタビューに相当する質問内容の明確化である。これは，後述する所蔵調査／所蔵館調査および利用案内型の質問と比べて内容が多様であり，かつ何についてどのようなことが知りたいかを表明するのが利用者にとって難しいためである。たとえば言葉に関する質問では読み，意味，由来，人物に関する質問では生没年月日，家族，職業，主著など，一つの主題でも多くの側面が存在する。そのため，質問解析の段階でシステムが質問者に問い返しを行い，情報要求を掘り下げる必要がある。

　読書相談サービスや学校図書館での教員サポートもレファレンスサービスに含まれると捉えるなら，質問の背景や目的についても知る必要がある。たとえば「夏にぴったりな紙芝居はないか」のような質問では，資料を提供する相手の年齢・好みや過去の読書経験を聞く必要がある。また「授業に役立つ資料を紹介してほしい」という場合，資料に関する情報（主題，ジャンルなど）だけでなく，授業に関する情報（単元・テーマ，学習内容，活動内容など），提供に関する情報（貸出・展示の期間や場所，授業関与の方法）などを考慮する必要がある[19]。

　情報源となるデータベースの選択も大きな課題である。言葉・事柄については多数のオンライン辞典・事典を横断検索できる「コトバンク」,「Japan Knowledge」などのデータベースが存在するが,多くの回答候補が得られたときにどれを優先的に提示するか判断しなければならない。また,データベース化されていない文献の情報は検索できないし,ウェブ文書の場合は情報の信頼性の判断も必要である。特許や法律の場合,データベースの選択は比較的容易だが,検索式の作成に専門知識が必要となる。

　ウェブ上の情報源を利用する場合は,情報源の性質を考慮しなければならない。3.3ではレファレンスサービスで重視される情報源の信頼性を,質問応答システムはあまり考慮していないことを述べた。それ以外にも,たとえば健康医学情報や災害情報では「いつの時点での情報か」という最新性が重要となるし,政治的問題などは著者の所属や立場も重要である。少なくとも,それらの事実は回答時に質問者に提供する必要がある。さらに言えば,情報源の中での記述のされ方,たとえば仮説なのか通説なのかも考慮する必要があるが,それらには本文の文脈情報が必要である。

　文献調査型の質問の場合,本文を検索せずに適切な回答候補を選択する必要がある。本文検索ができるのは,図書ではGoogle booksや青空文庫に登録されたものに限定される。それ以外は現在のところタイトルや抄録,件名標目など書誌事項を手がかりに検索せざるを得ない。Amazon等のデータベースと連携して目次等を検索対象に含めることは可能だが,それも本文と比べると利用できる情報は非常に限定的である。雑誌記事や新聞記事の場合は過去に遡っての本文検索が可能であるが,それらのほとんどは有料データベースのため自由に検索できない。

　本文検索の可能性に関して,国立国会図書館で2010年から2011年にかけて所蔵資料の全文テキスト化の実証実験が行われた。その結果,OCRの認識精度は実用に耐えるほどではなく,特に明治・大正期の資料は認識精度が非常に低いこと,ただし検索について一定の効果が見込まれること等が示された[20]。しかし技術的な課題以外でも,検索のためのテキスト化には社会的

な合意（特に出版業界からの合意）を得る必要がある。「国立国会図書館デジタルコレクション」のコンテンツの中には，すでに権利処理をして本文検索が可能になっているものもあるが，現段階では震災・災害関連の論文や国・自治体のパンフレットなどにとどまっている。

　回答の段階では，事実調査型の質問の場合は即答質問を除き複数の文献で得られた情報を要約したり，適切な順番で提示する必要がある。たとえば「スケルトンとはどのような競技ですか」という質問に対して，まず競技全体を概説した段落・文を提示したうえで，特定の観点（他競技との比較，競技の種目など）を詳しく説明した段落・文を提示する方法が提案されている [21]。また文献調査型の質問の場合は，質問者に応じて適切な冊数や難易度の文献を選択したり，多様な視点での資料を提示する必要がある。

4.3　所蔵調査／所蔵機関調査型の質問における課題

　所蔵調査／所蔵機関調査型の質問は，回答のプロセスや形式が定型化されている。すなわち所蔵調査型の質問の場合，情報源となるデータベースはOPACで，検索語はタイトルや著者名などの書誌事項，回答は所蔵の有無または書架番号である。また事実調査型や文献調査型の質問と異なり，質問者に応じて回答を変える必要はない。そのため解決すべき課題は相対的に少なく，OPAC端末が普及している図書館では，所蔵調査型の質問についてはすでにある程度セルフ化が実現している。

　所蔵機関調査型の質問では，所蔵調査型よりは回答プロセスが定型化されていない。質問内容は明確だが，データベースはOPAC以外にもCiNii Booksやカーリル，NDLサーチなど複数の選択肢がある。それらの中でどれを探索するかは質問内容に応じて判断する必要がある。回答は所蔵館をリストアップすればよいが，所蔵館が多い場合には質問者の住所に応じて提示する図書館の順序を変更したり，回答を絞り込むための問い返しが求められる。また図書館以外の公文書館，史料館などに所蔵されている場合は，それらへの誘導・案内が必要である。

　ただし所蔵調査・所蔵機関調査型のいずれの質問でも，「～という内容の資料を所蔵しているか（どこで所蔵しているか）」という質問の場合は，文献調査型と同じく質問内容を明確化する必要がある。また，たとえば「昭和時代の作品で・・は所蔵しているか？」のような質問では出版年を西暦で指定するなど，検索フィールドに合うように検索式を変換する必要があるし，「『罪と罰』の英訳本は所蔵しているか」のような質問では書籍のタイトルを抽出するだけでなく翻訳する必要がある。

4.4　利用案内型の質問／回答すべきではない質問における課題

　利用案内型の質問，特に図書館の施設やサービス（貸出冊数や開館時間，トイレの場所など）に関する質問は，内容が限定的である。そのため，ルールベースによる回答の生成やテンプレートによる出力が可能であり，十分な量の FAQ が入手できればそれを機械学習の訓練データとすることで回答の精度向上を見込める可能性が高い。質問者に応じて回答を変える必要もあまりないが，OPAC やデータベースの利用法に関する質問は，質問者の検索技術により必要な対応が異なる。

　回答すべきではない質問への対応は，入力内容から「回答すべきでない質問」とそれ以外とを分類する問題と捉えられる。これは技術的にはメールのスパムフィルタリングと類似している。たとえば「法律相談」，「医療相談」などは具体例となる質問を十分に集められれば，それらを訓練データとして判別ルールを機械学習で導出することはそれほど難しくないと思われる。しかし「学校の宿題」，「懸賞問題」のように，質問文自体から回答すべきでない質問か否かを読み取れない場合，上記の方法による処理は難しい。

5.　質問応答システム活用のシナリオ

　前節でまとめた課題からも明らかなように，コンピュータは質問者の意図を理解する能力や，質問者に応じて処理する能力はまだ人間よりはるかに劣

る。そのためレファレンスインタビューによる質問内容の明確化や検索結果の選択・要約については，現在のところ自動化が難しい。少なくともこれらのプロセスが必要な質問に関しては，レファレンスサービスが自動化される見込みは低いと思われる（逆に言えば，これらがまったく不要な質問への回答は自動化される可能性がある）。以上を踏まえて，今後の図書館で質問応答システムが活用される場合のシナリオを述べる。

　第一のシナリオは，従来どおり質問者からのレファレンス質問に図書館員が対応し，それを質問応答システムが支援するというものである。このシナリオでは，質問応答システムは文書検索と回答候補の抽出に特化する。このシナリオは銀行のコールセンター業務で，Watson がマニュアルや Q&A 集から回答候補を見つけてオペレーターに提示するのと類似している。このシナリオでの図書館員の役割は，質問者の意図を汲み取ったうえで質問応答システムに質問を入力したり，提示された回答候補から回答を選択または整形して質問者に提示することである。

　第二のシナリオは，米国議会図書館と OCLC が主導する QuestionPoint のような協同レファレンスサービスの補助ツールとして質問応答システムを使うというものである。QuestionPoint の参加館は，自館では適切な回答ができない場合は他の参加館に質問を転送し，そこが質問者に回答する。このシナリオでは，質問応答システムは質問内容を分析し，最適な図書館やサブジェクトライブラリアンに転送する機能に特化する。転送された後の検索の実行および回答はすべて図書館員が行う。このシナリオでの究極の目標は，コンピュータ越しに各分野のサブジェクトライブラリアンが常時待機して，即座に質問者に対応できる環境をつくり出すことである。

　第三のシナリオは，質問応答システムが質問文を分析したうえで，Q&A サイトに質問を転送するというものである。Q&A サイトとは利用者が匿名で質問を投稿し，別の利用者が回答を投稿するコミュニティ型のウェブサービスで，日本では「Yahoo! 知恵袋」や「教えて goo」などがある（実名で登録する「Quora」もある）。その機能は図書館のレファレンスサービスと似てお

り，実際，Q&Aサイトと図書館に同じ質問をしたとき，正答率や回答まで
の時間にあまり差がないという報告もある[22]。人生相談や法律相談は，
Q&Aサイト上で多くの人や専門家が回答するほうが合理的と考えられる。
ただしレファレンスサービスは回答の情報源に典拠としての機能が求められる
ため，このシナリオは回答すべきでない質問など一部の質問への対処に留まる。

　第四のシナリオは，質問者自身による情報検索を支援するために質問応答
システムを使うというものである。たとえば質問文を解析して求める資料が
置いてありそうな書架番号を出力するシステム[23]や，検索語を図書館の分類
記号や件名に誘導するシステム[24]などはすでに考案されている。このシナリ
オでは，膨大な資料から効率的に情報を見つけ出すための分類・目録・件名
といった図書館の伝統的な仕組みを，より自然な形で利用してもらうことを
目標とする。

　第五のシナリオは，定型的な性格が強いレファレンス質問に関してのみ質
問応答システムがレファレンスサービスを代替するというものである。この
シナリオでは，利用案内型の質問や即答質問といった簡単な質問にのみ，質
問応答システムが質問の受付から回答までを行う。また「コンピュータの操
作の仕方」のように非常に狭いトピックに限定すれば，代表的な質問と回答
を網羅できるため，質問応答システムで回答可能かもしれない。ただし一つ
のトピックだけに対応するシステムは有用性が低いので，実際にはトピック
ごとに作成した複数の質問応答システムを連結させる形態になると予想され
る。

6. おわりに

　図書館業務の自動化，またはそれによる図書館サービスのセルフ化は着実
に進んでいる。2007年に東京都府中市図書館で導入された予約図書受渡シ
ステムでは，予約から貸出までの流れをセルフ化することを可能にした。セ
ルフ化の究極の形は無人図書館であり，RFID対応の利用証により自動貸

出・返却を行う台湾の智慧図書館は，2005年以降スーパーマーケットや地下鉄構内，公園，空港にも設置されている[25]。日本でも2015年から2017年まで，神奈川県秦野市が図書館流通センターと共同で公民館図書室の完全無人化実験を行っている[26]。

　図書館サービスのセルフ化にはさまざまなメリットがあるが，図書館の人員削減につながる可能性もある。1990年代のイギリスにおける自動貸出・返却装置の広告では，導入のメリットとして貸出・返却処理スピードの向上や耳の不自由な人への利用価値とともに，人件費の削減があげられていた[27]。また松井純子は，自動貸出機の導入は単純な貸出業務に費やす労力を人間にしかできない図書館業務に振り分けられる，図書館員に見られたくない本を借りやすくなる等のメリットがある反面，カウンター業務の省力化が図書館の人員削減につながる可能性があると指摘している[28]。

　技術の進展にともなう雇用消失の可能性は，過去にも繰り返し指摘されてきた。すでに紀元前にはアリストテレスが『政治学』の中で「人間の手が導かなくとも杼が布地を織り上げ，ばちが竪琴をかき鳴らすなら，親方はもう職人がいらなくなるだろう」と述べている[29]。実際に18世紀イギリスの産業革命時には多くの綿織物職人が失業した。20世紀前半の経済学者ケインズはこのような現象をテクノロジー失業（technical unemployment）と呼んでいる。また2010年代半ばからの人工知能（AI）ブームの中で，約700の職業について将来コンピュータに代替される確率が計算されている[30]。

　レファレンスサービスは，いかに技術が進んでも人間にしかできない，セルフ化できない図書館サービスとして真っ先にあげられるものの一つである。一方で，近年に筆者が訪問した図書館でどのようなレファレンス質問が多いかたずねると，所蔵調査や簡単な事実調査だという。しかしそれらは，将来的に質問応答システムで回答できる可能性が比較的高い質問なのである。今後は，レファレンスサービスは人間にしかできない（だから図書館員は必要だ）とひと括りに考えるのではなく，（1）コンピュータで回答可能な質問，（2）コンピュータが不得意または人間にしか回答できない質問，（3）

人間の中でも図書館員にしか回答できない質問を見極めたうえで，図書館員
の専門性を主張する必要があるだろう。

参考文献

1）　浅石卓真「コンピュータによる図書館業務の自動化とその展望」『中部図書館情報学会誌』
no.57, 2017, p.57-59.

2）　Mikawa, Masahiko, et al. "Guidance method using laser pointer and gestures for librarian robot," *The Proceedings of 19th IEEE International Symposium in Robot and Human Interactive Communication*, 2010, p.400-405.

3）　丸山高弘「ロボット図書館職員 Pepper から見えてくる未来の図書館。」『カレントアウェア ネス-E』no.314, 2016.

4）　国立国会図書館「日本の図書館におけるレファレンスサービスの課題と展望」『図書館調査 研究リポート』no.14, 2013, 256p.

5）　金城辰一郎『チャットボット：AI とロボットの進化が変革する未来』ソーテック社 , 2016. 引用は p.133-140.

6）　Ferrucci, David A. "Introduction to "This is Watson"," *IBM Journal of Research and Development*, vol.56, no.3.4, 2012, p.1:1-1:15.

7）　Zhang, Zhushuo, et al. "Answering definition questions using web knowledge bases," *Proceedings of International Conference on Natural Language Processing*, 2005, p.498-506.

8）　Higashinaka, Ryuichiro; and Isozaki, Hideki. "Corpus-based question answering for why-questions," *Proceedings of International Conference on Natural Language Processing*, 2008, p.418-425.

9）　磯崎秀樹ほか『質問応答システム』コロナ社, 2009. 引用は p.189.

10）　Mori, Tatsunori, et al. "An A* search in sentential matching for question answering," *IEICE Transactions on Information and Systems*, vol.E86-D, no.9, 2003, p.1658-1668.

11）　新井紀子・松崎拓也「ロボットは東大に入れるか？：国立情報学研究所「人工頭脳」プロ ジェクト」『人工知能学会誌』vol.27, no.5, 2012, p.463-469.

12）　Shibuki, Hideyuki, et al. "Overview of the NTCIR-11 QA-Lab task," *Proceedings of the 11th NTCIR Conference*, 2014, p.518-529.

13）　石下円香ほか「Web 文書を対象とした質問の型に依らない質問応答手法」『人工知能学会 論文誌』vol.24, no.4, 2009, p.339-350.

14）　Small, Sharon, et al. "HITIQA: Towards analytical question answering," *Proceedings of COLING*, 2004, p.1291-1297.

15）　清田陽司ほか「大規模テキスト知識ベースに基づく自動質問応答」『自然言語処理』vol.10, no.4, 2003, p.145-175.

16）　Jahoda, Gerald; and Braunagel, Judith Schiek, *The Librarian and Reference Queries*, Academic Press,

1980.

17）後藤淳ほか「質問応答に基づく対災害情報分析システム」『自然言語処理』vol.20, no.3, 2013, p.367-404.

18）Chen, Danqi, et al. "Reading Wikipedia to answer open-domain questions," *Proceedings of the 55th Annual Meeting of the Association for Computational Linguistics*, 2017, p.1870-1879.

19）宮田玲ほか「学校図書館員の教員サポートにおける授業に関連した資料提供の事例分析」『日本図書館情報学会誌』vol.64, no.3, 2018, p.115-131.

20）大場利康「国立国会図書館におけるデジタルアーカイブ事業のこれまでとこれから」『Japio YEAR BOOK』2015, p.20-27.

21）長尾慶一ほか「non-factoid 型質問応答におけるまとめの観点からの回答の順位づけ手法の提案」『言語処理学会第 20 回年次大会発表論文集』2014, p.93-96.

22）辻慶太ほか「Q&A サイトと公共図書館レファレンスサービスの正答率比較」『図書館界』vol.61, no.6, 2010, p.594-608.

23）黒橋禎夫・日笠亘「京都大学附属図書館における自動レファレンス・サービス・システム」『情報管理』vol.44, no.3, 2001, p.184-189.

24）田村悟之ほか「図書館における自動レファレンスサービスシステムの実現 − Web 上の二次情報と図書館の一次情報の統合」『情報処理学会研究報告』2007-DD-060, 2007, p.1-8.

25）酒井貴美子「ただいま増殖中，台湾の知恵図書館」『カレントアウェアネス-E』no.226, 2012.

26）図書館流通センター「秦野市スマートライブラリー実証実験報告書」http://www.city.hadano.kanagawa.jp/www/contents/1001000003496/simple/hadano_smart.pdf（参照 2019-01-04）

27）鈴木三智子「英国における"セルフサービス・ライブラリー"の流れ」『カレントアウェアネス-E』no.222, 1998.

28）松井純子「セルフ貸出の増加は何をもたらすか」『図書館界』vol.64, no.4, 2012, p.237.

29）翻訳は以下の文献を参照。Brynjolfsson, Erik; and McAfee, Andrew.『機械との競争』[Race Against the Machine: How the Digital Revolution is Accelerating Innovation, Driving Productivity, and Irreversibly Transforming Employment and the Economy] 村井章子訳, 日経 BP 社, 2013. 引用は p.6.

30）Frey, Carl Benedikt; and Osborne, Michael A. "The future of employment: How susceptible are jobs to computerisation?," *Technological Forecasting and Social Change*, vol.114, 2017, p.254-280.

第4章

レファレンス理論でネット情報源を読み解く

根本　彰

1. はじめに

　参照や引用の行為は私たちが日常的に行っていることだ。「テレビの科学番組で，免疫とは生物体が自己と非自己を見分け，非自己だけを排除する作用だと言っていた」，「『情に棹させば流される』（夏目漱石『草枕』）の『棹さす』は流れを利用するという意味で，普通，誤解されているよね」といった具合である。私たちの考えることや発言することの多くは誰かの請け売りだったり，メディアからの伝聞だったりする。

　学校での学びの多くは，教師の講義内容や教科書や参考書に書いてある知識を吸収して，ときに応じて自分で再現することが問われてきた。最近は，「主体的・相互的で深い学び」を実現するために，探究型の学びの実践をメディアも含めたさまざまな場に求め，学校図書館を整備する考え方も説かれている。その場合，学習者の外部に学びの素材があって，学習素材を自ら参照しそれをもとに自らの知を構築することが課題となる。

　このように，外部の情報源を参照する行為をレファレンス（reference）と呼ぶ[1]。レファレンスブックあるいはレファレンスツールとは参照行為を補助するためのものであり，データベースになっていることも多い。図書館は情報源を組織的に収集し蓄積して利用するための機関であり，その業務の一つであるレファレンスサービスは利用者が情報源を参照する行為を支援するサービスである。図書館員はレファレンスツールを利用するし，場合によってはツールを作成することもある。

　また，図書館資料の組織化の仕組みに，コレクションを参照するための仕

掛けが組み込まれている。コレクションを著者や書名，主題で検索可能にする目録は，ある著者が書いた著作の別の版，別の著作，類似の書名をもつ資料，あるいは類似の主題とされる資料を同時に検索可能にする参照ツールである。資料が開架になっている場合には資料形態ごと，あるいは主題ごとに分類されて配置されている。分類体系は類似資料が近くにあることを原則とするから，オープンアクセスの資料配置は，ある資料を手に取ると近くに類似資料がある可能性が高い。これを連続的に行うのがブラウジングと呼ばれる行為であり，開架は自由な参照を可能にしてくれる。

　レファレンスをこのように関連資料を指示したり参照したりする行為であるとすれば，何らかのテーマに基づき書誌をつくったり資料の展示解説することも，ブックトークやビブリオバトルで本を紹介することも，専門家に資料についての講演をしてもらうことも，関連資料を紹介するという意味でレファレンスサービスの一環ということになる。図書館の究極の機能とは，最終的には利用者に図書館の資料やサービスを媒介にして知の世界を拡張してもらうものということができる。

　以上のことは，これまでのレファレンスサービスの教科書にも書かれていたことである。本章では，これがデータベースとネットワーク技術が普及した21世紀になって図書館の世界を越えて一般化したと捉え，これを説明するための哲学的考察を行い，レファレンス理論を構築することを目指したい。まず「語」，「言説」，「著作」という言語レベルの素材があり，それらが何かの指示対象をもつことを述べ，素材と指示対象との関係をめぐって記号論や分析哲学における議論が存在していることを指摘する。さらに，言説や著作が他の言説や著作を「参照」「引用」することがあり，そのためのツールとして「書誌」，「索引」，「メタデータ」，「全文検索」，「リンク」，「データベース」といったものがあることを検討する。そして，これらの相互関係によって図書館情報学におけるレファレンス理論が形成されることについて述べてから，それをもとにして，デジタルネットワーク技術によって構築されたさまざまなツールにこの理論を適用できることを確認する。

2. レファレンスの理論構築に向けて

2.1　レファレンスとは何か

　英語の動詞 refer には "A refer to B" という自動詞の用法と，"A refer C to B" という他動詞の用法とがある。"A refer to B" という場合（自動詞）に，A は B を「参照する」，「指示する」という意味になる。たとえば The author frequently refers to the Bible. （その作家はしばしば聖書を参照する）という用法があり，B が A の情報源あるいは知識源となることを意味する。他方，他動詞の場合，A は B を C に「差し向ける」とか「紹介する」という意味になる。The professor referred me to a specialist. （教授は私に専門家を紹介してくれた）というような用法である。B が C の情報源あるいは知識源となることを意味するのだが，その関係は A によって媒介されている。情報行動や知識の作用は人が直接に情報や知識の源を参照する場合と，情報や知識を参照するのに，他の情報源，知識源が媒介する場合とがある。

　Oxford English Dictionary, 3rd ed. によると，reference の動詞形 refer の語源は中世英語の referrer であり，これはさらにラテン語の referre に遡る。referre の ferre は「運ぶ」を意味し（ferry が類義語），これに語頭の re が付くことから，referre は "to carry back"，すなわち元のところに戻すという意味になる。referee, referent, referendum, referral が類義語になる。

　学術用語としての reference は，図書館情報学以外に言語学，分析哲学，文学理論，社会心理学，コンピュータサイエンスで使用されている。このうち，言語学，分析哲学での訳語は「指示」であり，図書館情報学では「参照」ないし「参考」，文学理論における reference 理論の紹介はまだ見られず，それゆえ訳語もないが，言語学および分析哲学を経由して導入されているので，「指示」と訳す場合と「参照」と訳すほうがよい場合とがある。

　社会心理学では reference group の用語がある。個人がある特定の社会において自らが占めている位置づけを理解したり，そこに所属するのが望ましい

と考えるときに参照（refer）する集団のことで，「準拠集団」が通常の訳語になる。ここには心理的な帰属を意味するだけでなく，集団への帰属を促す力が社会的に働くという意味合いがある。

　コンピュータサイエンスでは通常「リファレンス」の表記が用いられる。これを「参照」と訳す場合もある。これは，ソフトウェアやハードウェアを実装しようとする開発者が仕様書を参照すること，ないし参照する仕様書やマニュアルのことを指す。現在，ICT 領域ではリファレンスを拡張してリファレンスモデル（参照モデル）やリファレンスデザインという言葉も用いられる。それらは仕様書作成の段階で，基本的目標やアイディアをまとめて設計の際の一つの体系として実装可能かどうかを確認するためのものを指す。

　さらにリファレンスという言葉は産業開発やビジネス全般で用いられる。あるウェブサイトでは「リファレンス」が「製造元，転職，論文，化学，実験，時計，医療」の領域で少しずつ異なった意味で用いられているとしている[2]。製造物の製造番号に「Ref 番号」などとして用いられ，転職の際の身元紹介や履歴調査の意味で使われ，化学実験の際の対照実験における対照側を指す場合に使用される。これらはいずれも，確実なものや規範的なものを求める過程やその行為，あるいはそこにたどり着くための手がかりを指すものである。

　以上でわかるように reference には価値中立的な指示や帰属の意味で使われる場合と，共通して参照すべきものという，価値を負荷した意味合いで使われる場合とがある。これから述べるレファレンス理論は，両者の関係を解明するために，ある指示関係がなぜ生じ，またなぜそれが必然性をもつのかを説明しようとするものである。

2.2　言語・記号のレファレンス

　言語学用語として，reference はある語が何らかの意味を指し示す場合の語の作用としての「指示」を意味するものとして使われた。この考え方は記号学に展開する。20 世紀初頭に，オグデン（Ogden, C. K.）＆リチャーズ（Richards, I. A.) は『意味の意味』（1923）において「意味の三角形」と呼ぶ概念図を示した。これは，現在，ある「表象」（symbol）は「思想（thought）ないし指示（reference）」を通して「指示対象」（referent）を示すものと理解されている（図1）[3]。たとえば「鳩は平和の象徴」とされるが，この概念図によれば「平和」という表象（記号，象徴）と「鳩」という指示対象（現象，現実世界のもの）との間に直接的な関係はない。両者を結びつけるのは，旧約聖書にある，ノアがその家族および動物のつがいを乗せた方舟で大洪水を乗り切り地表を探そうとしたときに，鳩がオリーブの葉を咥えて帰ったことで地表が近づいたことを知ったという逸話である。欧米キリスト教社会においては，旧約聖書に含まれる思想，概念，解釈が両者を結びつけている[4]。

　別のものによって媒介される関係は，記号とその指示対象の関係の恣意性と呼ばれる[5]。言語学や記号学の意味論の議論で，表象と指示対象を結びつけるものを「意味」として，言葉や記号が対象や状況に対してもつ関係である外延的意味（denotative meaning）と記号や言葉が他の記号との関係によって生成する内包的意味（connotative meaning）とを分けるのが普通である。

　この場合の外延的意味は指示的意味（referential meaning）とも呼ばれ，話者の視点から指し示しているものとの対応が明確なもののことを指している。たとえば，天気予報で「明日は晴れ」というときの「明日」は，今日を基点

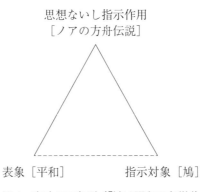

図1　意味の三角形（「鳩は平和の象徴」）

にしたときの次の日という明示的な指示対象をもつし，「晴れる」は天気という記号系の中で「曇り」，「雨」，「雪」などのどれでもないものを指している。これが外延的意味である。これに対して内包的意味とは，「明日は来ない」という場合に，「明日」も「来ない」も外延的意味は明確だが，これらがいっしょになって話者の言葉（言説）として表現されると，明示的な対象をもたず，将来に対する不安な心理状態を指しているような表現について言われる。内包的意味は先の記号の恣意性に由来するものである。

　一般に内包的意味を共有している人が少なければ記号と対象を結びつける力は弱く，特定の集団でしか指示し得ないが，共有する人が多ければ力が強いことになる。鳩が平和の象徴という表現はすでに外延的意味をもっていると考えられるが，キリスト教の伝統が弱い日本でも一般的に使われていることから見てもわかるように，内包的意味は外延的（指示的）意味に転化しうる。

2.3　分析哲学の指示理論

　現代の言語哲学ないし分析哲学に指示理論（reference theory）がある[6]。これはある言葉の表現が何かを指示するメカニズムは何か，指示と意味はどのような関係にあるか，指示と真理との関係あるいは指示と知識との関係はどうかというような問いに答えようとするものである。たとえば，
　「あの明るい星は金星だ」
という文の外延を導くものは何なのかを考える。これに対して，英国の哲学者ラッセル（Russell, Bertrand）らが唱えた内包的意味の記述説（descriptive theory）と呼ばれるものでは次のように捉える。
　「（夕方見ている空に）あるものが存在し，そのものは一つであり，それは明るく，かつ『宵の明星』と呼ばれる。」
　明るいのは木星かもしれないし，カノープスかもしれない。しかし，今，あの場所に特定化したものがあり，それは明るいもので，宵の明星と呼ぶという言明である。

「『宵の明星』と『明けの明星』は同一の星だ。」

　宵の明星は夕方の明るい星であり，明けの明星は朝方の明るい星である。両者は内包的意味としては同一ではない。これがどうして外延的な意味として同一になるのか。宵と明け方は時間的にずれているのだから，これは論理的に矛盾しない。だが，これだけで真理であるかはわからない。たとえば

・「宵の明星」が出ている翌朝に「明けの明星」が見られることはない

・両者は太陽が地平線から上がったり下がったりする位置の近くにある

・「宵の明星」と「明けの明星」の明るさや色が類似している

といった記述が束になって，二つの明星の性質が似ていて，両者は同じ星を違う時点で見ているにすぎないということになる。まもなくこれが共有されるようになって，いつしか内包は徐々に外延化されていく。すでに古代ギリシアの天文学において二つの明星が同じ星だという知識は共有されていたが，「金星は太陽の周りを廻る惑星の一つであり，それも軌道が地球よりも太陽に近い内惑星である」となるのは，15世紀のコペルニクスによる地動説以降である。記述説はこのような論理的に正しい言説を束として組み合わせることによって，真理に達することができるという含意をもつ。クーン（Kuhn, Thomas）のパラダイム論が現れるまで，科学的知識がつくられる過程はこうした経験的知の言説が積み重ねられることによるものと捉えられていた[7]。

　これに対して，アメリカの哲学者クリプキ（Kripke, Saul）らは，内包的意味に還元できない領域として固有名や類種名をあげ，これをもとに指示の因果説（causal theory of reference）と呼ばれる考え方を説く。たとえば，金星の名は民族によってさまざまに呼ばれてきた。メソポタミアでは美の女神イシュタル，古代ギリシアではアフロディーテ，古代ローマでヴェヌス（ヴィーナス）などと女性名がつけられている。人間への愛情を注ぐ豊穣の女神という点で共通している。日本では『枕草子』に「星はすばる。ひこぼし。ゆふづつ。よばひ星，すこしをかし」と詠まれ，「ゆふづつ」が金星のことである。日本古代の詩歌には一日は宵から始まるという考え方があり，作者清少

納言が宮中における夜の生活の期待を詠み込んでいるという説もある。

「金星」という呼び名は中国から来ている。古代には太白と呼ばれ，また，宵の明星を長庚，明けの明星を啓明と呼び分けたこともあった。これが金星と呼ばれるようになったのは古代の五行説に基づくものである。五行説とは万物が木火土金水の 5 種類の元素からなるという考え方であり，金は土中に光り輝く鉱物・金属を指していて，金属のように冷徹・堅固・確実な性質を表すとされる。

金星の呼び名は「女性の豊穣さ」，「夜の艶かしさ」，「金属の性質」のように民族によって異なった内包から説明され，記述説では説明しにくい。因果説は命名儀式から始まり，あの星は「金星（あるいはゆふづつ，ヴィーナス）」だという外延的な指示が社会的にルールとして伝わっていくという考え方をとる。このように固有名詞の呼び方には，それぞれの思想や神話，伝説などを基に名づけられたものが，外延的な指示として広まっていくものといえる。

2.4　言説と著作のレファレンス

言語学・記号学，哲学では通常，単一の語，記号，そしてその組み合わせの作用が問いの対象になる。語，文あるいは一連の語や文の組み合わせである言説（discourse）を対象として，それらの集合体ないしその全体的な作用を問題にする。言説は言語使用の中間的単位とされることが多いが，図書館情報学で対象にするような図書や雑誌，新聞記事などは言語学や記号学では通常扱われない。しかしながら，言語学における語用論の発展形態として，学術や文芸の作品を考えることが可能である。

ここでは，作品の中で他の作品を指示・参照する作用があることに注目したい。つまり，内包的意味が作品を参照することによって生じる場合である。語や言説レベルではレファレンスに対して「指示」という訳語が当てはまりやすいが，それに対して，作品やコンテンツレベルだと「参照」になる。これには明らかな理由があるだろう。参照や参考の「参」とは「合わせ

る」という意味で何かと何かを引き合わせるという意味であり，媒介項が入って関係が間接的になる。語や言説レベルでは指示関係が明確な場合であっても，それが組み合わされた作品やテクスト全体では間接的なものになる。さらに言えば，レファレンスが言語学や記号学ではあくまでも個々の語や記号そして言説使用をベースとした議論の中で使用されるのに対して，それ以外では作品を参照することで議論が進むということである。

　学術や文芸において，参照とは大きく言えば 2 種類ある。一つは研究資料への参照であり，もう一つは先行研究への参照である。このうちの研究資料であるが，文学作品は文学研究の，歴史資料（史料）は歴史学の研究資料であり，哲学書や思想書は哲学・思想研究の，そして言語資料は言語学や心理学，社会学の研究資料となる。これは，言語や言説の調査分析を研究方法としている多くの人文・社会科学系の領域であてはまる。また統計資料，社会調査資料，政府資料，法令資料，判例資料などが社会科学で用いられるし，工学や医学などの応用科学分野でも法令，図面，マニュアル，データ集，規格資料，特許資料などが使われる。自然科学であっても文献資料は，数学はもちろんのこと，生物学，地質学，気象学や天文学など人間の記録を研究の手がかりにする領域では一般的に使用されている。資料を手がかりにするかどうかはそれぞれの領域における方法の問題である。

　他方，先行著作への参照であるが，創造的な著作活動や研究活動において，先人の業績や作品を参照することによって次の研究や作品が創造されることは当然のこととされる。参照なしに研究や著述活動を行うことはできないし，その際に明示的に参照を示さなければ剽窃ないしは盗用，倫理違反とされる可能性がある。著作権法では「引用」は著作権者の許諾なしに行うことができるとされるが，その範囲は限定されている。

　文化人類学者の松木啓子は，学術論文や学術書を「アカデミックディスコース」の表出と捉えて，そこに学術制度としての学会，著者，知識，そしてディスコース（言説）の 4 つの領域間の相互作用があると述べている。それらは学術的な権威獲得のために，相互にかかわり合う。学会や著者が権威

にかかわるのは理解しやすいが，たとえば知識は，すでに権威づけられた先行研究と間テクスト的関係を確立することによって学問分野の知識として位置づけられ，学会誌のデータベースに入り，第三者によって位置づけられる。またディスコース自体の権威づけについては，何が語られているかだけでなく，どのように語るのかが問われ，そうした知識構築の方法や手段が評価されて再帰的な秩序をもつという。"用語の選択，統語上のパターン，論証のためのレトリックから，参考文献リストの様式，図や表をめぐる視覚的なテクスト上のフォーマット，句読点の打ち方まで，秩序はすみずみまで制約を与える。"[8]このように，学術的言説を構成するものには内部的には個々の用語，統語，レトリック，参考文献，図表等々があり，外部との関係では他の言説との関係や学会や第三者などの要素がある。

　個々の言説が何かを指示したり参照したりするものだとしたら，学術的な言説は他の学術との関係や秩序がもつ指示や参照関係が存在している。以下，レファレンスの理論を考察するのにあたって，こうした学術的な言説だけでなく，さまざまな分野で用いられる何らかのひとまとまりの言説について考察したい。先にコンテンツとか作品と呼んだものだが，図書館情報学では著作（work）と呼ばれる。通常の人文社会系の分野で work は作品と訳されるが，そこに「評価を受けてすぐれているとされたもの」というニュアンスが含まれるので，ここでは図書館情報学用語をそのまま使う。著作は FRBR で「個別の知的・芸術的創造」とされ，表現形や体現形，個別資料などの実態関連のなかで抽象的に定義されている[9]。しかしここではこれらの要素すべてを含む総合的な概念として著作を捉える。

　アカデミックディスコースの議論においては，著作が作品に変換される過程で著作間の参照関係が重要な役割を果たすわけである。レファレンス理論とはこのような参照関係を，さらに一般的な知識生産，知識媒介のメディア，知識の受容と利用といった領域全般にあてはめて考察することである。

3. レファレンスツールとレファレンス理論

3.1　レファレンスツールの3類型

　レファレンスブック（参考図書）を「情報を縮約ないし編成して項目にまとめ，それらを一定の方式に従って配列し，収録されている情報が容易に検索できるように編集している冊子体の資料」と定義し，これを案内指示的なツールと事実解説的なツールに分けて議論したのは長澤雅男であった[10]。定義では冊子体のものが扱われているが，この考え方はレファレンスのためのツール全般に適用できるだろう。先の書誌・索引は案内指示的なツールであり，辞書・事典は事実解説的なツールである。

　案内指示的ツールは，著作ないし著作を構成する部分，さらには著作の集合体に関する記号学的関係についての情報を提供するもので，この情報は通常，書誌データあるいはメタデータと呼ばれる。書誌は著作についての書誌データを提供するもので厳密に統制されたルールで記述する。著者，タイトル，出版社など基本は固有名で構成されているが，主題についてはシソーラスあるいは件名標目表による統制が行われている。目録は書誌と同義に用いられることもあるが，図書館情報学では所在（location）のメタデータが付与された書誌のことを言う。所在の問題は重要であるが本稿では扱わない。

　これに対して，索引は著作の一部を構成する単位を対象として指示データ（メタデータ）を提供するもので，単一の著作に含まれる語や言説が対象である場合と集合的著作における個々の著作が対象である場合とがある。資料組織論では全体部分関係と呼ばれる。これについては第5章で検討しているので，ここでは前者の単一著作の内部の構造を考える。

　索引はテクスト中に含まれる語を中心とする言説が対象となる。図書索引や雑誌記事索引，新聞記事索引などはいずれも，人名，地名，書名，事項名などの語を検索語にする。多くは，固有名詞であったり，統制された用語だったりする。そして記述要素は当該言説や著作の書誌的な位置である。図書索引は巻やページ，雑誌や新聞は当該誌紙の巻号，刊行年月日，ページ数

や面数などである。

　事実解説的なツールの中で，辞書は，通常，語を単位として言葉の使用例を集めて読み，意味，語源，用語解説などの言語学的な分析をして編集したものであり，事典もまた語を単位として，言葉の使用例とそれと対応する概念や知識，解釈を記述して編集したものである。辞書が言語学的な分析と記述を行うのに対して，事典の場合は概念・知識・解釈は基本的にそれを扱う学術的ないし専門的分野の知見に従い記述を行う。いずれもテクスト中心のものであり，項目のアルファベット順に並べるのが一般的である。配列そのものが検索手段となる。実用性を重視する領域の事実解説的ツールはハンドブックやガイドブックと呼ばれることがあり，体系的な記述となるのが一般的である[11]。

　案内指示と事実解説の中間的なものとして，データレファレンスのツールがある。年表，年鑑，統計書，図鑑，地図帳，名鑑は通常，事実解説的なツールとされるが，これらは語，数値等の記号，図，写真等の画像，比較的短めの言説をデータとして直接指示しているツールであり，データレファレンスツールといえる。引けば直接にデータとデータとの関係が指示されている。年表は暦年を検索語として事項を指示している。年鑑は暦年単位で収集したデータを集めたデータ集である。図鑑は何らかの事象についての図版を検索しやすいように編集したもので，検索のためには分類体系で排列され巻末に索引が付与される。地図帳は地図という図版を集めた図鑑である。名鑑は機関名や人名を集めたリストでやはり検索の工夫がある。ほかにも統計書もまた，データ表の集合体という点で，検索事項に対応した数値を表形式で提示するものである。さらには法令・条例・判例，特許や規格集，医薬品など領域毎に，それぞれのデータを検索可能にしているツールがあるが，これらもまた事実をデータとして編集しそのまま掲載しているという意味で二つのカテゴリとは異なっている。

　レファレンスを理論的に考察してきた立場からすると，レファレンスツールの二つの形はデータレファレンスの特殊なケースと考えることができる。

つまり，案内指示的ツールは，データレファレンスで指示するデータが書誌データないしメタデータであるものであり，それに対して，事実解説的ツールは，データが単なる語，記号ではなくて，テクスト等によって構成される言説であるものである。それによって言説としてのメッセージが伝えられることになる。

3.2　指示理論の適用

　もう一度，分析哲学に戻ってみよう。指示参照行為において，ある語ないし言説とそれが指示する対象との関係は何かによって媒介されている。媒介作用について，語や言説と対象とが第三者によって結びつけられる場合が内包的意味であり，他方，外延的意味とは媒介作用がルール化され対象への指示が直接的になる場合である。媒介作用の説明として，語・言説の内包的な記述の束が累積して外延を導くとする記述説と，外延はどこかで外部的に決められるとする因果説がある。

　これらの議論を図書館情報学のレファレンスにあてはめると次のようになる。まず基本的には著作を単位とした言説を扱っている。そして，レファレンスサービスは，質問（クエリ）という言説と，著作を中心とした何らかの知の言説をつなげることによって成り立つ。つなげるために用意されるものがレファレンスツール（レファレンスブックやデータベース等のツール全般を指す）である。

　事実解説的ツールは質問と対応する項目の言説自体にその指示言説たる知識（referent）を含んでいる。この場合に参照される知識は指示理論の記述説で説明できるだろう。そこでは記述の束が蓄積され，専門家によって標準的なものとして認定された知識が記述される。ここには，学会や学術雑誌，学術出版，図書館コレクションなどによって記述が蓄積され，それが参照可能になり，さらにそれらを基にして専門家がその分野における学識（scholarship）ないし権威（authority）によって標準的に記述するという学術的あるいは専門的な知識形成過程がある。権威は単なる政治的作用ではなくて，多く

の人が知識として認めるようになる，何らかの必然性をもった社会的過程である。

　記号論的にこの関係を図示すると図2のようになる。実線は直接的関係，点線は間接的関係を示している。

　他方，案内指示的ツールは，質問を書誌データやメタデータを指示するという意味で外延的な作用をもたらすものである。案内指示的ツールで指示された書誌データないしメタデータはそれ自体が別の著作ないし言説を直接導くという間接的なレファレンスである。これを図で表現すると，図3のよう

図2　事実解説的ツールの指示関係

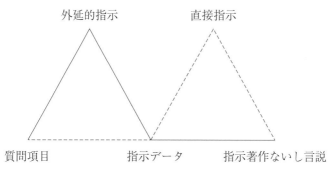

図3　案内指示的ツールの指示関係

になる。

　案内指示的ツールの場合，著者名や団体名のような固有名への指示は直接的であり，因果説で説明することができるだろう。多くのデータレファレンスで用いられるものも固有の事象を中心としたデータを参照するものであるから，同様に因果説で説明できる。それに対して，分類や主題検索の場合には，分類記号ないしディスクリプタ（件名）の選択は統制されている。この場合，統制語の作成や適用は専門家の知が反映されたものと考えられる。指示関係については介在する人の解釈が加わるから，統制の過程については一定程度の合意が必要であり，記述説で説明できるだろう。

　以上からわかるのは，レファレンスサービスの理論を，分析哲学の指示理論をベースにして組み立てることが可能であるということである。そして，固有名での検索が可能なもの以外，知のレファレンス過程の多くは，参照の過程に記述の束を一つの言説に集約するための，専門家の視点，分類の関係構造，そして主題語の統制構造のような部分に合意の過程があることを示唆している。これはレファレンスサービスが，そうした専門家の視点や学術用語の統制のような知識の権威構造に従って行われているということである。

　まとめると，レファレンスサービスにおけるレファレンスには3つのタイプがある。第一に，事実解説的ツールに典型的なように，専門家が直接に知の言説を記述する場合である。これを「解説レファレンス」と呼ぶ。第二に，案内指示レファレンスで質問が直接に指示データを導き，それが著作や言説につながるものである。著者名やタイトル，出版者など外延関係が明確なものである。これを「直接指示レファレンス」と呼ぶ。第三に，案内指示レファレンスの中でも主題構造や分類のように別の知を媒介する仕組みを用いる間接的なものである。これを「間接指示レファレンス」と呼ぶ。

　多くのレファレンスツールは編集者，編集にかかわる学協会，そしてそれを出す出版社の権威によって成り立つ。WikipediaやQ&Aサイト，SNS上のやりとりは，専門家の権威に代わって多数の著者が書くことによって集合知が働く場と捉えることもできるが，これがレファレンスツールを代替する

かどうかについてはさらなる議論が必要である。

　図書館情報学では，これまで分析哲学の指示理論が紹介されたことはあっても，それを拡張して，レファレンスサービスに適用されたことはない[12]。レファレンス理論は一方で，レファレンスツール作成の理論形成に資するが，同時に，知識形成における参照を促すための動的な社会過程を明らかにする。後者の過程を明らかにする研究分野は，1980 年代にアメリカの哲学者アルヴィン・ゴールドマン（Goldman, Alvin）および英国の社会学者フラー（Fuller, Steve）が唱え始めた社会的認識論（social epistemology）である[13]。この分野においては，たとえば，研究者が自らの研究が引用されることによりどのようにしてその分野での権威となるのか，あるいは，百科事典や専門事典の項目をその分野の権威とされる専門家が執筆するわけだがその権威は何に由来するのかといったことを検討する。

　これに関連して，文学理論や文化理論において，テクスト論，作品論，物語論といったコンテクストで作品の構造，作品と作品の関係，作品内の言説やテクスト間の構造についてさまざまな議論がある。論じられるテクストや作品は文学とは限らない。ソシュール以降の人文社会科学において，言語とその作用は最も基本的な題材であり，それはレファレンス理論と密接な関係をもつ。それらについては今後の検討課題とする[14]。

4. ネット情報源への展開

4.1　書誌的な参照関係の拡張

　以上のレファレンスの作用は，データベース技術によって高度に展開されるようになった。技術的解説については第 2 章で行われているので，そちらを参照されたい。ここではこれらの技術が開いた新たなレファレンスの可能性を見ておきたい。

　まず書誌記述の動きである。書誌データベースでは出版者等が付与する出版物についての書影や目次，解説などの付加的情報を掲載することが行われ

ている。特に目次データが掲載されることにより，集合的な著作の場合に部分書誌との関係を示すことができるようになる。従来集合的に単一の著作とされることがあった講座もの（多巻もの，シリーズもの）の個別巻，論文集の個々の論文が検索できるようになる。また，特集形式のものが多い書籍扱いの雑誌は雑誌記事索引の対象にならないことが多いが，そういうものも内容レベルの表示も可能になりつつある。だが，出版界で用いられるデータベースでは書誌階層や著者典拠，件名標目などの図書館関係のノウハウが十分に浸透しておらず，書誌的検索が有効にできない場合が多い。

　また，オープンデータ化の動きによって，図書や論文記事の全文検索が可能になる場合がある。電子書籍サービスも全文検索を可能にしているところがある。全文検索は，テクスト全文から語を切り出して，一定のストップワード以外のものから索引ファイルを作成して，検索可能にし，検索結果の前後の文字列を表示可能にしたデータベースである。これも日本語の場合は形態素解析の問題がつきまとうが，それでもこれまで述べた書誌的事項やメタデータ，目次，概要などに含まれない，著者の自由な言葉使いが検索対象になることのメリットもある。これにより，指示・参照の記述リストが豊富に得られることになる。

　さらには第5章で説明されているように，書誌記述を拡張して，ネットワーク空間において，情報資源を自由に利用できるようにするための仕組みとして『IFLA図書館参照モデル：書誌情報のための概念モデル』（2017）が公表されている[15]。従来のFRBRに比べて，利用者タスクに探索（explore）が加わりブラウジングへの対応が想定されていることや，情報資源の実体の取り扱いに属性に加えて関連（relationship）が定義されていることが，レファレンスを考えるうえで重要である[16]。関連は従来から用いられている著作の実体間の関係を詳細に定義したものである。そこには，全体－部分，実体化，創作，配布，所有，改変等々の組み合わせで36の関連が掲載されている。このモデルは今後の書誌的な情報資源のネットワーク上の取り扱いにおいて基本的なものと位置づけられる。

4.2　データベースの可能性と限界

　案内指示レファレンスでは，書誌記述に基づく手作業によるメタデータ付与が一般的だった。現在では抄録とか著者紹介，目次のようなテクストデータがさらに加えられたデータベースも提供されるようになりつつある。そこには著作にかかわるさまざまな内容が含まれている。従来，間接指示レファレンスにおいては用語統制が人手で行われていたのであるが，検索技術によるフリーワード検索によって大幅に可能性を広げるものである。

　これは事実解説レファレンスでも同様で，項目名やそれに付随するメタデータに対する検索に限らず，解説事項のテクストデータが加わって全文検索を可能にするものがある。

　これまで述べてきたようにレファレンスサービスのレファレンスは，事前に指示や参照を埋め込んであるものや，ツールとして作成されているものを利用して行われてきた。また使う際にも，埋め込まれたものをたどって，それがある別の物理的位置でアクセスしようとしなければ指示や参照されたものが得られなかった。けれども，インターネットが標準的な情報ネットワークとなり，誰もが容易にネットの発信者になることで，リンクのネットワークが広がることになった。つまり，誰もがレファレンスツールを作成可能になっただけでなく，意識せざる間に指示・参照を行うことができるようになったのである。

　しかしながら，事はそんなに簡単ではない。データベース検索の原理を確認しておこう。データベースにおいて用いるデータは，文字列の集合体である。全文テクストの場合はそれ自体が文字列であり，それ以外のコンテンツについてはそこに付与された文字列による書誌データないしメタデータを用いる。

　検索は検索語と文字列の一部が一致するかどうかで行う。通常は文字列全体から索引ファイルをつくることによって効率化を図る。索引ファイルは，文字列とファイルの位置ほかの要素からなるテーブル構造をもつ。文字列を抽出するのに欧米語であれば分かち書きされるので容易だが，日本語のよう

な膠着語ではどこかで語を切る操作が必要で，これを形態素解析と呼ぶ。形態素解析のためには単語をリスト化した辞書が必要である。こうしてできた索引ファイルとの一致度を評価して得られた文字列を表示するときに，どのような順序を用いるかもまた問題になる。

　複雑な過程を経て行われるデータベース検索には不安定な要素がいくつも紛れ込んでいる。まず，データベースにおいては文脈による意味の区別は統計的にしかできず，常に誤りが含まれるという基本的問題がある。たとえば「鳩」の動物学的な説明と平和の象徴としての説明ではまったく別の文脈であることは明らかであるが，文字列のうえでは区別できないので，検索すると混在して表示されることになる。

　さらに日本語特有の処理の問題がある。まず分かち書きの問題である。たとえば「形態素解析」という用語が，有意味の語である「形態」，「素」，「解析」と3つに分割される可能性があることを示す。だが「形態素」が辞書に登録されていないと情報検索用語についての検索精度は上がらない。それ以外にも，漢字とかな文字のどちらを使うか，旧字体・新字体の別，送り仮名，ルビなどの自然言語処理上の問題がある。また文字列の表示順であるが，図書館目録などの書誌データベースは一次的には著者，書名，件名のアルファベット順で二次的には出版年順などを表示の一般的ルールとしているが，配列のためには「読み」を付与することが必要である。だから，それがない通常のテクストデータベースでは，表示は「適合度順」になる。適合度のアルゴリズムは公表されないことが多いし，公表されても詳細なところは利用者からは不明である[17]。さらには商業的あるいは政治的な理由で操作されている可能性がある[18]。

4.3　ハイパーリンクと Linked Open Data
　ハイパーリンクはネットワーク上のリソースを互いに結びつける技術である。ハイパーリンクの原型はハイパーテクスト（ハイパーテキストとも書く）であり，複数のテクストを相互に関連づける仕組みであるが，これが

HTML や XHTML といった記述言語によってインターネット上で表現された
ものが WWW（World Wide Web）である。この場合の関連づけはテクストに埋
め込まれたリンクによって行われる。リンクは URI（Uniform Resource Identifier）
と呼ばれる，位置特定化のための約束事に従い，ネットワーク上の別のリ
ソース（データ，テクスト，画像，音声など）を指示することができる[19]。

　Google などの検索エンジンはハイパーリンクを利用して，ネットワーク
上のリソース全体に全文検索をかけることを可能にするデータベースであ
る。テクストを自然言語処理によって分析して索引を付与しデータベース化
するものであるので，不安定さがつきまとうのは一般のデータベースと同様
である。構造的メタデータ付与という概念がないので，別のところで著者に
ついての典拠データを与えない限り，同姓同名の著者が書いた著作を自動的
に識別することはできず，検索すれば混在して出てくることになる。

　これを改善して，ハイパーリンク構造を著作テクストや知的リソースを参
照するだけでなく，オープンライセンスとなったリソースを対象にして，
個々のデータ単位のものをリンクするのに拡張して標準化する考え方が
Linked Open Data（LOD）である。これは，セマンティックウェブ分野で開
発されてきた知識の構造化手法を適用し，コンピュータで処理可能なデータ
を普及させるための一連の方法ないし技術である。

　HTML ではリンク構造は表現できるが，それだけではリンクされた個々
の文字列やリソースの特性を表現することはできない。たとえば，あるリ
ソースへのリンクがその作成者を示すのか，その作品そのものを示すのか，
それを解説したテクストを示すのかといった違いを区別できない。そこで，
データをリンクするのに RDF（Resource Description Framework）で記述し，ウェ
ブ上にある文書，データ，ファイル等々のリソース（URI で記述）に関する
情報を記述するための枠組みを提供する。ネットワーク上のデータをリンク
するにあたって，特性の意味の枠組みを結びつける多元的なリンク構造を表
現することによって有効な検索に結びつくという考え方が採用されている。
たとえば，国立国会図書館が提供する全国書誌データや典拠データは LOD

で提供されているから，これを他の書誌データベースとつなげることによって，NDL 水準の書誌データ，著者名典拠データを自由に利用可能になっている[20]。

4.4 識別コード

　データをリンクするときの項目として同じカテゴリーや属性が用いられることが多い。国と大陸名，行政単位や政府機構，会社や組織の区分などは言うまでもなく，性別，年齢，言語，民族，職業等々の人の区分など多様に存在する。これらは固有名を中心とした固定的なものであり，標準的な識別コードを付与することがしやすい。さらに，自然種，工業製品，医薬品などもコードで管理することが可能である。これがネットを越えたレファレンスを行う際に重要な役割を果たすことになる。

　図書館の典拠コントロールは，人的な処理によって著者や機関名・地名・件名を識別するものであった。件名以外は固有名を扱うことになる。固有名のようにネット空間において重要な参照すべきものがあれば，それをリンク構造の中で別扱いにして対応することが可能である。そうした固有名の一覧をどこかで国際規格として登録し何らかの記号を付与すれば，インターネット上で容易にそれを識別参照できる。これを識別コードと呼ぶ。識別コードは固有名をもつものならんなものにでも付与することができる。また，汎用的に用いられるカテゴリも識別コードとして用いることができる。

　規格をつくる主体は，政府，学会，企業，業界団体や非営利団体であり，その宣言をして規格を公表し，それに基づいて登録され広く使われることで成立する。これがさらに国際的な動きとして相互連携していけば国際的な識別コードとなる。一般的には国際機関が設定するコードが用いられていて，知識や情報のレファレンスにかかわりあるものとしては，国際図書標準番号（ISBN），国際逐次刊行物番号（ISSN），バーチャル国際典拠ファイル（VIAF），デジタルオブジェクト識別子（DOI）などがある。このうち，ISBN は図書として扱われる著作，ISSN は逐次刊行物として扱われる著作を識別する。

VIAF は著者の特定化のための典拠ファイルであり，DOI は雑誌論文や会議発表論文のような集合的著作に含まれる個々の著作を識別するのに使う。資料組織化でも用いられる固有名を国際的に管理することができるので，インターネット上で容易にリンクを張ることが可能になる。固有名がもつ意味空間を機械処理することは難しいが，このように別に人が介在することでファイルを構築し，ネットワーク空間で共用することで新しい可能性が開けてくる。

4.5　引用ネットワーク

　先に述べたように，通常の学術論文においては他文献への参照や引用を明示することになっている。引用索引はある論文を引用する論文間の関係を示すためのツールである。引用索引の出現以前には，論文で引用された先行研究は読み手に参考文献として利用されることがあっても，利用は読み手限りのものだった。だが，1970 年代にガーフィールド（Garfield, Eugine）によって引用索引データベースが開発されて以来，英語で書かれた論文の引用は容易に検索できるようになった。トムソン・ロイター（旧：Institute for Scientific Information（ISI））の引用文献データベース Web of Science に収録される雑誌がその対象になるもので，このツールは引用・参照関係を調査するのに使われるだけでなくて，論文と論文の関係を分析したり，諸分野への関係構造を調査したり，引用分析によって雑誌を評価したり，さらには論文の価値や研究者や研究機関の研究能力を評価したりするのに使われるようになった[21]。

　引用索引が整備されることで，文献と文献との関係を，引用という行為を基にしてたどることが可能になる。ある文献が引用している文献群の関係は共引用（co-citation）と呼ばれる。これに対して，ある文献を引用している文献群の関係は書誌的結合（bibliographic coupling）と呼ばれる。文献には，共引用の文献との間に参照関係があるとともに，共引用されている文献間の参照関係がある。また文献が引用している共引用文献と文献を引用している書誌結合関係にある文献とも互いに参照関係がある。たとえば図4にあるよう

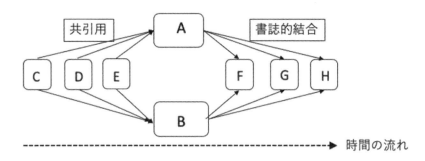

図4　共引用と書誌的結合

に，文献 CDE を引用する文献 A と文献 B は共引用の関係にあると同時に，文献 FGH に引用されることによって書誌的結合の関係にある。そして，これら A から H までの文献は，矢印にある直接的な引用関係以外に互いに間接的な参照関係にあるということができる。引用関係は，このような時間の流れとともに生じる学術研究の展開と研究間の関係をみるツールとして使用することができる。

　これらは，従来，埋め込まれただけで，読むという行為によって初めて参照可能になったものが，引用というリンク構造をもとに参照構造を公開したことで可能になったものである。引用索引は 1970 年代に英語圏を中心とする雑誌論文のためのツールとしてつくられて以来すでに 50 年になるが，日本語論文については，ここ 20 年ほどで JST を中心に DOI を導入し論文間の引用・被引用を示すデータベースがつくられている[22]。

4.6　インターネット・アーカイビング
　インターネット上のコンテンツは動的につくられている。あるものは団体組織が作成し，あるものは個人が自由に書き込む。書き込まれたものは蓄積されるだけでなく，常に更新される。多くのものは存在しても削除されたり，変更されたりすれば残らないままに消えてしまう。検索エンジンはある時点でこれらの動的に作成されたものの一部を収集して検索可能にしている

にすぎず，検索対象になっても古くなって検索されなければ検索の表示順位
で下に来るのでさらに検索されにくくなる。リンクされたリソースはしばし
ばネット上の位置（URI）が変更されて，リンク切れが起こる。この場合は
かつて存在していたことはわかるが参照不能になる。

　つまりこれまでに述べてきた参照・リンクはある時点で存在するもので，
それがその後も利用可能かどうかは誰も保証できない。そのために，定期的
にインターネット上の WWW の主要リソースをソフトウェアによって収集
し，保存して事後的に利用可能にするためのプロジェクトがある。1999 年
から始まったアメリカの Internet Archive がよく知られており，収集された
リソースは 2018 年 11 月現在で次の数字があげられている[23]。

　ウェブページ 2790 億ページ

　図書・テクスト 1100 万点

　録音物 400 万点（含　ライブコンサート 16 万点）

　ビデオ 300 万点（含　テレビニュースプログラム 100 万点）

　写真 100 万点

　ソフトウェア 10 万点

　これらはアメリカ著作権法のフェアユース規定にもとづいて収集公開され
たもので，利用にあたって著作権法上の問題はないとされる。こうして集め
られた大量のリソースは "Wayback Machine" と呼ばれるシステムで利用可
能である。だが，URL を指定した検索のみが可能で，トップページが検索
対象になるにすぎないものも多い。日本語のウェブページの収集はしている
が，日本語検索についての問題点が大きいことにも注意が必要である。

　日本でも国立図書館を中心としてウェブアーカイビングが行われてい
る[24]。国立国会図書館のインターネット資料収集保存事業 WARP（Web Ar-
chiving Project）は国内の公的機関を中心にウェブ上のコンテンツ収集を行っ
ている。

　通常，公開を宣言したものを除くとインターネット上のサイトがもつリ
ソースの外部への提供はそれぞれの管理者の方針に従っている。外部から自

由にアクセス可能な場合，外部からの利用については API で開いている場
合，サイト内での検索が可能な場合，検索はできない場合などがある。これ
らに置かれたリソースが外部のオープンなリソースに対して自由にリンクを
貼っている場合も少なくないから，巨大なリンクネットワークが構築されて
いる。多くの人はそのリンクをたどることで，レファレンスを日常的に体験
していると言える。

5. レファレンスサービス再考

5.1　レファレンスの拡張

　再度，レファレンスとは何かを考えてみよう。指示ないし参照と訳すこと
ができるこの概念は，A が B を直接指示するという場合と A が C を通して
B を間接的に参照する場合とがあった。事実解説レファレンスやデータレ
ファレンスは，直接指示することを目的としてつくられたものである。参照
する行為によって，その言葉が指示するものがすぐに得られる。他方，案内
指示レファレンスは，そこで参照されたものが別のものを指示しその指示を
たどることで初めて求めるものが得られるという意味で間接的な参照行為で
ある。直接指示レファレンスは質問項目と参照項目への対応が明確なもので
あり，間接指示レファレンスの場合は何らかの媒介的要素が入るものであ
る。

　ネットワーク環境の拡張されたツールにおいて，レファレンスの 3 つの作
用がどのように働くかを示したのが表 1 である。○は強く働くもの，△は弱
く働くもの，空白は作用が見られないものである。

　解説レファレンスは，参照される分野で執筆にあたる専門家および編集・
刊行の出版社の権威を前提とした媒介作用が存在してきた。解説レファレン
スのツールは，そうした媒介作用の権威性を前提として執筆され出版されて
きた。利用者もそれを選択の重要な根拠としてレファレンスツールを利用し
てきた。

表1　拡張されたレファレンス機能

	解説 レファレンス	間接指示 レファレンス	直接指示 レファレンス
全文データベース	△	△	○
ハイパーリンク	△	△	△
検索エンジン	△	△	△
インターネット・アーカイビング	△	△	△
IFLA LRM		○	○
LOD		○	○
識別コード			○
引用ネットワーク		○	

　これがネット環境になると，ネット上にあるテクストを対象にした検索ができる。その際に，全文データベースはメタデータや書誌データを対象にした検索を可能にし，そこに拡張されたコンテンツがあれば解説的レファレンスが得られる場合もある。ハイパーリンクについてはリンクをつける人が媒介役を果たすから，リンク先のコンテンツによっては解説的レファレンスとなる場合がある。検索エンジンは先に示したように検索のアルゴリズム次第であるが，インターネット上のコンテンツ全体が参照先になるから，解説レファレンスが得られる場合が多いと考えられている。インターネット・アーカイビングは，時間軸で層化された検索エンジンと考えることができるので，さらに優れた解説的レファレンスとなりうる。これまでつくられた解説レファレンスツールは人手で作成され，編集者の権威と蓄積されたノウハウが参照をもたらす要因であった。これらの編集方針を変えずに，ネット時代にもネット版の百科事典や専門事典がつくられて提供されている。ここで示したものは，これに対するアンチテーゼとして，解説レファレンスが現れていることを示している。

　一方，間接指示レファレンスの媒介作用は，語や言説が他の言説や著作と

関係づけるときの作用にもとづく。特に著作を参照するために分類記号，シソーラス，件名標目表のような知の体系のルールを設けて，その中に位置づけてきた。この標準的な規則は主として図書館関係者がつくってきたものである。この規則を知の体系を表現するツールとしてどのようにつくるか，また，個々の著作をどこに位置づけられるかについては，図書館員が知の技術の専門家ないし権威として認められてきたと言える。レファレンスサービスの役割は，個別の質問項目をこの知の体系の中にどのように探し出すかの過程において，利用者をサポートすることである。

　これを現在の全文データベース技術で実現するにはさまざまな限界があることについても述べてきた。それはインターネットを対象にした検索エンジン，インターネット・アーカイビングであっても同様である。その中で，引用ネットワークは学術文献が備えた参照機能を取り出したツールとして，新しい間接指示レファレンスと言えるかもしれない。引用関係が新しい参照の要素となるなら，ハイパーリンクやそれを利用したWWW，ブログ，SNSの相互リンク構造もまた，第三者が媒介する参照であることで新しい要素になるかもしれない。そしてまた，IFLA LRMやLODは間接指示レファレンスの仕組みそのものは，旧来のものに依存しているが拡張のしかたによっては新しい間接指示レファレンスをもたらす可能性がある。

　直接指示レファレンスは，著者やタイトル，出版社などの固有名を中心としたレファレンスであり，対応関係が明確なものである。書誌データベースやメタデータのデータベースでは，直接指示のためのフィールドを含めた設計をすることは可能である。他のハイパーリンクやテクストデータベースではフィールド設定ができず直接指示がしにくい。IFLA LRMやLODはそのフィールドの定義をすることを可能にしたハイパーリンク対応の仕組みである。そして，識別コードはハイパーリンクで直接対応をする際に最も強力なツールとなる。

5.2　今後のレファレンスサービス

　こうしてみるとデータベースやネットワーク技術を利用したレファレンスが最も有効なのは直接指示レファレンスの場合である。これはデータ処理を最も得意とするコンピュータ技術になじみやすいからである。他の二つは，人間が行う知的活動をどこかに織り込むことが必要であるのに加えて，自然言語処理や検索アルゴリズムによって一部を代替する技術であるから現時点では問題も多い。そのうち，解説レファレンスについては，専門家が書くものに対して，Wikipedia のような集合的なレファレンスの有効性をどのように見るのかが問われる。

　間接指示レファレンスについては，引用ネットワークが新しいレファレンスの可能性を開いたように，媒介させるものによっては著しい発展が期待できるだろう。別の展開を見てみると，インターネット環境ではリンクを張ることは当然の行為であり，事前の埋め込み行為が容易に行えるようになっているから，これをたどることで新しいレファレンスの機会が急激に増えている。SNS におけるハッシュタグはそのためのツールとして用意されている。

　これまで雑誌や新聞に掲載される書評は専門や研究者による批評を提供するものとして重要なレファレンスの機会であった。これを検索するツールはかつても今も分散的にしか存在していない[25]。しかしながら，現在，Amazon ほかの書籍販売 DB は個々の著作に購入者ほかの自由な書評を掲載することを可能にしている。さらには，ある図書を購入した人が同時に購入した図書を示したり，チェックしたほかの図書を示したりすることで新しい図書間の関係を表記することができる。後者は，消費者行動の類似性をもとにしたマーケティング手法にもとづくもので，書籍購入者が媒介者となった間接指示レファレンスと言える。このネット販売手法は特定のサイトを越えて個人の消費行動ほかの情報行動がシステムに集められて処理されることによって，インターネット広告として一般的に用いられるようになっている。

　また，Google の検索エンジンを使うと図書のテクストで使われている語で著作が検索できる場合がある。Google Books と呼ばれ，図書の全文テクス

トのキーワード検索をインターネット上で提供しているものである。登場したときに，アメリカ著作権法のフェアユース規定を利用して，図書の全文データベース作成を可能にしたために可能になったことや，世界書誌コントロールを実現する可能性をもったものとして議論された。日本でも著作権法を改正してGoogle Booksと同様の著作物のデータベースへの蓄積と検索サービスの提供が可能になった。このあたりについては第6章で述べる。

　知的権威や編集のノウハウなしに解説的レファレンスツールがつくられることを示す顕著な例はWikipediaである。WikipediaはWikiというネットワーク上の相互リンクの枠組みで，多数の人が解説的なレファレンス記述をすることで集合的な知を実現することをねらったプロジェクトである。記述には典拠や参考文献をあげることが条件になっていて，書誌データベースとリンクしていることや他のネット上のページへの参照を提供しているように，レファレンスの3種類の機能を兼ね備えているとも言える。将来的に総合的な知をカバーするレファレンスサイトになる可能性がある。ネットが可能にするオープンサイエンス状況が新しい状況を切り開く可能性は十分にありうることである[26]。

6. おわりに

　レファレンスとは，知的な関心に沿って，知と知が媒介されるネットワークをたどることを意味した。問題はその媒介する方法である。ここまでに検討してきたものでも，①事前に用意された参照と，②事後的に生成される参照の違いがある。事前に用意された参照にはレファレンスツールやネット上にあってリンクが埋め込まれているコンテンツが該当する。事後的に生成する参照にはブラウジング行為やデータベース，検索エンジン，そしてマーケティング手法が該当する。これらをレファレンスサービスのツールとして検討するためには，①については用意するときに想定した参照のあり方とそこで用いられる権威構造を再度検討する必要があり，②についてはそうした参

照を導く仕組みがどのようなものであるのかを厳密に検討する必要がある。

　図書館情報学の課題は二つある。一つは，この状況において人手で行って
きたツールの作成が今後，技術的な展開でどの程度置き換えうるのか，置き
換えられない部分がどこにあるのかを明らかにすることである。「ネットで
得られないものが図書館にある」と言われるが，その内実を実証的に明らか
にすることであろう。その問題の一つに，ネットを仲介した参照構造の中で
何が使われ，何が使われないか，それはどのような認知的構造によって媒介
されているのかという問題がある。先の議論の中で，恣意的な内包的意味も
多くの人の集合的な行為となるとそれが外延的意味に転化することがあっ
た。そのような転化の仕組みを明らかにし，それに対してのオルタナティブ
を提案することがレファレンスサービスの役割である。

　もう一つは，レファレンス理論は結局のところ知識の形成プロセスに依存
しているから，この形成プロセスを明らかにすることである。レファレンス
とは知の表出物としての著作が他の著作との関係を中心として，人と知識の
関係を明らかにすることである。学問分野の形成と学会や大学の学部や学科
の関係，学術と結びつけられる実践的な領域はいかにして認められるか，知
的権威がどのように形成されるのか，学ぶことと知識とはどのような関係に
なるかといったことは社会的認識論の重要な課題でもある。この過程にレ
ファレンス理論は深くかかわり合う。またこの知見を基にして新しいツール
をつくり出すことも可能であるし，知識生産者と知識受容者との関係を媒介
する図書館の役割を明らかにすることもできる。こうした関係の解明が待た
れるところである。

注

1) 「レファレンス」以外に「レファランス」，「リファレンス」，「リファランス」，「リフェラン
　　ス」などの表記も用いられているが，本稿では「レファレンス」に統一する。なお，「リファ
　　レンス」の用例については後に述べる。
2)　用例が次のサイトで解説されている。「リファレンスとは｜製造元／転職／論文／化学／実
　　験／時計／医療」ドライバータイムズ，2018 年 08 月 24 日　https://driver-times.com/driver_

work/driver_biz/1060414（参照 2019-02-04）

3) Ogden, C. K.; and Richards, I. A. *The Meaning of Meaning*, Harcourt Brace Jovanovich, 1989,（Originally published in 1923.）, 396p.

4) なお，日本で鳩が平和の象徴とされるきっかけになったエピソードとしては，戦時下で統制されていたタバコが第二次世界大戦後に自由販売制になり，人気商品「ピース」の箱にオリーブを咥えた鳩の図柄が使われたことがある。今では考えられないが，タバコはそれだけ人々（主として男性）の日常に溶け込んだもので，これが自由に入手できることで平和のありがたさを知ったという状況が背後にある。JTデザインセンター，たばこと塩の博物館『ポケットの中のデザイン史：日本のたばこデザイン：1945-2009』美術出版社，2009，208p.

5) 記号と指示物の関係の恣意性はスイスの言語学者ソシュール（Ferdinand de Saussure）も述べている。言語哲学者丸山圭三郎はこれを解説して，referentを「指向対象」と訳し，これは単に「意味されるもの」ではなくて，意味は指示行為あるいは記号の作用によって現実から切り取られるときに動的に生成すると述べている。丸山圭三郎『言葉とは何か』筑摩書房，2008，p.105.（ちくま学芸文庫）

6) 以下の指示理論の説明は次の論文を参考にして記述した。Reimer, Marga; and Michaelson, Eliot, "Reference", Zalta, Edward N. ed., The Stanford Encyclopedia of Philosophy, Spring 2017 Edition, https://plato.stanford.edu/archives/spr2017/entries/reference/（参照 2018-12-28）日本の専門書として，黒澤雅惠『指示と言語：サール・クリプキ・ローティ』京都大学学術出版会，2018.がある。

7) Kuhn, Thomas『科学革命の構造』［The Structure of Scientific Revolution］中山茂訳，みすず書房，1971，293p.

8) 松本啓子「アカデミックライティングの社会記号論：知識構築のディスコースと言語イデオロギー」『言語文化』（同志社大学言語文化学会）9巻4号，2007，p.636.

9) IFLA書誌レコード機能要件研究グループ 和中幹雄・古川肇・永田治樹訳『書誌レコードの機能要件：IFLA書誌レコード機能要件研究グループ最終報告』［Functional Requirements for Bibliographic Records］日本図書館協会，121p.

10) 長澤雅男『情報と文献の探索』第3版，丸善，1994，p.6.

11) 辞書・事典編纂について書かれたものは多数あるが，さしあたり次のものを参照。紀田順一郎『知の職人たち』新潮社，1984，209p.

12) 次の著作は図書館情報学理論の広がりを概観しているものである。情報についての議論に指示理論の紹介はあるが，それをレファレンスサービスに拡張することまではしていない。Budd, John M., *Six Issues Facing Libraries Today: Critical Perspectives*, Rowman and Littlefield, 2017, p.7-8.

13) Goldman, Alvin. "Social Epistemology," Zalta, Edward N. ed., *The Stanford Encyclopedia of Philosophy*, Spring 2015 Edition, https://plato.stanford.edu/entries/epistemology-social/（参照 2019-2-14）社会的認識論には次の概説書があり，同名の学術誌が刊行されている。Fuller, Steve. *Social*

Epistemology, 2nd ed., Indiana University Press, 2002, xxxi, 314p. 同じ著者の次の翻訳書でも社会的認識論が論じられている。『ナレッジマネジメントの思想：知識生産と社会的認識論』［Knowledge Management Foundations］永田是也訳，新曜社，2009, 398p. また，社会的認識論が図書館情報学と近い関係にあることは，フラー自身が図書館情報学の標準的事典である Encyclopedia of Library and Information Sciences の第 3 版（2010），第 4 版（2018）で "Social epistemology" の項目を執筆していることでもわかる。さらに上記のバッドの著作でも社会的認識論について触れられている。(Budd, op. cit., p.43-46)

14) 石原千秋ほか『読むための理論：文学・思想・批評』世織書房，1991，xii, 400p. 土田知則ほか『現代文学理論：テクスト・読み・世界』新曜社，1996，286p.

15) IFLA Library Reference Model: A Conceptual Model for Bibliographic Information, International Federation of Library Associations and Institutions, 2017. https://www.ifla.org/files/assets/cataloguing/frbr-lrm/ifla-lrm-august-2017_rev201712.pdf（参照 2018-12-28）

16) さしあたっての紹介記事として，次のものがある。和中幹雄「動向レビュー：IFLA Library Reference Model の概要」『カレントアウェアネス』CA1923 2018 年 3 月 20 日　http://dl.ndl.go.jp/view/download/digidepo_11062627_po_ca1923.pdf（参照 2018-12-28）

17) 国立情報学研究所（NII）は大学図書館を中心とした所蔵データに対する総合目録システム（Webcat）を提供してきたが，これにさらに目次データ等を加えた連想検索システム（Webcat Plus）を開発提供している。これは，書誌データや目次データから特徴語を計算し，関連する資料を近くに配置するインターフェースを用意することで，あたかも書店で書籍をブラウジングするような探し方を可能にしているという。高野明彦「図書館，未来の書棚，連想」『現代思想』48 巻 18 号，2018.12，p.159-171. これも自然言語処理の仕組みを利用していることは確かである。

18) 検索エンジンが出力するランクのアルゴリズムを間接的に利用して，これを操作しようとする一連のノウハウが検索エンジン最適化（Search Engine Optimaization: SEO）と呼ばれるものである。また，情報コンテンツのデータベースをもとにさまざまな局面の評価に用いるための研究領域はオルトメトリックス（altmetrics）と呼ばれる。孫媛「研究評価のための指標：その現状と展望」『情報の科学と技術』vol.67, no.4，2017，p.179-184. を参照。

19) ここで文化理論にやや踏み込むと，インターネットが実用化された 20 世紀末に，ハイパーリンクはネット上のテクストどうしを結びつける概念であるだけでなく，ポスト構造主義思想を取り入れながら，通常のテクストどうしが何らかの結びつきがあるような関係として理解されることもあった。その際に間テクスト性（intertextuality，相互テクスト性とも言われる）という用語が用いられることがある。先ほどのアカデミックディスコースにおける業績や作品への参照の議論でもこの用語を用いていた。この議論はレファレンスサービスの将来を考えるうえで重要な示唆を帯びている。さしあたり次の文献を参照のこと。Landow, George P.『ハイパーテクスト：活字とコンピュータが出会うとき』[Hypertext : the Convergence of Contemporary Critical Theory and Technology] 若島正 [ほか] 訳，ジャストシステム，

1996，392, xxp.

20）橋詰秋子，福山樹里「出版物に関するメタデータと国際書誌コントロール：国立国会図書館における LOD の取り組み」『情報処理』vol. 57, no.7, 2016, p.606-611. ちなみに『情報処理』2016 年 7 月号は「リンクト・オープンデータの利活用」を特集している。

21）林紘一郎・名和小太郎『引用する極意　引用される極意』勁草書房，2009，225p.

22）加藤斉史ほか「ジャパンリンクセンターによるリンク管理と日本語の電子的学術コンテンツへの DOI 付与」『情報管理』vol.55, no.1, 2012, p.42-46.

23）https://archive.org/about/（参照 2018-12-28）

24）http://warp.da.ndl.go.jp/contents/reccommend/world_wa/index.html（参照 2018-12-28）

25）書評検索ツールの全体像を見るには，NDL のリサーチナビ「書評（国内）の探し方・見つけ方」（https://rnavi.ndl.go.jp/research_guide/entry/post-539.php）を参照のこと。（参照 2018-12-28）

26）Nielsen, Michael『オープンサイエンス革命』[Reinventing Discovery: The New Era of Networked Science] 高橋洋訳，紀伊國屋書店，2013，398p.

II部
情報資源の管理と提供

第5章

レファレンスサービスからみた IFLA LRM の情報資源の世界

橋詰秋子

1. レファレンスツールとしての図書館目録

　ウェブの普及とウェブ技術の発達は，図書館を取り巻く情報環境を変化させ，レファレンスサービスに変容を促している。レファレンスサービスで用いられる情報資源は印刷メディアからデジタルメディアへと広がった。ウェブのサーチエンジンに慣れた利用者は，図書館員に頼ることなく自分自身で，必要な情報資源を見つけることを好むようになった。

　本稿の目的は，目録理論研究の最近の成果を援用して，変化した情報環境を踏まえたレファレンスサービスのあり方を探ることである。具体的には，図書館目録をレファレンスサービスの道具（レファレンスツール）として捉え，レファレンスサービスの観点から，目録理論の中で確立した情報資源に関する新しい概念モデルを分析し機能的特徴を明らかにする。そして，その機能的特徴を踏まえて，ウェブ時代のレファレンスサービスのあり方や可能性を考察する。本稿で対象とする概念モデルは，現在の情報環境に図書館目録を適用させることを意図して国際図書館連盟（International Federation of Library Associations and Institutions: IFLA）が策定した「IFLA 図書館参照モデル」（IFLA Library Reference Model; IFLA LRM，2017 年 8 月承認，12 月修正）[1),2)] である。なお，本稿では「情報資源」という言葉を，図書館が各種サービスの中で提供するさまざまな資料，たとえば図書，雑誌，DVD，電子書籍，ウェブ上のデジタル情報資源を指すものとして用いる。

　図書館目録をレファレンスツールとして捉えることに，違和感を覚える人

がいるかもしれない。確かに従来から図書館では，図書館目録はテクニカルサービス，レファレンスサービスはパブリックサービスとして，両者を分けて扱ってきた。図書館の現場においても，一定規模以上の図書館であれば，図書館目録とレファレンスサービスは担当者が異なるのが一般的である。また，これまでに両者をともに扱った論稿はあまりなく，最近でも，英語圏で新たに導入された目録規則をレファレンスライブラリアン向けに解説する雑誌記事[3]がいくつか散見される程度である。

　しかしながら，図書館目録が図書館の提供する各種情報システムの中核的存在であることに，異論を唱える図書館員はいないだろう。図書館のコレクションにどんな情報資源が含まれ，その情報資源がどこにあるのかを図書館目録で探し出せなければ，図書館のサービスは十分に展開できない。

　また，レファレンスサービスを，質問回答サービスのような直接的な人的支援だけでなく，利用者が自発的に情報資源を入手できるようにするための利用環境の整備までを含む形で定義すると[4]，後者（情報資源の利用環境整備）における図書館目録の重要性は明らかである。アメリカ図書館協会のレファレンス利用者サービス部会（Reference and User Services Association: RUSA）は，レファレンスを，直接的な支援にあたるレファレンストランザクションと間接的な利用環境整備にあたるレファレンスワークに分けて定義した。この中で“レファレンスワークは，レファレンストランザクションを含むほかに，情報資源や研究資源，ツール，サービスの作成，管理，評価にかかわる活動を含む”[5]と定義し，さらに“情報資源の作成，管理，評価には，研究用コレクション，研究ガイド，図書館目録，データベース，ウェブサイト，サーチエンジン等を，利用者が自らの情報ニーズを満たすために館内または館外から独力で利用できるように，開発・維持管理することが含まれる”[6]とした。つまり，RUSA のレファレンスの定義は，図書館目録の開発と維持管理をレファレンスワークの一部として扱っている。本稿では，レファレンスサービスを RUSA の定義と同様に広義に捉え，特に情報資源の利用環境整備に着目して議論する。

　図書館目録をめぐる近年の議論は，レファレンスサービスが情報環境の変化にどのように対応すべきかを探るうえで参考になると考えられる。というのは，図書館目録の関係者の間では，現在の情報環境に合わせて図書館目録のあり方を見直す議論が 2000 年頃から進み，最近ではそうした議論に成果が出始めているからである。図書館目録は，単なる蔵書管理システムから利用者が図書館の情報資源やサービスを利用するために使うツールへと変貌を遂げつつある。レファレンスサービスも，こうした図書館目録の変化と無関係ではない。本稿で取り上げる IFLA LRM は，目録見直しの議論の現時点における成果の一つであり，アナログとデジタルが混在する現在の情報資源の世界を図書館目録がどのように捉えているのか，あるいは捉えようとしているのかを表している。レファレンスサービスの観点から，最新の目録理論の中で確立した概念モデルを分析することは，ウェブ時代におけるレファレンスサービスのあり方を探究する一助となる。

　本稿の構成は次のとおりである。まず次の 2 節で，本稿の対象である IFLA LRM が登場する背景を確認したうえで，IFLA LRM がどのような概念モデルであるか，その概要を述べる。続く 3 節では，レファレンスサービスの観点から IFLA LRM の機能的特徴を分析する。最後の 4 節では，明らかにした IFLA LRM の機能的特徴を踏まえて，ウェブ時代のレファレンスサービスのあり方と可能性を考察する。

2. IFLA LRM の概要

2.1　背景：情報環境の変化と図書館目録の見直し

　社会全体の情報環境の変化にともなって，2000 年前後から，図書館目録を見直し高度化する動きが起こった。その国際的な動きは，現在（2019 年）も続いている。この動きの背景には，カード目録を前提とした技法で構築されている，従来型の図書館目録に対する危機意識がある[7]。2000 年代初頭には，サーチエンジンの利用増にともなう利用者の目録離れ，デジタル情報資源

の増加にともなう図書館目録のカバー率の低下といった問題が顕在化し，目録関係者の間で「目録の危機」の認識が共有された。この「目録の危機」の時期に，IFLA をはじめとする国際的な場で，危機への対処法を探る議論が戦わされ[8]，それが現在の目録高度化の取り組みにつながっている。こうした取り組みの成果物には，2018 年 12 月発行の『日本目録規則 2018 年版』や次世代 OPAC とも呼ばれるサーチエンジンライクな目録検索システムなどがある。

　目録高度化の端緒かつ基盤といえるのは，1997 年発表の「書誌レコードの機能要件」（Functional Requirements for Bibliographic Records: FRBR）[9], [10]である。FRBR は，デジタル情報資源の登場によって再検討が迫られた図書館目録の諸機能を概念モデルとして表したものである。このモデルは，"書誌レコードが提供しようとするのは何に関する情報か，そして利用者ニーズに応えるという観点から書誌レコードが果たすべきことは何かについての，明確かつ厳密に規定される，共有できる理解の足がかりをつくる" ことを目的に，IFLA の研究グループが策定した[11]。FRBR は，国際目録原則覚書（Statement of International Cataloguing Principles: ICP）や RDA（Resource Description and Access）の開発の基盤として採用されるなど，目録見直しの取り組みに大きな影響を与えた。また，システム実装の面でも，FRBR の概念モデルを実際の情報検索システムに適用させる，いわゆる「FRBR 化」（FRBRization）の研究が進み，FRBR 化した目録検索システムがいくつも生まれた。OCLC が提供する世界最大の総合目録 WorldCat[12]は，FRBR 化した目録検索システムの著名な例である。

　目録高度化の取り組みは，2010 年代の後半以降，ウェブ世界の発達した技術を取り入れ，それらの発達と歩調を合わせる形で進んでいる。特に，最近のウェブ世界の潮流である Linked Data の考え方や技術には，大きな影響を受けている。たとえば，2019 年現在，米国議会図書館を中心として，従来の MARC フォーマットに替わる，書誌データの記録・共有のための新たなフォーマットを開発する BIBFRAME[13]プロジェクトが進んでいる。このプロジェクトでは，Linked Data が開発の基盤に採用されている。こうした

ウェブ技術の影響は，3節で後述するように，IFLA LRM にも強く現れている。

2.2　IFLA LRM の概要

　IFLA LRM は，IFLA の目録部会によって 2017 年 8 月に承認された新しい概念モデルである。このモデルは，IFLA がこれまでに策定した 3 つの概念モデル（FRBR，FRSAD[14)]，FRAD[15), 16)]）を統合したもので[17)]，1997 年以降進められてきた FRBR の点検・改善活動の成果が反映されている。FRBR はこれまでの目録高度化の取り組みで基盤として用いられてきたが，IFLA LRM はそれを置換する後継として位置づけられている。

　IFLA LRM は，システム設計等で使われる「実体関連分析」（entity-relationship analysis）という技法により，図書館目録が対象とする書誌的世界を，「実体」（entity），「属性」（attribute），「関連」（relationship）を使って表現している。ここでいう書誌的世界とは，図書館目録を構成する書誌データが表しているものを指す。なお，このモデルの対象は広義の書誌データであり，書誌レコードや所蔵レコード，典拠レコードといったレコード種別を区別せずに一つのモデルとして表している。

　高次元の概念参照モデルであるため，IFLA LRM は，そのままの形で目録規則や目録検索システムの仕様書のように使用することはできない。このモデルの策定目的は，具体的な目録規則や目録検索システムにとらわれることなく，書誌データの論理構造の背後にある一般的な原則を明らかにすることである。つまり，書誌データが提供しようとするのは何に関する情報か，そして書誌データが果たすべきことは何かについての理解を，国や目録作成文化にとらわれずに世界中で広く共有することが，このモデルの目的である。

　IFLA LRM の特徴の一つに，エンドユーザを重視した利用者志向がある。IFLA LRM は，モデルの中で目録利用者（エンドユーザ）が関心をもつ対象を，11 種類の「実体」として定義している。そして，実体にはそれぞれ「属性」が与えられ，実体と実体の間には 36 種類の「関連」が定められている。たとえば，「個別資料」（Item）という実体は「場所」（Location）などの

属性をもち,「個別資料」と「行為主体」(Agent) という実体の間には「所有する」(owns) という関連がある。加えて同モデルは,目録利用者の情報検索プロセスをモデル化した 5 つの「利用者タスク」(User Tasks)(詳細は 3.2.1 参照)を設けている。図 1 に,IFLA LRM のモデル全体図を示す。図中の四角形は実体を,矢印は主な関連を表している。属性は省略している。

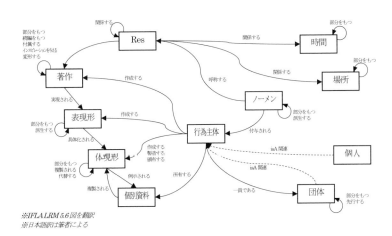

図1　IFLA LRM のモデル全体図

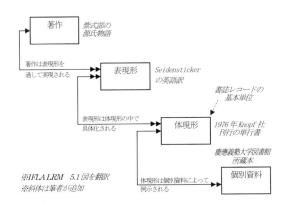

図2　知的・芸術的活動の成果を表す実体群とその間の主要な関連

　IFLA LRM の核心は，図2に示した，「著作」（Work），「表現形」（Expression）「体現形」（Manifestation），「個別資料」という，知的・芸術的活動の成果を表す実体群とその間の主要な関連である。FRBR から引き継いだこの実体群は，書誌的世界を対象範囲とする概念モデルの中で情報資源を表現した部分といえ，図書館目録が対象とする情報資源を構造的に把握するものである。

　以降の議論と関係するため，これらの実体群とその間の主要な関連を図2により説明する。紫式部の『源氏物語』という「著作」は，Seidensticker 氏による英語訳という「表現形」を通して実現される。この英語訳は Knopf 社が1976年に刊行した単行書という「体現形」の中で具体化され，この「体現形」は慶應義塾大学図書館で所蔵される「個別資料」によって例示される。ちなみに，源氏物語を描いた漫画である大和和紀の『あさきゆめみし』は，紫式部ではなく大和和紀の知的創造物と捉えられるため，紫式部の『源氏物語』から派生した別の「著作」として扱われる。

　ちなみに，知的・芸術的活動の成果を多層的な概念として扱うことは，実は IFLA LRM や FRBR が初めてではない。近代目録法初期の19世紀初頭から，物質に縛られない抽象的な「著作」という存在が，図書などの物質的な存在とともに図書館目録の対象とされてきた。しかし従来型の目録では，抽象的な概念である「著作」定義のあいまいさが障壁となり，この多層性を十分に活用できていなかった。IFLA LRM や FRBR の「著作」，「表現形」，「体現形」，「個別資料」は，こうした図書館目録の積年の課題を現代的な手法を使って解決・洗練させたものとみなすことができる。

　IFLA LRM において，「著作」は「個別の創造の知的または芸術的コンテンツ」と定義されている。「表現形」は「知的または芸術的コンテンツを伝達する記号の個別的な組み合わせ」，「体現形」は「知的または芸術的コンテンツおよび物理的形態の全側面に関して同じ特性を共有すると推測されるすべてのキャリアの集合。この集合は，コンテンツ全体とそのキャリアやキャリア群の作成計画の両方によって定義づけられる」と定義され，「個別資料」は「知的または芸術的コンテンツの発信を意図した記号列を伝達する単一オ

ブジェクトまたはオブジェクト群」と定義されている。

　注意したいのは，IFLA LRM のこうした情報資源の捉え方は，図書館の世界を越えた汎用的なものではないことである。たとえば文学という学問分野に，ある著作（例：ロビンソンクルーソ）から別の著作（例：十五少年漂流記）が派生した場合において両者の関係性を探る研究領域，いわゆるテクスト論があるが，この文学研究領域における著作の捉え方と IFLA LRM における捉え方は，類似点はあるものの完全に一致するわけではない[18]。要するに，IFLA LRM の情報資源の捉え方はあくまで図書館目録における捉え方であり，他領域や社会全体への適用を意図してはいないのである。

3. IFLA LRM が示す情報資源の世界

　IFLA LRM は，図書館目録に関する議論を通じて策定された概念モデルであるが，図書館目録だけでなく，今後のレファレンスサービスのあり方を考えるうえで参考になる機能的特徴をもつと考えられる。筆者は，レファレンスサービスの観点で分析すると IFLA LRM の機能的特徴には 3 つの軸，すなわち①情報資源流通の複雑化への対応，②自律的な利用者への支援，③ウェブ志向の書誌コントロール，があると考えている。

　以下では，この 3 つの軸ごとに IFLA LRM の機能的特徴を説明する。なお，これらの軸は互いに影響を及ぼし合って存在していると考えられるが，本稿では，議論をわかりやすくするために，軸同士の影響関係には言及しない。

3.1　第一軸：情報資源流通の複雑化への対応
3.1.1　情報資源に内在する階層性

　デジタル情報資源の登場によって，情報資源の流通は複雑化した。「著作」，「表現形」，「体現形」，「個別資料」という多層的な実体群は，複雑化した情報資源流通に対応するための概念的な枠組みを提供しており，それゆえに IFLA LRM のモデルの核に位置づけられている。ここから，IFLA LRM の

機能的特徴の第一軸に「情報資源流通の複雑化への対応」があると考えられる。

　デジタルメディアと印刷メディアが共存する状況では，同一の「著作」を複数の「体現形」で具体化した情報資源が増加したり，ある「著作」から別の「著作」が派生的に生まれたりする事象が生じやすい。たとえば，『ハリーポッターと賢者の石』の事例を考えてみよう。『ハリーポッターと賢者の石』とひと口にいっても，それには，イギリス英語による単行書だけでなくアメリカ英語版や日本語版の文庫本や電子書籍，映画の DVD などさまざまなメディアの出版物が存在している。さらに映画は，パッケージ系デジタルメディアである DVD とともに，ネットワーク系デジタルメディアであるウェブの映画チャンネルによる視聴も可能である。図書館利用者は，『ハリーポッターと賢者の石』の小説を日本語で読みたいかもしれないし，日本語字幕の映画を見たいのかもしれない。この事例を，IFLA LRM に当てはめて整理すると，次のようになる（図3）。J. K. ローリングの『ハリーポッターと賢者の石』という「著作」は，イギリス英語とともにアメリカ英語や日本語という複数の「表現形」を有し，さらに紙の単行書や文庫本，オンラインの電子書籍などの形で出版され，複数の「体現形」に具体化している。さらにこの小説の「著作」は，クリス・コロンバス監督による映画という別の「著作」を派生的に生んでいる。映画の「著作」は，米国版や日本版（表現形）が DVD やブルーレイ（体現形）として存在すると同時に，ウェブの映画チャンネル（体現形）を介して視聴することもできる。

　このような複雑な状況においては，自分の必要とするコンテンツ（著作）をどのテキスト，どのメディア（表現形・体現形）で読むか，利用者が簡単に選択できるようにする必要がある。つまり，小説の『ハリーポッターと賢者の石』を読みたいと思っている利用者に，映画と区別した形で小説に関する情報を提示し，さらに電車の中で読むものを求める利用者が文庫本を容易に見つけられるように，多数存在する小説の出版物をわかりやすく整理して提示する必要がある。

著作 1：J. K. ローリングの『ハリーポッターと賢者の石』（小説）

　表現形 1：オリジナルのイギリス英語テキスト（Harry Potter and the Philoso-
　　pher's Stone）

　　体現形 1：2000 年 Bloomsbury 社刊行の単行書

　　体現形 2：2015 年 Pottermore 社刊行の電子書籍

　表現形 2：アメリカ英語テキスト（Harry Potter and the Sorcerer's Stone）

　　体現形 3：2015 年 Pottermore 社のオーディオブック

　表現形 3：日本語テキスト（ハリーポッターと賢者の石）

　　体現形 4：1999 年静山社刊行の単行書

　　体現形 5：2014 年静山社刊行の文庫本

　　体現形 6：2018 年静山社刊行の 20 周年記念版

著作 2：クリス・コロンバス監督の『ハリーポッターと賢者の石』（映画）

　表現形 1：米国版

　　体現形 1：2007 年ワーナー・ブラザース社刊行のブルーレイ

　　体現形 2：映画視聴チャンネル

　表現形 2：日本版

　　体現形 3：2014 年ワーナー・ブラザース社刊行の DVD

※個別資料は省略

図 3　「著作」，「表現形」，「体現形」で表した『ハリーポッターと賢者の石』（一部）

　従来の図書館目録は，図書や電子資料といった資料種別ごとに書誌データ
が作成されていたため，資料種別の異なる情報資源を統合的に検索するのは
苦手であった。「著作」，「表現形」，「体現形」，「個別資料」という枠組み
は，あるコンテンツをどのテキスト，どのメディアで利用するかについての
選択，つまりトランスメディア視点による情報検索を実現する土台となる。
たとえば，目録検索システムの検索結果一覧画面において，一般に「体現
形」レベルにあるといわれる書誌レコードを「著作」単位でグループ化した
リストを表示できれば，同一「著作」に属する書誌レコードの重複表示が除

去され，利用者は重複表示に惑わされることなく必要な「著作」を選択でき
るようになる。さらにその画面に，「表現形」（例：テキストの言語）や「体
現形」（例：出版形態）の情報によって検索結果リストを絞り込む機能（ファ
セットフィルタリング）が備えられていれば，テキスト言語や出版形態によ
る選択も容易となる。こうした機能は，FRBR 化した目録検索システムの中
で一部実現している。

3.1.2　情報資源の粒度

　情報資源流通の複雑化の問題には，情報資源の「粒度」（granularity）も関
係している。オンラインの電子書籍には，1 冊単位の購入だけでなく，必要
な章を選んで章単位で購入できるものがある。つまり，オンラインの情報環
境では，1 冊単位と章単位という粒度の異なる情報資源が併存しており，そ
の粒度の違いをどのように扱うかが情報資源を整理・提示するうえで問題と
なる。この問題は印刷メディアの情報資源にも存在するが，物理的なパッ
ケージをもたないデジタル情報資源が増えたことで，大きな問題として顕在
化した。

　この粒度の問題に対して，IFLA LRM は，実体と実体をつなぐ関連の一つ
に「部分がある」（has part）という全体部分関連を設けることで対処してい
る。前述した電子書籍の例でいえば，1 冊（全体）と各章（部分）との間を
全体部分関連でつなぎ，それによって粒度の異なる情報資源を関係づけてい
る。従来の図書館目録でも内容細目や目次などで構成レベルの情報を記録で
きたが，それらの情報は典拠コントロールの対象ではなく統制されないた
め，データとしての安定性に欠けていた。IFLA LRM の方法であれば，構成
レベルの情報（各章）を典拠コントロールの対象とすることができる。

　この全体部分関連とともに特筆すべきは，IFLA LRM が「集合体現形」
（Aggregates）とよばれる特有の構造をもつ情報資源をモデル化していること
である。「集合体現形」とは，一般に，複数の「著作」や「表現形」が一つ
の「体現形」に具体化した情報資源を指す。複数著者の論文で構成された論

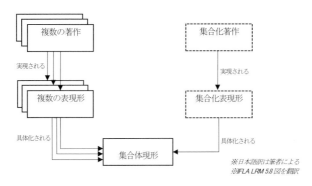

図4　「集合体現形」のモデル

文集や著名画家による挿絵がついた小説などが，その事例である。論文集全体とその構成論文は，粒度が異なる情報資源の一種ではあるが，論文集全体だけでなく構成論文も「著作」とみなされる。粒度の問題に対処するには，この「集合体現形」をモデルの中でどのように扱うかを決める必要があるが，先行する FRBR では明確に規定されてはいなかった。

　IFLA LRM は，ある「著作」の「表現形」と別の「著作」の「表現形」とを「集合化された」（was aggregated by）という関連を介して関係づけることで「集合体現形」をモデル化した。そして「集合体現形」を "複数の表現形が一つの体現形に具体化したもの" [19) と明確に定義した。

　IFLA LRM の定義の核に，「集合化著作」（Aggregating Work）という考え方がある（図4）。これは，複数の「表現形」を一つの「体現形」に集合化する作業（選択，編集）自体が知的・芸術的活動と考えられるものを，特に「集合化著作」とみなすという考え方である。「集合化著作」と単純な全体部分関連をもつものは区別されるため，全体部分関連をもつ「著作」（例：5 章で構成される小説）と「集合化著作」（例：編集者により掲載作品が選ばれ編集された文学選集）は区別して扱われる。このように明確に，「集合化著作」そして「集合体現形」をモデル化することで，IFLA LRM は情報資源流通の複雑化に対応している。従来の目録は粒度の細かい「著作」，たとえば

論文集の各論文や文庫本に付加された著名作家による解説などを十分に扱えていなかった。しかし，このモデルを土台とすることで，粒度の違いを越えた「著作」の網羅的な検索が期待できる。

3.2　第二軸：自律的な利用者への支援

　情報環境の変化は，図書館利用者の情報行動にも変化をもたらした。サーチエンジンに慣れた利用者は，自分自身で図書館の情報資源やサービスを探してアクセスできると考え[20]，必要なときのみ図書館員から支援を受けたいと思っている[21]。こうした自律的な情報行動を好む利用者に対する支援を，IFLA LRM の特徴の第二軸にあげる。

3.2.1　利用者タスク

　IFLA LRM は，目録利用者の情報検索プロセスをモデル化した「利用者タスク」を設定し，支援すべき具体的な利用者ニーズを確認している。IFLA LRM の利用者タスクは，先行する FRBR の利用者タスクを拡張し，一般的な情報探索プロセスを「発見」（Find），「識別」（Identify），「選択」（Select），「入手」（Obtain），「探索」（Explore）の 5 つに細分したものとなっている。表1 に，各利用者タスクの定義を示す。

　IFLA LRM は，各利用者タスクを次のように説明している。「発見」は検索（search）に関するタスクであり，利用者は属性と関連を使って求める情報資源を検索し，結果として実体のインスタンス（の書誌データ）を得る。ここでは，単一の情報資源だけでなく，ハリーポッターに関するすべての「著作」といった複数の情報資源も発見の対象となる。「識別」は，検索でヒットした実体のインスタンス（事例）が自分の求めるものと合致するかを確認するタスクである。このタスクの支援のために，目録をはじめとする情報検索システムは，情報資源を同定識別するための情報を利用者に提示する必要がある。「選択」は，発見された情報資源をさらに絞り込み自分のニーズに適したものを選び出す，という絞り込みのタスクである。ここでは，本

表 1　IFLA LRM の利用者タスク

利用者タスクの名称	定義
発見	一つまたは複数の興味のある情報資源に関する情報を，ある適切な規準を用いた検索によって集めること
識別	発見した情報資源の性質を明確に理解すること，また類似する情報資源を区別すること
選択	発見した情報資源の適合性を判断すること，そして特定の情報資源を受け入れるもしくは却下できるようにすること
入手	情報資源のコンテンツにアクセスすること
探索	情報資源の間の関連を使い情報資源を見出すこと，またそれによって情報資源をある文脈の中に置くこと

※日本語訳は筆者による

文言語や資料種別などの属性を使ったフィルタリング機能が有効に働く。「入手」は，書誌データから離れて，情報資源そのものの獲得が目的となる。オンライン情報資源の場合はそれへのリンクとダウンロード機能が，物質的な情報資源であれば請求記号の提示と予約・取り寄せ機能が，このタスクを支援する。

　「探索」は，FRBR にはなく，FRSAD で新たに採用され IFLA LRM に追加されたタスクである。このタスクにおいて，利用者はブラウジングをしたり，ある情報資源と他の情報資源とを関係づけたり，予期せぬつながりを見つけたり，将来使用可能な情報資源に出会ったりする探索行動をとる。このタスクは，情報検索におけるセレンディピティ（偶然に思いがけない幸運な発見をすること）の重要性を示唆している。このオープンエンドな利用者タスクが IFLA LRM に追加されたことは，近年の利用者の情報行動の変化をうかがわせ，興味深い。

3.2.2　情報資源間の関連を用いた探索

　「探索」タスクが他のタスクと異なる点に，「関連」の使用がある。IFLA

LRM は，関連を "書誌的世界に不可欠な構成要素であり，実体のインスタンスをつなぎそれらに文脈を与える" [22] と説明し，構成要素の中で特に重視している。

IFLA LRM は 36 種類の関連を規定している。この中で特に注目すべきは，「変形する」（is a transformation of），「派生する」（is derivation of）といった，「著作」，「表現形」，「体現形」，「個別資料」の実体を関係づける関連である。なぜなら，こうした関連は，情報資源の世界に潜在する「知のネットワーク」を可視化するからである。たとえば，「著作」の間には「インスピレーションを与える」（is inspiration of）という関連が設けられている。このインスピレーション関連を介して，ミュージカルの『ウエストサイドストーリー』という「著作」をシェイクスピアの『ロミオとジュリエット』という「著作」に関係づければ，それにより『ウエストサイドストーリー』の創作の源が『ロミオとジュリエット』である，という両者の関係性を明示できる。このように二つの情報資源をある種の関係性によって結びつけることは，それらの情報資源の間にある「知のネットワーク」を特定し可視化することと同義といえる。

ある「著作」から他の関係する「著作」へと「知のネットワーク」をたどる形で探索できれば，利用者は既知の情報資源と関係のある未知の情報資源と出会うことができる。こうした「知のネットワーク」は図書館コレクション全体に潜在していると考えられるが，現在の目録では十分に可視化されておらず，また「知のネットワーク」をたどる機能もほとんど実装されていない。

関連を用いた探索の具体的な事例を，図 5 の『風と共に去りぬ』に関する関連を例に説明しよう。この図では，実体のインスタンスを四角形で，その間の関連を矢印で表している。矢印のうち点線のものは，前掲図 2 で示した「著作」，「表現形」，「体現形」の間の主要な関連である。

『風と共に去りぬ』といえば，マーガレット・ミッチェルの小説とともにヴィクター・フレミング監督によるハリウッド映画が有名である。両者は，IFLA LRM において別の「著作」として捉えられる。小説と映画をつないで

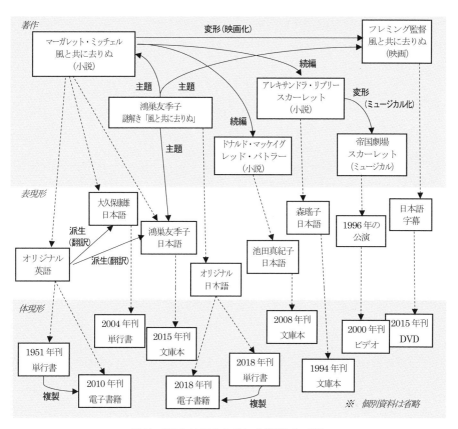

図 5　『風と共に去りぬ』の関連（一部）

いる「変形する」という関連は，映画が小説を変形（映画化）したものである，という両者の関係性を示している。他方，小説には創作者の異なる二つの続編があり，その一方はミュージカルの原作になっている。これらの関係性は，二つの関連「続編をもつ」（accompanies）と「変形する」によって明示される。さらに『風と共に去りぬ』の関連は，こうした「著作」間だけでなく「表現形」，「体現形」，「個別資料」の間にも存在する。「表現形」間の関連からは，小説にはオリジナルの英語版から派生した日本語の翻訳版が二つあり，「体現形」間の関連からは，オリジナルの英語版には 1951 年刊行の単

行書とそれを複製した 2010 年刊の電子書籍が存在していることがわかる。なお，この図は「個別資料」の間の関連を省略している。これらの可視化されたさまざまな関連をたどる形でブラウジングできれば，たとえば『スカーレット（ミュージカル）』から『風と共に去りぬ』に興味をもった利用者に対して，ミュージカルの原作とは別の続編の存在を提示できるようになる。「表現形」「体現形」レベルの関連を使えば，自分に必要なメディアや言語の出版物を容易に選択することもできる。

　図中左上の鴻巣友季子の『謎解き「風と共に去りぬ」』は，『風と共に去りぬ』をテーマ（主題）とする「著作」である。この「著作」は，小説，映画，鴻巣友季子の日本語訳という 3 つの実体インスタンスに対して「主題をもつ」(has as subject) という関連を有している。これらの関連は，当該「著作」の主題が，小説だけでなく映画と著者自身の日本語訳にあることを可視化している。当該「著作」の主題が『風と共に去りぬ』であるのはタイトルから明白であり，従来の目録でも作品名の件名標目を使えば「風と共に去りぬ」から当該「著作」を見つけ出すことはできる。しかし，従来の目録では，小説と映画のどちらを扱っているかまではわからず，映画のみまたは小説のみの論稿を探す利用者にとってノイズを生んでいた。

　図 5 で示した実体とその間の関連は，『風と共に去りぬ』に関する「知のネットワーク」そのものといえる。この可視化されたネットワークが，従来の目録では不可能であった精度の高いナビゲーションの土台となり，レファレンスサービスの高度化につながると考えられる。

　関連をたどる形の探索は，特に分野別のレファレンスサービスで有用と考えられる。たとえば，近年注目を集めている健康医療情報サービスの場合，医療書は改訂を重ねるものが多く，それゆえ目録に慣れない利用者が必要な版を見つけるのは容易ではない。しかし旧版と改訂版が「続編をもつ」という関連でつながれていれば，利用者は自分自身で必要な版の医療書を簡単に発見できる。健康医療情報サービスは，プライバシーへの懸念から図書館員への相談を避ける傾向があるといわれる。利用者の自律的な情報行動が求め

られる分野のレファレンスサービスにとって，探索タスクへの支援は特に重
要と考えられる。

3.2.3　主題による検索

　情報資源の主題（内容）を手がかりとした検索は，エンドユーザのニーズ
が高い検索手法である。前掲図5で示したように，IFLA LRM は主題を関連
としてモデル化している。概念モデル上では，「主題をもつ」という関連が
「著作」と「Res」という実体との間に設定されている（図6）。なお，「Res」
という実体は，IFLA LRM で新たに追加された実体で，書誌的世界における
すべての実体を包含している。ちなみに，Res とは英語 thing に相当するラ
テン語だという。

　「Res」と「著作」の間に主題関連を設けることで，IFLA LRM は，主題が
（「表現形」,「体現形」,「個別資料」ではなく）「著作」のみに関係している
こと，また書誌的世界を構成する実体すべてが主題となりうることを表して
いる。たとえば，先ほどの『謎解き「風と共に去りぬ」』という「著作」
は，計3つの実体インスタンスを主題としていた。単に『風と共に去りぬ』
を主題とするのではなく，小説，映画，日本語訳という3つを主題として扱
うことで，小説，映画，日本語訳を区別した特定性の高い主題検索が実現で
きる。こうした特定性の高い主題検索は，学術的な目的で情報資源を探す研
究者にとって特に重要と考えられる。

　従来から図書館目録の主題検索では，件名標目表や分類表などの統制語彙
表が使われてきた。IFLA LRM は，統制語彙表による主題表現を，「ノーメ
ン」（Nomen）という実体を設け，それを「呼称する」（has appellation）という
関連を介して「Res」とつなぐことでモデル化している（図6）。「ノーメン」
とは，簡単にいえば，ある実体インスタンスを指し示す「名辞」である。
IFLA LRM は，以下のように説明している。

　　　書誌的宇宙に存在するあらゆる実体のインスタンスを表すために用いら

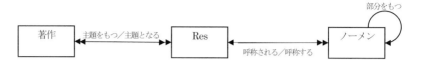

※日本語訳は筆者による
※IFLA LRM 5.3図と5.4図を筆者が統合して作成

図6 主題と呼称のモデル

れる何らかの呼称（すわなち記号の組み合わせ）と，その実体とを結びつけるものである。対象領域の中で参照されるすべての実体は，少なくとも一つのノーメンによって名前がつけられる[23]。

　たとえば，「映画－アメリカ合衆国」という件名標目や「778.253」という分類記号は，どちらも「米国の映画」という主題概念を呼称する「ノーメン」である。前述した『謎解き「風と共に去りぬ」』に件名標目と分類記号をつけた場合，当該著作は，「米国の映画」という実体「Res」を間に挟む形で，「ノーメン」である「映画－アメリカ合衆国」と「778.253」とに関係づけられたことになる。

　統制語彙表による主題検索は，自然語による検索よりも精度が高く，図書館目録がもつ優れた技法の一つと考えられる。IFLA LRM は，この統制語彙表による主題検索を「ノーメン」を用いてモデルの中に組み込んでいる。さらに，書誌的世界におけるすべての実体を「主題」という関連のつなぎ先とすることで，主題とするものの範囲を拡張している。つまり，例であげた「著作」，「表現形」や主題概念はもちろん，「時間」，「場所」，「行為主体」，「体現形」，「個別資料」なども主題となりうる。後者の2実体については，従来の目録作成ではあまり主題として扱われてこなかったものである。IFLA LRM がモデルに含めたことで，今後，この種の実体に関する主題表現が増えるかもしれない。

3.3　第三軸：ウェブ志向の書誌コントロール

　情報資源の組織化の基盤は，書誌レコードや典拠レコードなどの書誌デー
タである。最後の第三軸は，この書誌データに着目し，ウェブ志向で広がり
を見せる書誌コントロールを取り上げる。「書誌コントロール」とは，世の
中に存在する多種多様な情報資源を利用可能とするために，情報資源に関す
る書誌データを作成し，自館で使うだけでなく関係機関で共同利用する活動
や手法の総称を意味する。『図書館情報学用語辞典　第 4 版』は，書誌コン
トロールを次のように説明している。

　　　資料を識別同定し，記録して，利用可能な状態を作り出すための手法の
　　　総称。（中略）各館における資料組織化処理から始まって，国家や国際
　　　的な規模で標準的な書誌的記録を作成し，共同利用するための仕組みに
　　　至るまでの全体を書誌コントロールという [24]。

　従来の書誌コントロールは，図書館界の範囲で行われてきた。しかし，
ウェブの世界が発展した現在，書誌コントロールの範囲は，博物館や文書館
などの他領域で作成されたデータを含むウェブ世界全体へと拡張されつつあ
る。この拡張の背景には，デジタルアーカイブの登場とそれにともなう多様
な情報資源に対する統合検索のニーズがあると推測できる。というのは，博
物館などの他領域由来のデータがウェブで容易にアクセス可能となったこと
で，図書館界のデータを提供するだけでは利用者ニーズを十分に満たしたと
いえない状況が生じているからである。

3.3.1　Linked Data による相互運用性の確保

　ウェブ世界を範囲とする書誌コントロールを実現するには，図書館由来の
書誌データと他領域由来のデータとの「相互運用性」（interoperability）が重要
となる。相互運用性とは，異なる組織やコンピュータシステム同士が，相互
にデータをやり取りしたり，読み書きしたりすることを可能にする互換性を

意味する。従来の書誌コントロールの相互運用性は，目録規則やMARC
フォーマットといった標準的なツールを策定しそれを図書館界で統一的に使
用する，というやり方で確保されてきた。しかしさまざまな領域の人や組織
が参加しているウェブ世界の場合，こうしたやり方で相互運用性を確保する
には限界がある。ウェブ世界の分散的な人・組織に対して，標準ツールの統
一的な使用を強要するのは困難だからである。

　他方，ウェブ世界では，相互運用性の面から，Linked Data の技術と考え
方に注目が集まっている。Linked Data とは，他のデータとリンクできる形
でウェブ公開された機械可読データ，またはこうしたデータを実現する仕組
みのことである。その先に，次世代のウェブといわれる「セマンティック
ウェブ」（Semantic Web）の理念の実現が意図され，Resource Description
Framework（RDF）や SPARQL といったセマンティックウェブの標準技術を
用いて表現され提供される[25]。Linked Data の利点は，その名称が示すとお
りリンクづけの容易さにある。データを Linked Data を用いて公開すれば，
標準ツールに合わせてデータの内容や形式を修正することなく，ある領域の
データと他の領域のデータとをリンクづける（連携させる）ことができる。
Linked Data を使えば，たとえば，図書館が作成した出版物の書誌データと
美術館が作成した美術品のデータとを連携させて，ある美術品に関する参考
資料を検索できる新たなウェブサービスを開発する，といったことが容易に
なるのである。

　IFLA LRM は，この Linked Data の技術を使って相互運用性の確保に対処
している。それは，IFLA LRM のモデルを説明する報告書が Linked Data に
適用しやすい形式で書かれていることに現れている。IFLA LRM の報告書
は，モデルを構成する実体，属性，関連それぞれの定義を，Linked Data に
よるウェブ語彙として公開することを見越して，そうしたウェブ語彙への変
換がしやすい形式で記述している。モデルの構成要素を Linked Data による
ウェブ語彙として公開すれば，その構成要素にもとづいて作成された図書館
の書誌データは相互運用性が高いものとなる。こうした試みは FRBR には

みられず，IFLA LRM にウェブ志向の書誌コントロールという方向性があることを示唆している。

3.3.2　図書館作成データの固有性の認識

　ウェブ志向の書誌コントロール，すなわち図書館が作成する書誌データをウェブで公開し，そのデータと他領域データとの連携を促すには，図書館作成データの固有性を認識することと，他領域データとの連携によってデータ利用を拡張すること，の二つを同時に進める必要がある。この二つの方向性は一見相反するようにみえる。しかし，図書館の書誌データの固有性を認識することは，他領域とのデータ連携を進める土台となる。図書館が作成する書誌データと他領域が作成するデータを別のものとして位置づけ両者を混同しないことが，領域を越えたデータ連携の大前提となるからである。

　IFLA LRM は，"Library Reference Model" という名称が図書館領域に固有のモデルであることを明確に示している。さらに，IFLA LRM の次のような説明にも，その固有性への認識が現れている。

> 　IFLA LRM は，名称が示すように，図書館データのために図書館界が公表したモデルである。IFLA LRM は，他の文化財コミュニティが当該コミュニティに合わせて行うデータの概念化を制約することを意図していない。（中略）IFLA LRM のような，図書館領域の単一かつ一貫性のあるモデルは，将来，（領域横断的な）共通モデルの開発を目指して協同作業を行う際に，有用かつ必要な前提条件を提供する[26]。

　固有性の認識という IFLA LRM の特徴は，先行する FRBR に存在していない。FRBR は，名称に Library という言葉が含まれず，名称だけでは図書館のためのモデルとはわからない[27]。筆者は，こうした IFLA LRM の固有性の認識は，FRBR 刊行後に図書館データと他領域データとの連携が試行され，そうした取り組みを通じて両者の相違が根本的であることが認識された

結果だと推測している。

3.3.3　他領域データとの連携

　図書館データと他領域データとの連携を進める取り組みは，FRBR 刊行後の 2000 年代初頭から行われてきた。IFLA LRM には，こうした取り組みの成果が反映されている。

　たとえば，博物館領域の概念モデルと FRBR とを調和（Harmonisation）させる取り組みが，2003 年から実施されていた。これは，国際博物館会議（International Council of Museums: ICOM）の国際ドキュメンテーション委員会（ICOM International Committee for Documentation: CIDOC）と IFLA が共同で実施したプロジェクトで，その成果として 2009 年に，博物館界の概念モデルである「CIDOC CRM」と FRBR とを調和させた「FRBR object-oriented definition and mapping to FRBRer」（FRBRoo）[28]が刊行された。IFLA LRM は，「他モデルとの関係」という節を設けて，CIDOC CRM や FRBRoo などの他モデルとの関係を明記し，それらモデルとの連携に備えている。

4. ウェブ時代のレファレンスサービスのあり方と可能性

　本稿では，図書館目録をレファレンスツールとして捉えたうえで，変化した情報環境を踏まえて構築された IFLA LRM を分析し，その機能的特徴を明らかにした。レファレンスサービスの観点を意識すると，IFLA LRM の機能的特徴は 3 つの軸，すなわち①情報資源流通の複雑化への対応，②自律的な利用者への支援，③ウェブ志向の書誌コントロールに整理できる。この 3 軸は，ウェブによる情報環境の変化を反映しているがゆえに，ウェブ時代のレファレンスサービスにも関係すると考えられる。本稿の最後に，この 3 軸を用いて，レファレンスサービスの今後のあり方と可能性を考察する。

　ウェブのサーチエンジンと図書館サービスが併存する現状からは，図書館のサービスにおいて「②自律的な利用者への支援」を意識することの重要性

が見出せる。このあり方は，図書館目録だけでなくレファレンスサービスにも当てはまるだろう。レファレンスサービスの場合，自律的な情報行動を好む利用者は，質問回答サービスといった直接支援（レファレンストランザクション）よりも，情報資源の利用環境整備（レファレンスワーク）という間接支援を求めていると考えられる。これまでのレファレンスサービスの議論や実践は直接的な人的支援を重視してきたが，今後は間接支援に関する議論や実践の比重を増やしていく必要があるだろう。

　情報資源の利用環境整備には，主題書誌や主題別索引といった案内指示的なレファレンスツールの作成が含まれる。これらのレファレンスツールは，図書館目録と同じく書誌情報で構成されるため，IFLA LRM の特徴を取り入れて機能向上を図ることができる。たとえば，郷土に関する主題書誌に情報資源の間を関連でつなぐ組織化手法を取り入れれば，当該書誌に内在する「知のネットワーク」を可視化できる。それにより，利用者は知のネットワークをたどって自分の求める郷土資料を自律的に探索できるようになる。ウェブのサーチエンジンでハイパーリンクをたどるブラウジングに慣れた利用者は，関連を介して知のネットワークをたどる形のブラウジングも好むにちがいない。

　加えて，現在の利用者は，サーチエンジンで検索する以上の高度な情報サービスを図書館に期待している[29]。「①情報資源流通の複雑化への対応」は，目録のみならず，より広範に図書館のサービスを高度化させる土台となる。現在，レファレンスサービスの情報源が印刷メディアとデジタルメディアの両方で存在し，一方を参照するだけでは十分な情報提供ができない状況にある。こうした状況下でレファレンスサービスを十分展開するには，トランスメディア視点による情報検索の実現が必須と考えられる。「著作」から「個別資料」までの階層性や粒度に基づく情報資源の整理は，フラットな構造をとるウェブのサーチエンジンには備え難い機能である。網羅性と特定性を備えた情報資源のナビゲーションは，高度な情報サービスを展開する基盤となる。

　階層性にもとづく情報資源の整理は，従来のレファレンスツールにはあまりみられない手法であるため，レファレンスツールには不要と思う人もいるかもしれない。しかしながら，実は，日本の古典籍を調べるレファレンスツールとして著名な『国書総目録』[30]に，類似する階層性が一部取り入れられている。『国書総目録』は，古典籍資料の書誌情報を「著作」に類する単位で記し，それを写本や版本等へさらに分けたうえで，「個別資料」の情報（所蔵者の名称等）を記載している[31]。ここで用いられている階層性は，厳密にいえば，IFLA LRM の階層性（「著作」，「表現形」，「体現形」，「個別資料」）とは異なる。しかし，『国書総目録』は，情報資源に内在する階層性が以前からレファレンスツールに取り入れられていたことを示す，興味深い事例といえよう。

　IFLA LRM が規定する階層性や粒度を書誌データに反映させることは，しかしながら，書誌データを従来以上に複雑なものに変えることを意味する。こうした精緻な書誌データは，高度な情報サービスの土台となるが，複雑さと詳細さゆえに使いこなすことは難しい。利用者が精緻な書誌データやそれに基づく高度な情報サービスを使いこなすには，やはり図書館員によるサポートが必要であろう。図書館員によるサポートは，一見すると「②自律的な利用者への支援」の軸に逆行するようにみえるが，この軸に沿った方法を考案することも十分可能である。たとえば，自律的な利用を目標とする情報リテラシー教育を実施し，その中で利用者に精緻化した書誌データの使い方を習得させるといった方法が考えられる。

　「③ウェブ志向の書誌コントロール」の軸は，ウェブの技術を取り入れて，書誌コントロールがウェブ世界全体へと範囲を拡張させていることを示していた。この方向性から，レファレンスサービスにおいてもウェブ技術の導入が効果的と推測できる。たとえば，前述した Linked Data 技術を用いれば，他領域のデータ（例：文書館デジタルアーカイブ）と図書館の各種データ（例：レファレンス記録や書誌データ）を連携させて，これまでにない新たなレファレンスツールを作成できる。図書館データと他領域データを組み

合わせることで，図書館の枠を越えた広範な情報提供が可能となるのである。また，これまで図書館では，主題書誌などのレファレンスツールを主に紙媒体で作成してきた。こうしたレファレンスツールを，ウェブ技術を使って作成しウェブ上で公開すれば，レファレンスツールの利用範囲はウェブ世界全体へ拡張される。レファレンスツールの利用範囲の拡張は，図書館を利用してこなかった潜在的利用者に対するアウトリーチになるとともに，レファレンスサービス自体の図書館外への拡張を促すだろう。

　本稿では，図書館目録をレファレンスツールとして捉えることで，最新の目録理論の成果を援用して，ウェブ時代のレファレンスサービスのあり方を検討した。パブリックサービスとテクニカルサービスの枠を越えた議論により，より広い文脈でレファレンスサービスの可能性を提示できたと考えている。本稿で提示した可能性は，高度なレファレンスサービスが求められる研究図書館にとっては，特に有益な示唆を与える。レファレンスサービスの可能性は，図書館目録の可能性と連動している。レファレンスーービスを発展させるためには，本稿で行ったようなパブリックサービスとテクニカルサービスの枠を越えた議論が有効である。現在の情報環境はいまだ流動的であり，それゆえ図書館目録やレファレンスサービスの今後のあり方もまだ確定はできない。今後も，情報環境の変化を注視し将来に向けた議論を積み重ねていく必要がある。

注・引用文献

1)　Riva, Pat; Le Boeuf, Patrick; and Žumer, Maja. *IFLA Library Reference Model: A Conceptual Model for Bibliographic Information*, IFLA, 2017, 101p. https://www.ifla.org/files/assets/cataloguing/frbr-lrm/ifla-lrm-august-2017_rev201712.pdf（参照 2018-12-27）

2)　執筆時点（2019 年 4 月）において，IFLA LRM の正式な日本語訳が存在しなかったため，本稿の IFLA LRM の日本語訳は筆者によるものを使用している。

3)　たとえば，次の論稿がある。Keenan, Teressa M. "Resource Description and Access: cataloging standards affect reference service," *Reference Services Review*, vol.42, no.3, 2014, p.446-466.

4)　次の論考では，レファレンスサービスを直接的な人的支援だけでなく間接的な情報資源の利用環境の整備を含む範囲で捉えている。小田光宏・野末俊比古「情報資源サービスとして

のレファレンスサービス」根本彰・岸田和明編『情報資源の組織化と提供』（シリーズ図書館情報学 2）東京大学出版会，2013，p.176-183.

5）　Reference and User Services Association. "Definitions of Reference," http://www.ala.org/rusa/guidelines/definitionsreference（参照 2018-12-27）

6）　前掲 5）

7）　渡邊隆弘「研究図書館目録の危機と将来像：3 機関の報告書から」『カレントアウェアネス』no.290，2006，p.14-16.

8）　橋詰秋子「米国にみる『新しい図書館目録』とその可能性：ベイツレポートを中心に」『現代の図書館』vol.41, no.4，2003，p.222-230

9）　IFLA Study Group on Functional Requirements for Bibliographic Records. *Functional Requirements for Bibliographic Records: Final Report*. K.G.Saur, 1998, 136p.

10）『書誌レコードの機能要件：IFLA 書誌レコード機能要件研究グループ最終報告（IFLA 目録部会常任委員会承認）』［*Functional Requirements for Bibliographic Records: Final Report*］和中幹雄・古川肇・永田治樹訳，日本図書館協会，2004，121p.

11）　和中幹雄「FRBR とはなにか：その意義と課題」『現代の図書館』vol.42, no.2, 2004, p.115-123.

12）　OCLC. WorldCat.　https://www.worldcat.org/（参照 2018-12-27）

13）　Library of Congress. Bibliographic Framework Initiative. https://www.loc.gov/bibframe/（参照 2018-12-27）

14）　IFLA Working Group on the Functional Requirements for Subject Authority Records（FRSAR）. *Functional Requirements for Subject Authority Data (FRSAD): a Conceptual Model*. De Gruyter Saur, 2011, 74p.

15）IFLA Working Group on Function Requirements and Numbering of Authority Records（FRANAR）. *Functional Requirements for Authority Data: a Conceptual Model*. K.G.Saur, 2009, 101p.

16）『典拠データの機能要件』［*Functional Requirements for Authority Data: a Conceptual Model*］和中幹雄・国立国会図書館収集書誌部訳，国立国会図書館，2012，72p.　http://dl.ndl.go.jp/info:ndljp/pid/9454265（参照 2018-12-27）

17）3 モデルの統合の経緯については，次の論稿が詳しい。和中幹雄「FRBR-LRM（FRBR, FRAD, FRSAD の統合案）の概要メモ」『資料組織化研究-e』no.69，2016，p.27-41.

18）　Wallheim, Henrik. "From complex reality to formal description: Bibliographic relationships and problems of operationalization in RDA," *Cataloging & Classification Quarterly*, vol.54, no.7, 2016, p.483-503.

19）前掲 1），p.91.

20）　Han, Lifeng; and Goulding, Anne. "Information and reference services in the digital library," *Information Services & Use*, no.23, 2003, p.251-262.

21）　Merčun, Tanja; and Zŭmer, Maja. "Library catalogue - the ultimate reference tool?", *Libraries in the*

Digital Age, 2008, http://oddelki.ff.uni-lj.si/biblio/oddelek/osebje/dokumenti/MercunZumer08_
LIDA_Library_catalogue_reference_tool.pdf（参照 2018-12-27）

22）前掲 1），p.58.

23）前掲 1），p.29.

24）「書誌コントロール」日本図書館情報学会用語辞典編集委員会編『図書館情報学用語辞典』
第 4 版，丸善出版，2013，p.114.

25）Linked Data について詳しく知りたい場合は，次の論稿を参照。トム・ヒース，クリスチャ
ン・バイツァー『Linked Data：Web をグローバルなデータ空間にする仕組み』武田英明ほか
訳，近代科学社，2013，139p.

26）前掲 1），p.12.

27）ただし，そもそも FRBR は「目録の危機」を受けて目録作成コストの削減と合理化を目的
に「要件」（Requirements）として策定されたものであり，その意味では，FRBR の名称は中
身を正しく表している。

28）最新版は次のものである。Bekiari, Chryssoula; Doerr, Martin; Le Bouef, Patrik; and Riva, Pat.
*Definition of FRBRoo: A Conceptual Model for Bibliographic Information in Object-oriented Formal-
ism. Version 2.4.* IFLA, 2015, 284p.

29）前掲 21）

30）岩波書店国書研究室編『国書総目録』岩波書店，1936-1976，全 8 冊.

31）宮澤彰「モデルと言語，目録とオントロジーの間：目録の将来像を考える」『TP&D フォー
ラムシリーズ』no.19，2010，p.34-49.

第 6 章
知識資源のナショナルな組織化

根本　彰

1. はじめに

　21 世紀に入ってからのメディアは変化が一気に進むことが見て取れる[1]。すでに，学術情報，医療情報，ビジネス情報はネット上でのやりとりを中心としつつあるが，さらに，広告，新聞，雑誌，書籍，テレビといったマスメディアがこれまでの形態の限界を見越して，次の段階のメディア流通戦略に乗り出しており，学校教育や行政情報においても移行中である。インターネットは上下水道，電力網，道路，鉄道などと並ぶ社会のインフラとなったのである。このインフラの変化を前提にして，知識資源のあり方の変化を考えていく必要があるだろう。

　知識資源の変化の中で，図書（以下，文脈によって本，書物，書籍の用語も使う）はいまだ紙に印刷し，それを物的に輸送して流通させる仕組みが中心になっている。図書が雑誌や新聞ほかのメディアと異なる点は，単独のコンテンツで出版市場に出回る商品となりうるとととともに，知識の保存のための最終形態とする考え方が強いところにある。もちろん研究者の多くは査読誌に論文を投稿して掲載することで自らの知識生産の最終表現とする。それは研究者コミュニティにおける知識資源であるが，図書は社会に直接表現するメディアであるため，人文系や社会科学系の学問では図書出版が社会的に重要となる。電子書籍への移行もコミックスや学術書・教養書を中心に行われているが，全体的に遅れがあることは確かである。遅れたのは，グーテンベルク以来の紙の本，書物が知識を扱うメディアとして完成形に近いものと受け取られていたという意味での歴史的な特権性をもっていて，移行にためらい

があったからである[2]。

　この章では図書の形をとった知識資源についてナショナルレベルの書誌コントロールの仕組みを検討する。書誌コントロールとは図書館のための資料の組織化やレファレンスサービスを実現するための仕組みであるが，同時に，社会にとっては，どのような知識資源が存在しているのかを明らかにし，それにアクセスする方法を指示するための仕組みでもある。

　19 世紀から 20 世紀にかけて，商業的な出版流通と出版書誌，国立図書館の納本制度と全国書誌，図書館の目録規則の整備や総合目録をつくる過程を通じてこの仕組みは精緻化されてきた。20 世紀後半になるとコンピュータ処理が始まり，出版情報システムや図書館システムが構築され，MARC と書誌ユーティリティによる集中と分散を組み合わせた書誌情報流通が始まる。さらに 20 世紀末になるとデジタルネットワーク社会に入るにつれて，それが新たな形を取り始めている[3]。本稿は，この最近のステージにおいて，日本というナショナルな場の書誌コントロールがどのように実現されつつあるのかを確認する試みである。

　その際に特に「図書」という著作単位の扱いを中心に論ずる。これは，図書が文献資料の独立の流通単位として，少なくとも活版印刷術の発明以来の歴史をもったものであり，デジタルネットワークにおいて，それがどのような位置づけになるのかを考えることが書誌コントロールのありようを考えることにつながるからである[4]。

2. ナショナルな知識資源プラットフォームの形成

2.1　日本全国書誌と NDL-Bib

　国立国会図書館（以下 NDL とする）は日本で唯一の納本図書館として，国立国会図書館法にもとづき，国内で発行されたすべての出版物を納入させる権限をもつ。国立国会図書館法第 24 条は国の機関の出版物を，第 24 条の 2 は地方公共団体の機関の出版物を，第 25 条はその他の機関の出版物を納入

の対象として規定している。また第 7 条で"館長は,1 年を超えない期間ごとに,前期間中に日本国内で刊行された出版物の目録又は索引を作成し,国民が利用しやすい方法により提供するものとする"となっていて,納本資料の書誌データを公開することになっている。ここで出版物というのは同法第24 条第 1 項で第 1 号「図書」からはじまり第 9 号"電子的方法,磁気的方法その他の人の知覚によつては認識することができない方法により文字,映像,音又はプログラムを記録した物"まで 9 種類が規定されている。いわゆるパッケージ系出版物であるが,「楽譜」,「地図」,「映画フィルム」,「蓄音機レコード」などが最初から含まれていたように,冊子体の印刷物に限られていなかったことに注意を要する。

　NDL が提供するナショナルな書誌コントロールは,国際図書館連盟(IFLA)をはじめとする国際的な書誌コントロールの考え方をベースにして,日本の国立情報学研究所(NII)や大学図書館,日本図書館協会(JLA)目録委員会などを横につないで新しい動向を導入することで,日本で唯一無二の水準を誇っている。20 世紀後半の書誌コントロールは書誌フィールドが構造化されていることを前提に,その関係に沿っての検索が可能なことが最大の特徴である。書誌フィールドの構造化とは,著作物が学術,文芸,意見等の知のパッケージであるとの考え方を前提にして,ある知の表現のあり方,他の知との関係,パッケージの生産のしかた,パッケージの包含関係を記述し,それを構造にもとづいて検索可能にすることである。

　かつて納入資料を報知する全国書誌にあたるものとして,印刷版の『納本週報』や『日本全国書誌』が発行されていた。現在 NDL 納入資料の書誌情報提供は,「国立国会図書館書誌提供サービス」(NDL-Bib)と呼ばれる情報システムによって行われ,納入されたものの書誌データが MARC 形式をはじめとした任意のファイル形式でダウンロードできる。

　全国書誌の概念に最も近いものは NDL-Bib の検索画面にある「全国書誌提供サービス」というタブ画面である。ここからは,「図書」,「非図書」,「逐次刊行物」を選択して,出版の日付等を指定して任意の部分の書誌デー

タ集合をダウンロードすることができる。「非図書」には，単行の視覚障害者用資料，電子資料（CD-ROM，DVD-ROM 等），地図，音楽録音・映像資料，楽譜，マイクロ資料，静止画資料等が含まれる。

　2021 年 1 月より，NDL-Bib のサービスを終了し，「国立国会図書館サーチ」（NDL Search）が書誌データを提供することがアナウンスされている[5]。NDL Search は，NDL の情報資源コレクションを検索するための蔵書目録である。国立国会図書館をはじめ，全国の公共図書館，公文書館，美術館や学術研究機関等が提供する資料，雑誌記事論文，レファレンス情報，デジタルコンテンツ等を統合的に検索するためのものとなっている。だが，NDL-Bibのように必要に応じて書誌データを検索しまとめてダウンロードする機能が省かれたことから，以前に比べて利便性は低下することは確かである。全国書誌の役割を報知機能に限定させたということができるだろう。

　NDL の蔵書統計を見て，全国書誌の資料種別ごとの大きさを把握しておこう（表 1）。平成 29 年度末の同館受け入れ・所蔵統計によると，所蔵数は重複等も含んで 4342 万点となっている[6]。そのうち，和漢書が 833 万点で，これが全国書誌の中核を構成すると考えることができる。2017（平成 29）年の納入和漢書数は 14 万 2 千点である。全国書誌対象資料には表にあるようにさまざまな形態の資料が含まれている。逐次刊行物については「点数」という表記になっている。これについて NDL の事務局に問い合わせたところ，製本前の冊単位であるという返事であった。つまり逐次刊行物（雑誌）の平成 29年度の発行数は冊子単位で 24 万冊ということである。書誌単位の年間の雑誌発行数を把握するには，NDL-Bib で検索式を使い，出版国，書誌作成日付，資料種別を限定して検索することで可能である。こうして，2018 年 1 年間に日本で発行されて納入された雑誌の書誌数は 1,844 であることがわかる[7]。

　かつて NDL の全国書誌システムは納入資料をもとにしているから，どうしても出版から書誌データ作成提供までのタイムラグが生じることが問題であるとされた。刊行前や刊行直後の書誌情報が含まれず，図書館にとっては使いづらいとされた。しかしながら，NDL 内での書誌データ作成の基本方

表 1　NDL 蔵書数と納入数（平成 29 年度）　　　　　　　　（単位：点）

	平成 29 年度末蔵書数	平成 29 年度納入数
図書：和書	8,337,545	142,271
図書：洋書	2,816,858	2,037
逐次刊行物：雑誌	12,050,850	249,578
逐次刊行物：新聞	6,006,088	137,150
マイクロ資料	9,125,325	225
映像資料	354,009	24,672
録音資料	746,610	20,552
機械可読資料	150,881	7,495
地図資料	573,408	4,788
楽譜資料	19,497	1,166
カード式資料	40,637	31
静止画像資料	160,074	111
博士論文	594,809	0
文書類	396,052	0
点字・大活字資料	42,011	4,523
その他	2,011,796	0
計	43,426,450	593,128

　針にもとづいて，書誌データ作成の迅速化がはかられ，オープンデータとしてダウンロード可能にすることや，データベースが API（Application Programming Interface）の機能を通して検索可能になったりすることで，利用しやすい高い質の書誌データを提供することが目指されている。迅速化と典拠コントロールによるデータの質の向上を両立させることは難しいが，他の機関とも連携することによって，本来の質の高い全国書誌機能が提供されやすいシステム環境をつくろうとしているように見える[8]。

　納本図書館である NDL は，早くから資料のデジタル化に取り組んできた。これは古い資料については保存と利用を両立させるためにデジタル資料の利用が有効であるとの判断があったからである。そのために，後に述べる

ように国立国会図書館法と著作権法の改正を行ってデジタル化を可能にした。デジタル化された資料の多くは，インターネットないし国内外の図書館に送信して図書館の場で利用可能になっている。「デジタル化資料の提供状況」（2018 年 9 月時点）を見ると，資料種別で図書のデジタル化資料は 97 万点が提供されているが，その内訳は国立国会図書館内での提供資料が 6 万点（6.2 ％），図書館送信対象資料が 56 万点（58 ％），そしてインターネットで公開されているものが 35 万点（36 ％）となっている[9]。著作権保護期間終了が確認されているもののかなりの割合がインターネットで提供されており，また，国内外の図書館での利用が可能になっているものもかなりの割合になることがわかる。

2.2　出版流通の関連情報 DB

　出版物の書誌情報作成にかかわる仕組みについて触れておこう。

　新刊書の書誌情報は基本的には出版社が提供している。これを集約して取次や書店，図書館に情報を流すための仕組みとして日本出版インフラセンター（JPO）がある。JPO は ISBN コードや書籍 JAN コード，雑誌コードの管理や書店情報の管理を行っている非営利団体で，出版社と取次，書店とをつなぐ役割を果たしている。業務の一つに出版情報登録センター（JPRO）があって，約 1,000 社の出版社から出版時にタイトル，ISBN，価格，著者，内容紹介，書影，販売促進情報を受け取り，それらを取次や大手書店，ネット書店，図書館向け流通機関（図書館流通センター（TRC）など）に流している。そのうち，出版前の近刊情報と呼ばれるものは，後で触れる日本書籍出版協会（書協）の『これから出る本』にも掲載されていたが，2018 年の業務統合によって，JPRO への登録によって『これから出る本』にも自動的に掲載されることになった。

　日本書籍出版協会は主要な出版社 400 社が参加している一般社団法人で，1976 年より近刊情報誌『これから出る本』（月 2 回刊），1977 年より流通書籍の書誌である『日本書籍総目録』（年刊）を出してきた。『これから出る本』

は書協加盟の出版の出版物の基本情報をリスト化して，書店や図書館で無料
配布されている紙媒体の情報誌である。『日本書籍総目録』は，書協加盟に
限らないすべての流通書籍を網羅した販売書誌を目指して出発して，日本版
の Books in print と言われた。これが冊子体で出ていたのは 2004 年版まで
で，その後書籍検索サイト Books（Books.or.jp）としてデータベース公開さ
れ，2019 年より日本出版インフラセンターのデータベースと統合されて，
同センターから「出版書誌データベース PubDB」として提供されている。
これにともない，かつての 2 倍以上の 225 万点の出版書誌が提供されている
が，ブックスインプリントという性格はなくなっている。

　書誌情報を流通させる仕組みにもう一つ「版元ドットコム」がある。これ
は中小出版社，地方出版社 257 社（2017 年 10 月 30 日時点）が共同でつくる
システムで，ウェブサイトでデータベースを提供するだけでなく，JPO への
新刊情報提供や honto や TRC への掲載依頼，Books への情報提供を行って
いる。「地方・小出版流通センター」は，1976 年から事業をスタートさせて
いる企業で，中小規模の出版社や地方出版社の出版物を流通させている。か
つては東京に「書肆アクセス」という書店を置いていたが今は閉店し，基本
的には物流と出版情報の提供を行っている。新刊情報をネットで配信するの
と『アクセス』という月刊誌で報知する。

　現在，出版社からは基本的な書誌情報だけではなくて，書影（表紙写真）
や内容紹介のような情報も提供され，さまざまなデータベースで利用できる
ようになっている。また，Books データベースは出版社サイトで独自に発信
している情報とリンクさせて閲覧できるようになっている。が，すべての出
版社からそうした情報が提供されているわけではない。これを補うものとし
て，株式会社日外アソシエーツが提供している Bookplus がある。これは
1926 年以来現在までの書籍の書誌情報 400 万件以上について収録し，1986
年以降の書籍には，要旨，目次情報，小説のあらすじなどを収録し，2000
年以降の書籍には書影を掲載している。これは，辞書・辞典をパッケージで
提供する商用データベースサイト Japan Knowledge が提供する有料ツールの

一つである。一部の図書館は OPAC と API で連結し，書籍概要の付加的情報を参照できるようにしているし，Amazon ほかの書籍データベースにも導入されているように，Bookplus が利用できる環境は増えつつある。

2.3　出版流通販売データベース

　出版物の情報は流通現場でも作成され共有されている。出版社，取次，書店で用いられるのは当初，流通のための商品管理を目的にしていたから，図書館で使われるものと比べると簡単なものであった。著者，タイトル，出版社，ISBN，発売年月，大きさ，定価が主要なデータ要素である。OPAC が図書館の所蔵と所蔵位置（請求記号）を付与するのと同様に，出版流通においては流通しているか（絶版かどうか），流通しているとすれば書店，取次，出版社のいずれに在庫があるのかが重要で，また，定価も販売情報として重要である。要するに，すでに特定化されている書籍の書誌情報を確認し，それが当該書店，取次，出版社から入手できるのかを確認できればよかった。

　しかしながら，流通データベースは客が出版物を探すのにも用いることができるから，大手書店にはその端末が置かれるようになっている。また，通信販売あるいはネット販売も盛んになるにつれて，流通データベースが販売のツールとされるようになる。こうなれば，書籍を探すという行為において図書館のデータベースと大きく変わるところがない。というわけで，現在，主要なネット販売サイト（Amazon，e-hon（トーハン），Honya Club（日販），紀伊國屋書店，楽天ブックスなど）を見ると，展開されているデータベースはキーワード検索を中心とするが，多くの場合に詳細検索のページが用意され，書名，著者名，出版社名，出版年月，NDC，ISBN からの検索が可能になっている。図書館関係の DB と違うのは，「分類」ないし「ジャンル」として，「コミック」，「文学・評論」，「実用書」，「教育・学参・受験」，「新書・文庫」のような販売カテゴリーが用いられるのと，「対象年齢」，「判型」，「価格」などのデータ要素があることである。図書館用と出版流通用で基本的な書誌的要素は同じであるが，図書館用が著作物の書誌的な関係を中

心にした展開が行われるのに対して，流通用は書籍の販売面の要素を中心にしているということができる。

2.4　CiNii Books とカーリル

　ここまでは，新刊書を中心に全国的に商業流通している書籍を中心にみてきた。これ以外に政府刊行物，自治体刊行物，学術刊行物，各種団体が非商業的に発行して流通させている図書が存在する。そのうち，国立国会図書館の納本制度によって，一定範囲のものは NDL で収集されて，NDL–Bib や NDL Search で検索することが可能になっている。しかしながら，国立図書館の納本制度は万能ではなく，カバーできていないものが大量に存在している。これらは灰色文献（gray literature）と呼ばれてアクセス方法の改善がいわれたこともあり，20 世紀においても，個別の図書館が収集したローカルな資料の書誌情報をベースにした総合目録を構築することによって国立図書館や全国書誌の限界を越えるという考え方があった。これを本格的に実施するものがある。

　一つは，CiNii Books である。2011 年 11 月に NII は，目録所在情報サービス（NACSIS–CAT）で運用してきた全国の大学図書館等の書誌・所蔵情報を公開データベースとした。ひと言で言えば大学図書館の所蔵資料の総合目録である。NACISIS–CAT は学術機関のための目録作成・相互貸借システムとして，著者名や書名典拠を行うなど国際的な基準に則った書誌データ作成を行ってきた。その書誌・所蔵データを公開するシステムとして Webcat と呼ばれてきたシステムが現在では CiNii Books と呼ばれている。1,300 館の参加機関が所蔵する 1000 万件の書籍（延べ 1 億冊分）情報や 150 万件の著者情報を検索可能にしている。前身である Webcat にはなかった新しい機能として，書誌情報の拡張が図られている。Books の内容説明や目次情報が付加され，また，一部の電子化またはボーンデジタル化された資料についてはそれがリンクされて入手できるものとなっている。また国文学研究資料館が提供している「新日本古典籍総合データベース」との連携も開始されている。

　もう一つは，図書館蔵書の横断検索サイト「カーリル」である。各図書館が WebOPAC として公開している個別の蔵書に対して，API を通じて，横断的に検索をかけることを可能にしている。NACSIS-CAT は分担してそれぞれが一つのシステムにもとで作業を行うのに対して，カーリルは個々の目録作業は個別に行ってネット上に示し，それに外部から横断的な検索を可能にする。最初の検索画面は Amazon を使用しており，Amazon で提供されている書影や内容解説・目次が表示される。個々の図書館の蔵書検索のためには，ISBN をキーにしている。公共図書館，大学図書館，専門図書館などさまざまな図書館の所蔵がわかるが，CiNii Books で対象となっていない公共図書館や専門図書館の蔵書検索に威力を発揮するだろう。

2.5　知識資源プラットフォームの概要

　以上のものをまとめてみると，図 1 のようになる。きわめて多様な流通の仕組みがあり，また，出版情報をカバーするデータベースが存在していることがわかる。ここにあげた書誌情報データベースは，いずれも全国書誌に準ずる機能をもつものと考えることができるが，どれをとっても国内で刊行された図書形態の知識資源全体をカバーすることはできていない。あくまでも民間出版物で全国ベースで流通するものを中心にしている。また，NDL は国際的書誌コントロールの水準を意識した知識資源の書誌データ，メタデータ流通を進めようとしているが，商業ベースのプラットフォームでは，とりあえず流通や検索が可能であるレベルのものが追求されている。図書館が提供するものはその中間にあり，それぞれの方針によって，書誌コントロールに対する取り組みの態度は異なっている。

　なお，ナショナルなレベルでの図書の書誌コントロールを取り上げるときに，商業出版物流通を考えるだけでも，再販制と新刊書配本，取次の役割，書店の規模と地理的分布，書店での棚揃え，書評の役割，電子書籍の登場等を検討する必要がある。これらについては，他の研究を参照するのみにしたい[10]。

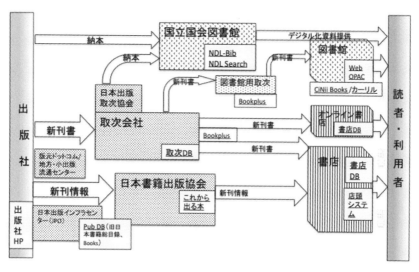

図 1　知識資源流通と書誌情報流通 (下線は書誌情報データベースの性格をもつもの)

3. 知識資源プラットフォームの拡張

3.1　Google Books の衝撃

　近未来にネットを通じてデジタル化された書物が容易に入手できるように
なるとは多くの人が漠然と考えていたことであったが，今のところ実現され
ているのは一部にすぎない。その理由の一つに著作権（この場合は主として複
製権と公衆送信権）がその実現を阻んでいることがある。著作権を基準に書
籍を分類すると次のように分類できる。

　A　著作権保護期間中の書籍

　B　著作権保護期間終了後の書籍

　C　著作権保護期間中かどうか不明の書籍

　著作権保護期間は長らく著作者の死後 50 年とされていたが，2018 年の環
太平洋パートナーシップ協定（TPP11）の締結により，著作権法が改正され
これが 70 年になった。また，C の著者の没年が不明等の理由で保護期間中

かどうか不明の著作物が多数ある。したがって，B を確定することが難しいという問題がある。これらの理由で，著作物を利用するための障害は大きくなっている。

　松田政行らは，Google Books の訴訟過程の分析を通じて，著作物全般の自由な流通環境を整えるにあたって壁になる著作権問題をクリアするのに，アメリカではフェアユースという著作権規定の解釈が中心になったことを記述している[11]。アメリカ著作権法のフェアユース規定とは，著作物の正当な範囲での利用については著作権侵害にはあたらないとするもので，日本の著作権法の「著作権の制限」と似ている。しかし，アメリカは原則的に利用可とするが，日本は原則的に利用不可であるところが違う。アメリカにはこの規定があるから，ネット上のコンテンツを収集して検索可能にするサービスが発達しやすかった。

　Google 社はフェアユース規定を利用して，2004 年から公共図書館や大学図書館の蔵書をデジタル化し，インターネットで検索・閲覧可能にしたサービス Google Books を始めた。紙の書籍からのデータ読み取りは，ブックスキャナーと呼ばれる自動書籍スキャン装置を使用することで大量のデータ入手が可能になる。読み取った画像データから文字を取得するのは OCR ソフトを用いる。欧文の読み取りの精度は高いが日本語についてはそれほど高くないと考えられる。こうして，書籍の全文データベースをつくって検索サービスを提供するものである。検索された著作物について著作権保護期間中のものは一部だけが読める（スニペット表示）ようにし，販売サイトにリンクを貼って購入できるようにするものである。著作権保護期間が終わったものについては全文を公開する。Google Search のビジネス戦略にもとづいて，リンクを使って購入したものについては一定の手数料を徴収するなどを行っている。

　米国作家組合（Authors Guild）等は Google Books のサービスが著作権侵害にあたるとして，2005 年 9 月に Google 社を相手どってクラスアクション（集団訴訟）として連邦地裁に提訴した。本書の 3 分の 2 は，この訴訟が2016 年に連邦最高裁判所の判決が出て終了するまでの過程を詳細に記述し

たものである。訴訟において，Google 社は一貫して，著作物が評論，ニュースレポート，授業，研究などに引用される場合にフェアユースが認められているのと同様に，フェアユースの範囲にあると主張していた。2013 年に 7 月に連邦地方裁判所は，「Google Books は公衆に多大な恩恵をもたらしている」と判断し，Google 社側の勝利としたが，作家側がさらに控訴した。

　2015 年 10 月にニューヨーク連邦高裁が「同サービスでの検索は全文が対象であるが，閲覧できるのは書籍の一部で，すべての内容を参照する手段は提供していないことなどから，フェアユースの範囲で，著作権法に違反しない」と結論づけ，作家側は上告したが 2016 年 4 月に連邦最高裁はこれを不受理としたために，Google 社側の勝利で終結している。これにより Google Books のサービスが継続することが確定した。

3.2　日本の書籍のナショナルアーカイブ構想

　松田らの著作で興味深いのは，これが英語圏の書籍のナショナルアーカイブ構築を可能にするものだとしている点である。確かに，現在のフェアユース規定で可能なのは電子書籍の蓄積と全文検索サービスを可能にし，あとはスニペットで一部を見せることだけで，それを直接提供することはできない。提供するためには，著作権者と別の契約を結ぶ必要がある。しかし，現在，ベルヌ条約的な著作権法の限界が言われ，新たな著作物利用の国際的な法制度をつくっていくべきことが議論されている。本書は，Google 社はこの制度のインフラとなる「アーカイブズ」をすでにつくっているということを指摘し，この訴訟は利用を可能にする次の段階に向けての準備過程だとしている。

　他方，この訴訟はアメリカの出版物だけにかかわるわけではない。アメリカはベルヌ条約に加盟していて国内での著作権解釈は外国にも適用されていたために，当初，日本の著作物も対象になっており，実際にデジタル化が行われていたことは記憶に新しい[12]。その後，Google 社は英語圏 4 カ国（米国，英国，カナダ，オーストラリア）の著作物に絞って和解案を提出したので，日本を含む他の国の著作物はこの対象にはならなくなった。

　しかしながら，Google 社の一極集中に危機感を覚えた日本政府は，NDL を拠点とした国内出版物のデジタル保存と利用のための一連の法改正を行った。2009 年と 2012 年に，著作権法第 31 条を改訂し，NDL に納本された資料を直ちにデジタル化することを可能にし（同条第 2 項），また，絶版等の資料については国内の図書館に公衆送信することができるようにした（同条第 3 項）。松田はこれについて，日本における「書籍のナショナルアーカイブを構築することを可能にする改訂」であるとしている（p.23）。

　アメリカは一企業が書籍のナショナルアーカイブを構築するのに対して，日本は政府が法改正でこれを行った。構築することを法的に可能にしているだけであり，その利用については制限がつけられていることは確かであるが，松田が主張するのは，このようなインフラ整備の制度がつくられていることが重要であって，これによって今後書籍の自由な利用をもたらす第 2 段階に進むことが容易になるということである。

　書籍のナショナルアーカイブの制度構築がすでに行われていることが指摘され，さらに，今後は，それをベースにした書籍利用のシステムがつくられる可能性が主張されている。松田の主張は，アメリカのフェアユースのように著作物の自由な流通を前提とした原則に基づいた法制度を日本でもつくる必要があるというところにあった。その際に，図書館は流通のための重要なセンターになることにもっと自覚的になるべきことが示唆されている。

　図書館関係者はあまり注目してこなかったが，松田の主張を裏打ちする制度改革が行われてきたのである。一つは内閣府知的財産戦略推進事務局が「デジタル・アーカイブジャパン推進委員会」で検討している「デジタルアーカイブに関する取り組みについて」という報告である[13]。国の機関が実施しているデジタルアーカイブのプロジェクトに対して，横断的に検索をかける「ジャパンサーチ」という検索の窓口を国立国会図書館が中心になって立ち上げることが想定されていた。これは，2019 年 2 月より「試験版」が公開され，公開時点で 36 のデータベースの 1700 万件のメタデータが検索可能になっている[14]。

　もう一つは，アメリカ著作権法の重要な要素としてフェアユースの概念を
日本でも導入しようというもので，「権利制限規定の柔軟性」と呼ばれてい
る。これは文化審議会著作権分科会で審議されてきたが2018年の通常国会
で成立した[15]。これによって，日本でもデジタル化とそれに対する検索デー
タベースの作成が許諾なしで可能になり，Google Books と類似のサービスが
民間事業者によって実施されることもありうるということだ。
　これら二つの動きは相互にかかわり合っている。NDL のデジタル化プラ
ンについては，2007年から2012年に国立国会図書館長を務めた長尾真が進
めた「長尾構想」が原型になっている。長尾は2008年の日本出版学会の春
季研究会シンポジウム「デジタル時代の図書館と出版」で講演し，NDL が
所蔵資料のデジタル化を行い，これを各図書館や民間の「電子出版物流通セ
ンター」がデジタルデータの提供や流通を担う分担方式を唱えた[16]。その構

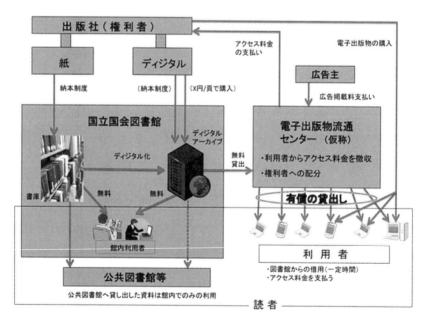

図2　長尾構想の概要

想は図 2 にあるとおりである[17]。この図では，NDL は書物のデジタル化を
進め，それは公共図書館を通じて提供される。その際には館内のみで利用と
している。また，「電子出版物流通センター（仮称）」が NDL のデジタル
アーカイブを有償で利用者に貸出をするとされているが，その料金は図書館
への交通費程度で低料金を想定している。すなわち，デジタル化された書物
の国民への提供は無料での図書館の館内利用か，低料金での借用（自宅利
用）としていることが特徴である。

　長尾はこれを実現するための手腕を発揮し，在任中に著作権法と国立国会
図書館法の改正を含めて制度的な基盤を整えた。納本制度の対象資料として
電子的なパッケージ資料を含めることはすでに 2000 年の法改正で行われて
いたが，先に触れたように資料保存のためのデジタル化とその図書館への自
動送信（著作権法第 31 条の改正），インターネット上のコンテンツを自動収集
する仕組みとしての WARP（国立国会図書館法第 25 条の 3，著作権法第 42 条の
4 ほかの改正）に加えてオンライン資料（民間のインターネット資料のうち，図
書または逐次刊行物に相当するもの）の収集制度（e デポ，国立国会図書館法第 25
条の 4，著作権法第 42 条の 4 の改正））の法改正を立て続けに実施した。

　一方，これを受けて，著作者，出版関係者，図書館関係者等の利害関係者
が議論する場として「デジタル・ネットワーク社会における出版物の利活用
の推進に関する懇談会」（「三省デジ懇」と呼ばれた）が総務省，文化庁，経済
産業省を横断してつくられ，2010 年に報告書を出した[18]。さらに，同じ
2010 年には文化庁につくられた「電子書籍の流通と利用の円滑化に関する
検討会議」が報告書を出している[19]。これらの制度改正と議論の方向は，
NDL が積極的にデジタル化資料の提供を行い電子書籍市場に貢献するとい
う内容をもち，長尾構想を実現に向けて動かそうという意図があることが読
み取れる[20]。

　これまで紙ベースで動いていたものが，デジタルネットワークに移行する
という大きな転換点に私たちが今いることを示している。Google 一社で書
籍のデジタルアーカイブズを運用することの危険性を意識するべきである

が，他方，日本でも，これが誰の手でどのようにつくられるのかということについて私たちは関心をもち続ける必要がある。

3.3　NDL のデジタルコレクション構想

NDL が実際にこれをどう進めているのかについて検討しておこう。NDLのホームページには「資料収集保存」，「電子図書館事業」のページがあるが，そこには「資料のデジタル化」，「インターネット収集」（WARP）があり，さらに「オンライン資料収集」（e‐デポ）の説明がある[21]。これらの相互関係はどうなっていて，ここ 10 年で著作権法や国立国会図書館法が立て続けに改正されているのとどのような関係になるのかを見ておこう。

　納本制度というのは，NDL が法にもとづいて出版物の発行者に出版物の納入を義務づけることのできる制度である。まず，図 3 は現行の納本制度の全体像が示されている[22]。左側に示された従来型の納本資料（有形資料）に加えて，右側に示されたデジタルの無形資料が含まれる。有形資料はすべてが納入対象であるのに対して，無形資料には対象になるものとならないものがある。インターネット資料のうち，中央の横の直線より上の国等のものは国会図書館法第 25 条の 3 に基づく収集対象で，これをソフトウェアで自動

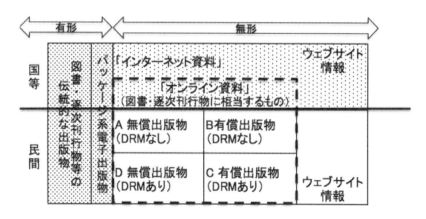

図 3　NDL 納入制度の対象資料・情報の全体図

収集する事業はインターネット収集（WARP）と呼ばれている。オンライン資料とはネット上にある書籍や雑誌のことであり，政府系のものだから，WARP で自動収集することができるようになっている。

　さて，中央の線の下の民間のものについても，インターネット上のものの中で「図書・逐次刊行物に相当するもの」が「オンライン資料」である。この図では破線で囲まれているところである。電子書籍や電子雑誌の納入を義務づけるものだ。民間のものは「無償／有償」，「DRM あり／なし」によって4つ（A から D）に分かれている。DRM とは Digital Rights Management の略で，利用にあたって何らかの制限措置を施すもののことである。「DRM あり」とは利用にあたり何らかの手続きを要するもので，通常はネット上での自由な閲覧や複写はできない。このうち，A の無償で「DRM なし」のものが当面の収集対象となっている。B から D が対象とならない理由を考えてみると次のようになるだろう。

　NDL は伝統的に有償で販売される民間出版物の納入には代償金を支払ってきた。おおむね定価の半額を支払うものである。そのため，これらについても代償金を支払うことが想定されていて，そのためには金額をどのように設定するのかを決める必要がある。だが，そもそもまだ電子書籍市場が安定してつくられていないし，まして図書館への販売についても市場は未成熟である。そのため，代償金をどうするのかについて出版界との合意が十分につくられていない。そのために「電子書籍・電子雑誌収集実証実験」というのをやって，技術的な問題の検証や NDL 館内での利用実態の調査をしている。ただ実際には NDL 館内の電子書籍利用を調査してもコミックなどの利用が少しあるだけで，この実験をやる意義について疑問が出されている。

　A の無償で DRM なしのオンライン資料の収集について論じておこう。ネット上で誰でも情報を発信可能であって，ありとあらゆるコンテンツがある。だから，多様なコンテンツのうちどれが電子書籍あるいは電子雑誌に該当するのかは検討に値する問題である。これは，そもそも納本制度の対象である図書とか逐次刊行物とは何かという疑問に戻るものである。

　国立国会図書館法の第24条第1項には納本対象資料が列挙されている
が，そこには図書や逐次刊行物以外に“九　電子的方法，磁気的方法その他
の人の知覚によつては認識することができない方法により文字，映像，音又
はプログラムを記録した物”がある。電子的方法で文字ないし映像を記録し
た物はネット上に無数にあるのだが，納本対象である電子書籍や電子雑誌と
言えるものは何なのだろうか。紙のものだと出版物として発行されているも
のを中心としてきたが，どこまで含むのかについてはわかりにくい。NDL
はこれを次のようにわかりやすく説明している（図4）。出典は前の図と同じ
である。

　「電子書籍・電子雑誌」の納入については，NDL は「よくあるご質問：オ
ンライン資料の納入」という Q&A のページを設けてそこで基準を示してい
る[23]。ここに NDL の運用上の考え方はすべて示されているといってよい。
以下，そこから重要なものを紹介する。

　　納入義務対象であるが，「納入の対象となるのは，私人（国等の公的機関
　　は含みません）がインターネット等で出版（公開）した電子書籍・電子雑

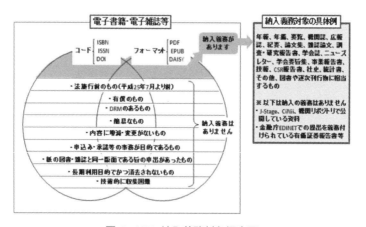

図4　NDL 納入義務対象概念図

誌等のうち，

（1）　特定のコード（ISBN, ISSN, DOI）が付与されたもの

（2）　特定のフォーマット（PDF, EPUB, DAISY）で作成されたもの

のいずれかで，そのうち無償かつ DRM のないもののみです。

となっている。特定のコードはいずれも国際的な標準として使われているコンテンツを特定化するもので，ISBN は図書，ISSN は逐次刊行物，そして DOI は論文や資料を特定化するコードである。これが意味するのは，誰かがこうしたコードを付与したものであり，図書，逐次刊行物，論文・資料として流通することを意図したものと考えられる。しかしながら，（2）で EPUB, DAISY はともかく，PDF が入っているので，ここで一気に範囲は広がることになる。なお，無償かつ DRM のないものというのは先ほどの図 3 の A の部分を示している。

　また，"Q　オンライン資料のうち，どのようなものが納入義務対象外となりますか？" の回答として "A　①簡易なもの，②内容に増減・変更がないもの，③電子商取引等における申込み・承諾等の事務が目的であるもの，④紙の図書・雑誌と同一版面である旨の申出があったもの，⑤長期利用目的でかつ消去されないもの，等が納入義務対象外となります" とある。これは先ほどの図の左側にあったもので，対象外とするカテゴリーの資料があげられている。ここにあげられているものは，排除するものとしては比較的わかりやすいものであるだろう。

　さらに対象外の資料の中で，"簡易なもの" が最初に掲げられているが，これの説明として，"Q　簡易なものとはどのようなものですか？" に対し，"A　各種案内，ブログ，ツイッター，商品カタログ，学級通信，日記等を想定しています。基本的に会議資料や講演会資料は簡易なものとして扱います。ただし，学会の報告などは学術的なものとして納入対象として扱っています。具体的な判断で困った場合にはお問い合わせください" がある。ウェブサイトのお知らせやブログの書き込みは簡易なもの扱いであり，納入を免

れている。「ただし」以下の学会報告は例外的な扱いになる。

　こうして，最初にかなり広げられたものが，「電子書籍・電子雑誌」の全貌が見えてくるにつれて，限定されたり排除されたりして対象が狭まってきたことがわかる。この図でもその具体例として，"年報，年鑑，要覧，機関誌，広報誌，紀要，論文集，（中略）CSR 報告書，社史，統計書，その他図書や逐次刊行物に相当するもの"があげられている。従来から NDL が収集してきた出版物に近いものということができる。先ほどから参照している「オンライン資料」(e-デポ) のページの最後のほうに，"一般のウェブサイト，ニュースサイト，電子書籍アプリ，携帯電話向けコンテンツ等は，納入義務対象として定めるコード，フォーマットに該当する場合を除き，おおむね納入義務対象外です"という注意書きがあることも，それを示している。

　しかしながら，実はそれですまされない問題がある。それは，J-STAGE や CiNii，そして機関リポジトリに登録されているオンラインジャーナルが納本からはずれているということである。次の Q&A を見てほしい。

　　Q　J-STAGE，CiNii 等で公開している資料も納入する必要がありますか？
　　A　J-STAGE や CiNii で公開されている資料は，私人が出版した資料であっても，JST や NII という公的機関のサービスにより公衆に利用可能とされた資料であるため，国立国会図書館法第 25 条の 3 に基づく公的機関のインターネット資料収集の対象となり，私人の方が納入する必要はありません。
　　　なお，J-STAGE や CiNii で公開されている資料は，「国立国会図書館法によるインターネット資料の記録に関する規程」（平成 21 年国立国会図書館規程第 5 号）第 1 条第 2 号の「長期間にわたり継続して公衆に利用可能とすることを目的としているものであって，かつ，特段の事情なく消去されないと認められるもの」として，収集していません。

J-STAGE，CiNii 等で公開している資料の多くはもともと，学会や研究団体が発行した資料であるので民間の出版物として図3の横線の下に入るのだが，科学技術振興機構（JST）や NII のような公的機関のサービスとして提供され，WARP の対象となるから納入の対象でないと言っている。では WARP として NDL が収集しているかといえばしていないというのである。

　次に機関リポジトリであるが，これは政府機関のものと民間の機関のものがある。

　Q　機関リポジトリで公開している資料も納入する必要がありますか？
　A　機関リポジトリで公開している資料は，「長期間にわたり継続して公衆に利用可能とすることを目的としているものであって，かつ，特段の事情なく消去されないと認められるもの」と考えられるので，納入する必要はありません。

　ここではその区別が行われていないが，政府機関（国の研究機関や国立大学等）のものは先ほどの J-STAGE や NII と同じ扱いになるのだろう。ただし，WARP の対象からはずされているのかどうかはこれだけではわからない。ここに書いてあるのは，民間機関（民間の研究機関や私立大学等）のほうであるが，"長期間にわたり継続して公衆に利用可能とすることを目的としているものであって，かつ，特段の事情なく消去されないと認められるもの"と先ほどのインターネット収集と同じ理由で収集しないとなっている。同じ理由ではあるが，根拠は「国立国会図書館法によるオンライン資料の記録に関する規程」（平成21年国立国会図書館規程第5号）第3条第3号に基づくものである。

　これらの学術資料は，"長期間にわたり継続して公衆に利用可能とすることを目的としているものであって，かつ，特段の事情なく消去されないと認められるもの"という内部規程にもとづいて収集しないというのだ。これまでも，納本制度の枠組みにおいて，映画フィルムの納入が免除されたままに

されていて，実質的には国立近代美術館フィルムセンターがその役割を果たしたというように，納本制度の資料の種類ごとの分担が存在していたことは確かだ。図書館で扱うのが難しい資料であり，専門的な政府機関が担当することには合理性があったと考えられる。

　しかしながら，これまで NDL が網羅的に収集し保存してきた図書や逐次刊行物の話である。それを分担して，オンライン資料は大学や研究機関のリポジトリがそれなりの永続性をもって扱うことが想定されているようであるが，これは本当に確かなのだろうか。法的根拠がない機関リポジトリという制度がいつまで安定して存在し続けるのだろうか。少子化で大学の統合や消滅もありうる中で，そうした危険性をどの程度想定しているのだろうか。これまで紙で発行されていた大学の紀要は当然納本されていたはずだが，機関リポジトリ登録に変更になって紙で出なくなれば納本の対象にならないということだ。

　ともかく，納本制度はデジタルネットワーク化において，かなり大きな変貌を遂げようとしていることは確かである。他機関との分担体制はオープンデータ時代において自然な流れとなっていることではあるが，それで，国内で刊行された出版物の納本制度による，収集保存とその記録化（全国書誌作成）の機能が果たせるのか，再度問いかける必要があるだろう。

4. 図書と知識資源

　今後の知識資源の組織化を考えるにあたっていくつかの注目すべき要素を検討しておく。第一に，知識資源の組織化の手法である。図書館情報学では，IFLA の LRM のように構造化されたメタデータを操作する方向の議論が中心になっている。これは知識資源を分析的に捉える方法として，今後とも追求すべきものだろう。しかしながら，伝統的に出版流通の仕組みがしっかりとつくられてきた日本においては，出版流通の過程で付加される著者紹介，解説や目次のような情報に加えて，第 4 章で紹介したマーケティング手

法としての購買者による付加的な情報も含めて利用可能なメタ情報が豊富にある。一つの言語文化圏を構成する日本のこの分野は，出版情報と図書館の組織化技術が密接な関係をもちつつ，情報検索の方法を適用することで解決を図ろうとする方向づけが考えられる。

　第二に，Google Books のようなテキストの全文検索サービスの可能性である。2018 年に著作権法改正による「柔軟な権利制限規定」が実現し，「検索情報の特定・所在検索サービス」（著作権法第 47 条の 5 の第 1 項第 1 号）のために，著作権者の許諾なく著作物利用が可能になった。これにより，日本でも印刷著作物のスキャニング，テキスト抽出および検索データベース構築をして，Google Books と同様の検索サービスをすることが可能になった[24]。だが，過去に出版されたものをデジタル化するようなサービスを実施する民間事業者が現れるかといえばそれは難しいだろう。英語出版物と違って日本語の出版市場に限界があることに加えて，すでに国立国会図書館がその種のサービスを実施し始めているからである。出版物市場の縮小や日本語処理の難しさもあり，民間でこれを実施するためのインセンティブはあまりないと思われる。この条項を利用したサービスとしては，最初から全文テキストが用意されていてそれを検索可能にして一部をスニペット表示するようなものが考えられるだろう。

　第三に，NDL は実施しているデジタル化戦略において，デジタル書籍提供について現時点では著作権者や出版者との話し合いを優先しているが，その利用に力を入れることが可能であるかということである。2012 年に加えられた著作権法第 31 条第 3 項の規定は "国立国会図書館は，絶版等資料に係る著作物について，図書館等において公衆に提示することを目的とする場合には，前項の規定により記録媒体に記録された当該著作物の複製物を用いて自動公衆送信を行うことができる" となっていて，絶版等を確認できていれば，公衆送信が可能となっている。絶版の確認は出版社に問い合わせることでできるから，著作権者の没年の確認ほどの困難性はない。また，絶版が確認された出版物は比較的最近のものまで含まれるわけで，法的には公衆送

信で提供できる範囲がかなり広いことを示している。

　この点について，NDL と出版者との間でやりとりが継続している。それは民間事業者の電子書籍提供を妨げないという配慮なのだろう。だが，NDL が長尾構想以来の出版物のナショナルアーカイブを実現しようとしており，また，著作権保護期間が延びたことから，保護と利用を両立させる可能性をどのように実現するかはますます大きな課題になるだろう。

　第四に，デジタルネットワーク時代において図書をどのように再定義するかで全国書誌の対象範囲が変化するという問題である。先に指摘したように，「民間」の機関リポジトリに提供されていた学術論文は納本の対象になっていないという問題がある。それに加えて，ネット上で誰でもが発信をできる時代である。ネット小説とかネットコミックに容易にアクセスすることができる。ブログでの情報発信も盛んである。また，衰退気味の雑誌に代わって，雑誌記事として発信されていたものの一部が，ネット上のニュースサイトやビジネスコラムサイトに移行したと言われる。先ほど見たように，それらは NDL の納入資料の対象とはなっていない。それらは「知識資源」でないと言ってよいのだろうか。

　ネット上の小説，コミック，記事などから，紙の出版物となるものがある。出版物になれば納入され，ならなければ納入対象にならない。言い換えれば図書を定義づけるための要件は何かということである。先ほどの図 4 を再度参照すると，フォーマットとコードのいずれかで限定されている。また，納入義務対象の具体例というのがあって，年報，年鑑から始まって 17 種類の資料が掲げられ，“その他，図書や逐次刊行物に相当するもの” となっている。17 種類は従来から NDL が積極的に収集してきた学術機関あるいは専門機関の出版物に相当するものということができるだろう。そのために，ネット小説等は最初から排除しているということができる。紙メディアの時代から自費出版物や同人誌のようなメディアは存在したが，NDL はそうしたものを排除していたわけではないが積極的に収集していたわけでもない。

　知識資源という言葉に戻ると，何をもって知識とするのかは立場や人によって異なるわけだが，国の機関がナショナルな知識資源アーカイブをつくろうとするなら，一定の基準が必要になるだろう。NDL がオンライン資料の定義で重視しているのは ISBN や ISSN といったコードである。ISBN は先にあげたように日本出版インフラセンターが管理しており，ISSN は NDL 自身が日本センターとして管理している。どちらも一定の手数料を払えば誰もが登録できる仕組みである。著者ないし編集者が単なるネット上の書き込みではなく，積極的に知識資源として扱われることを望んでいるかどうかはコードへの登録を済ませているかで決まるという考え方をとっている。つまり，NDL は，知識資源とは時間の経過に抗して安定してアクセス可能なものとして扱うことを指す概念として捉えているということができる。しかしながら，ISBN などのコードがどこまで安定した仕組みでありうるのかについては留保が必要である。これらも "book" という概念や "serial" という概念の存在が前提となっていて，それは印刷媒体が前提になっておりその消長とともに動的に変化する可能性があるからだ。15 世紀から続いた印刷文化が 21 世紀に大きく変貌するかどうかが問われている。

　最後に，ナショナルな組織化にこだわる理由について述べておこう。これを考えるには，Google が世界中の書籍の全文データベースを作成したときに，特にフランスと日本で大きな反発があったことを重ね合わせる必要がある。かつて 19 世紀末に世界書誌コントロールを夢想したポール・オトレとアンリ・ラフォンテーヌは目録カードを集中させることでこれを実現しようとした。また 1970 年代以降，IFLA は Universal Bibliographic Control（UBC）構想を打ち立てて，各国で作成される全国書誌を同一の枠組みで統合することで世界書誌コントロールが実現できるとしていた。どちらにしても，書誌データレベルでのユニバーサル化を目指すものである[25]。Google Books 構想はたしかに近い将来，コンテンツレベルでアクセス可能な世界書誌コントロールが実現することを予感させるものであった。それも単なる書誌データや所在データの提供ではなく，全文テキストが集中化されているのが最大の

特徴である。ここからは，契約によっては全文テキストを提供することも，他の出版物販売業者へとリンクすることも，所在図書館へとリンクすることもできる。

　反発は，一民間企業が世界中の知識資源を集中的に集めてコントロールできる状況をつくるのでよいのかという問いかけであった。そこには，検索アルゴリズムが公表されていないように商業的な企図が前面にあるものだし，民間企業には倒産の可能性がないわけでもないといった不信感がある。さらには英語帝国主義への反発も手伝い，フランスと日本は政府主導でナショナルな知識資源の組織化の仕組みをつくることになる。Google がのちに戦略を英語圏 4 カ国の出版物に限定することしたのはこうした反発に配慮したからだろう。ナショナリズムに言語の果たす役割が大きいとすれば，特に英語圏以外の文化圏において言語の資料たる知識資源の組織化が国単位で行われるのは自然であるだろう。

　2020 年代の書誌コントロールは，このようにデジタルネットワークの存在を前提にしたグローバルな文脈の中で，知識や学術をどのように再定義し，それを公共セクターと民間セクターの相互性においてそれぞれがどのような戦略によって実現していくのかが課題になる。長尾構想は，従来の公私の関係について一歩踏み込んだ再構築を提言した。それをどう生かすのかが問われている。

　本稿の一部に，既出のものを組み込んで再構成したところがある[26]。

注

1)　藤竹暁編『図説日本のメディア：伝統メディアはネットでどう変わるか』新版（NHK ブックス No.1253）NHK 出版, 2018, 310p. この本の旧版のタイトルを見ると，最初の 3 版（1980, 1987, 1994）が「図説日本のマスコミュニケーション」，次の 2 版（2000, 2005）が「図説日本のマス・メディア」，そして 2012 年版から「図説日本のメディア」となっている。最新版で初めてサブタイトルがついたことが，メディアの変化を示している。
2)　Eco, Umberto; and Carrière, Jean-Claude. 『もうすぐ絶滅するという紙の書物について』[N'es-

pérez pas vous débarrasser des livres］工藤妙子訳，阪急コミュニケーションズ，2010，469p.

3)　ここ 20 年の日本の書誌コントロールについては次の 2 点の文献がレビューしている。渡邊
隆弘「書誌コントロールと目録サービス」『図書館界』vol.61, no.5, 2009, p.556-571. 松井純子
「書誌コントロールと図書館目録」『図書館界』vol. 70, no.1, 2018, p.287-304.

4)　欧米では 2010 年代になってこの語は使われなくなりつつある。Joudrey, Daniel N. et al. *Introduction to Cataloging and Classification*, 11th Edition, Libraries Unlimited, 2015, p.3. では，この
語に代わり情報組織化（information organization）が使われるようになったと述べている。他
にも，ヨーロッパで以前から使われているドキュメンテーション（documentation）に加え
て，知識組織化（knowledge organization），知識管理（knowledge management）あるいはメタ
データ管理（metadata management）なども使われている。

5)　https://current.ndl.go.jp/home/38736（参照 2019-12-26）

6)　「第 7　図書館資料受入・所蔵統計（平成 29 年度）」『国立国会図書館年報』平成 29 年度，
2018，p.99. http://dl.ndl.go.jp/view/download/digidepo_11213033_po_nen29.pdf?contentNo=1
（参照 2018-12-28）

7)　具体的には，NDL-Bib トップページの「検索を始める」ボタン→ 検索式タブを選択→「検
索式の入力」欄に次のとおりに入力する。
（WCN = ja）and（W905A =（20180101->20181231））and（WTYP = 雑誌）
この件で国立国会図書館収集・書誌調整課の佐藤菜緒惠氏にお世話になった。御礼申し上げ
る。

8)　「書誌データの作成と提供」(NDL-HP) http://www.ndl.go.jp/jp/data/index.html（参照 2018-12-28）

9)　「資料デジタル化について」http://www.ndl.go.jp/jp/preservation/digitization/index.html（参照 2018-12-28）

10)　蔡星慧著『出版産業の変遷と書籍出版流通：日本の書籍出版産業の構造的特質』増補版，
出版メディアパル，2012，230p. 湯浅俊彦『日本の出版流通における書誌情報・物流情報の
デジタル化とその歴史的意義』ポット出版，2007，369p. 柴野京子『書棚と平台：出版流通と
いうメディア』弘文堂，2009，236p. 秦洋二『日本の出版物流通システム：取次と書店の関係
から読み解く』九州大学出版会，2015，190p. 菊池しづ子「書誌コントロールにおける書評」
『学習院女子大学紀要』no. 6, 2004, p.1-15.

11)　松田政行編著，増田雅史著『Google Books 裁判資料の分析とその評価：ナショナルアーカ
イブはどう創られるか』商事法務，2016，xii, 292p.

12)　Jeanneney, Jean-Noël『Google との闘い：文化の多様性を守るために』[Quand Google défie
l'Europe, 2e éd.] 岩波書店，2007，166p. 牧野二郎『Google 問題の核心：開かれた検索システ
ムのために』岩波書店，2010，232p.

13)　知的財産戦略推進事務局「デジタルアーカイブに関する取り組みについて」2017 年 9 月
https://www.kantei.go.jp/jp/singi/titeki2/digitalarchive_suisiniinkai/suisin/dai1/siryou1.pdf（参照

2018-12-28）

14）ジャパンサーチホームページ　https://jpsearch.go.jp/（参照 2019-09-26）

15）文化審議会著作権分科会につくられた作業部会の報告書「著作権法における権利制限規定の柔軟性が及ぼす効果と影響等について」に出ている。http://www.bunka.go.jp/seisaku/bunkashingikai/chosakuken/needs_working_team/h28_06/pdf/shiryo_2.pdf（参照 2018-12-28）

16）後藤敏行「長尾構想の検討：推進に向けた予測と提言」『図書館界』vol.64, no.4, 201, p.256-267.

17）2010 年 3 月 17 日，総務省，文科省，経産省「デジタル・ネットワーク社会における出版物の利活用の推進に関する懇談会」配布資料より。http://www.soumu.go.jp/main_sosiki/kenkyu/shuppan/26767.html（参照 2018-02-13）なお，その後の長尾真「序章　知識・情報の活用と著作」『デジタル時代の知識創造　変容する著作権』（角川インターネット講座（3））角川書店，2015, 318p. において同様の資料が掲載されているが少々の変更がある。

18）「デジタル・ネットワーク社会における出版物の利活用の推進に関する懇談会」総務省　http://www.soumu.go.jp/main_sosiki/kenkyu/shuppan/index.html（参照 2018-12-28）

19）「電子書籍の流通と利用の円滑化に関する検討会議」文化庁　http://www.bunka.go.jp/seisaku/bunkashingikai/kondankaito/denshishoseki/（参照 2018-12-28）

20）ただし，長尾構想がそのとおりに実現されていないことについては，長尾氏へのインタビューでわかる。「GAFA 時代，日本の『知のインフラ』を構築してきた長尾真が予測する『未来』」弁護士ドットコム　https://www.bengo4.com/internet/n_9129（参照 2019-01-22）

21）「資料収集保存」http://www.ndl.go.jp/jp/aboutus/deposit/deposit.html
　　「電子図書館事業」http://www.ndl.go.jp/jp/aboutus/dlib/project/index.html
　　「資料のデジタル化」http://www.ndl.go.jp/jp/aboutus/digitization/index.html
　　「インターネット収集（WARP）」http://www.ndl.go.jp/jp/aboutus/internet/index.html
　　「オンライン資料収集（e-デポ）」http://www.ndl.go.jp/jp/aboutus/online/index.html
　　（いずれも参照 2018-12-28）

22）オンライン資料収集（e-デポ）」同上 .

23）「よくあるご質問：オンライン資料の納入」http://www.ndl.go.jp/jp/help/online.html（参照 2018-12-28）

24）秋山卓也「柔軟な権利制限規定の整備（平成 30 年著作権法改正）」『ジュリスト』No.1525, 2018, p.38-43. 実務的には「平成 30 年著作権法改正によって，企業の実務はどう変わるか」BUSINESS LAWYERS（ビジネスロイヤーズ）2018 年 08 月 23 日 https://business.bengo4.com/articles/420（参照 2019-01-22）

25）根本彰『文献世界の構造：書誌コントロール論序説』勁草書房，1999, viii, 273p.

26）根本彰「書評：松田政行編著・増田雅史著『Google Books 裁判資料の分析とその評価』」『日本図書館情報学会誌』vol.63, no.3, 2017, p.172-173. 根本彰「ネット時代の国会図書館の納本制度」ブログ「オダメモリー」2018 年 2 月 6 日　https://oda-senin.blogspot.com（参照 2019-12-25）

第7章

パーソナルデジタルアーカイブは100年後も「参照」されうるか

塩崎　亮

1. はじめに

　「昔ソーシャルメディアと呼ばれていたと思うのですが，曾祖父母の『つぶやき』というものを実際に見てみたいです。特に東日本大震災の頃のものを……。」

　100年後，このようなレファレンス事例もありえるだろうか。しかし将来，既存のソーシャルメディアなどのサービスが継続し，過去のものも参照できるようになっている保証はない[1]。

　本稿では，個人が管理するデジタル情報の長期的アクセス保証について論じたい。現行レファレンスサービスの「射程外」かもしれない。しかし，ウェブ上の個人ブログサイトにせよ，電子メールやソーシャルメディアを介したコミュニケーションにせよ，我々は日常的にそれらデジタル情報を「参照」し，今現在の情報ニーズを満たしている。将来はどうだろうか。この時代を表す一つの記録として「参照」したいと望むものもいるかもしれない。紙資料についていえば，たとえば個人の残した日記類の一部は，文書館や図書館などの文化遺産機関で保存され，研究者により一次史料として参照されてきた。参照される対象は何も政治家などの著名人のものに限らない。よりいえば，その形式も文書や文字でないものが含まれうる。第6章では，主に組織を介して公開・刊行された情報（特に書籍）を国としてどのように保存していくのかという議論が整理されている。本章では個人に焦点を当て，次

の問いについて整理してみたい。

> 公開・非公開のものを含め，個人により管理されたデジタル情報（こ
> こでは，その集合をパーソナルデジタルアーカイブと呼ぶことにする）
> は，将来的に，レファレンス情報源の一つとなりえるか。

2. 個人のデジタル情報をなぜ保存するのか

　先ほどの問いを成立させる前提条件であるが，個人のデジタル情報を保存
する意義はそもそも何か。さまざまな立場がありうる。まず社会的価値，次
に個人本人にとっての価値，他者にとっての価値といった順で見ていくこと
としよう。あわせて，保存することによって生じうる負の側面についても触
れざるをえない。

　なお，ここでの個人とは，個人一般を想定する。議論の煩雑さを避けるた
め，研究者や作家などの属性，ひいては個々人の差異といった側面について
はいったん捨象する。また，パーソナルデジタルアーカイブには，個人本人
が作成した情報だけでなく，他者が作成したものも含まれる。だがここで
は，主には本人が作成した情報を念頭において以降の議論を進めたい。具体
的には，パスワードなどの個人データ，「仮想通貨」などの金銭データも広
義には含まれうるものの，主にはデジタル形式の写真，動画・音声，文書
類，あるいは，ウェブサイト，電子メール，ソーシャルメディアのコンテン
ツなど，「著作物」として扱いうる情報を想定する。さらに，上記の問いに
は，そもそもパーソナルデジタルアーカイブを個人はどのように管理してい
るか，個人本人で長期的に管理（保管・保存）しえないのか，といった論点
も含まれうるが，それら諸点については別稿で論じることとしたい。

2.1　社会にとっての価値
　可能な限りあらゆるデジタル情報を保存すべきという立場もありうる。将

来的に価値が生じうる可能性があり，現時点でその価値は判断できない，というロジックだ。歴史学者の杉山正明は，自然，景観や用具などを含め，「あらゆるものが史料となりうる」と述べた[2]。このような観点に立てば，デジタル形式で記録された情報すべて，後世に参照される「史料」となりえよう。しかし，何も手を打たなければデジタルデータは消失していくばかりで，このままでは記録の"暗黒時代"になってしまうと警鐘が鳴らされてきた[3]。歴史的な研究にとって，個人の記録は貴重な一次史料となりうる。いわゆる「ポストモダン」の観点，あるいは社会史，マイクロヒストリー，ボトムアップ型の歴史観に従えば，より多様な声を，特に抑圧され阻害されている人々をも含めた記録を残すことにより，我々の集合的記憶や歴史の形成にその声を反映させることが可能となる。関心は，何も歴史学者だけに限らない。ソーシャルメディア研究の文脈でブルンズ（Bruns, A.）らは，「現在を記す初稿」として Twitter を捉え，その網羅的な保存の意義を訴えている[4]。「初稿」という語になぞらえれば，ある作品が生み出される過程で生まれた中間成果物の類もまた重要な価値をもちえよう。アーカイブズ領域においては，カナダで発展してきた「トータルアーカイブズ」という概念もある[5]。これは，いわゆる組織アーカイブズでの主な保管対象となる公文書以外にも，個人の日記や手紙などのあらゆる資料がアーカイブズの対象となりうるという捉え方といえる。

　一方，これまで文化遺産機関に組み込まれてきた個人コレクションは，永続的な価値をもつと評価・選別されてきたがゆえに保存されてきたと見なせる。オックスフォード大学およびマンチェスター大学図書館のアーキビストらが取り組んだ Paradigm プロジェクトは，パーソナルデジタルアーカイブに関して初期に実施された調査の代表例である[6]。ここでは，著名人の紙資料が重要なコレクションとして扱われてきたことの延長線上に，個人のボーンデジタル資料は位置づけられている。具体的には，政治家個人のデジタル情報をサンプルとして，どのように扱いうるかが分析された。裏返すと，政治家という属性をもつ個人の資料は社会的価値が高いと捉えられてきたこと

がうかがえる。

　利活用という面からその意義が説かれる場合もある。組織が念頭におかれたものだが,「デジタルアーカイブの連携に関する関係省庁等連絡会・実務者協議会」の報告書『我が国におけるデジタルアーカイブ推進の方向性』では,"教育・防災目的での活用や,観光利用によるインバウンド効果,データに付加価値をつけたビジネス利用,地域情報を用いた地方創生,データ共有による研究活動の活性化など,様々な活用に結びつき,新たな経済的価値を創出し,イノベーションを推進"するものとしてデジタルアーカイブの価値が捉えられている[7]。

表1　個人のデジタル情報が保存されることによりもたらされうる社会的便益

区分	便益	受益対象	説明
文化遺産	網羅的なコレクションの構築	社会	ある対象を網羅的に保存した場合,歴史的な価値をもちうる多様な情報への長期的なアクセスが可能となる。
	選別されたコレクションの構築		有用でない情報や誤った情報を除外し,一定の品質管理の上,選別された情報のみが保存されうる。
	言語の記録化		少数言語など文化多様性の担保に貢献しうる。
利活用	引用・参照先の保証	研究者	学術コミュニケーションにおいて,引用・参照先の長期的アクセスを保証しうる。
	事実確認時の根拠	社会	法廷,捜査,申請手続き(特許など),報道などにおいて,事実確認時の証拠や根拠となりうる。
	商用機会の拡大	市場	ビッグデータビジネス,マーケティングリサーチの情報源として利用しうる。
	パブリックドメイン化	社会	保存された公表著作物の著作権保護期間が満了すれば,自由に利活用できるコンテンツが増す。
規制管理	ナショナルプライド	国家等	国単位でのアーカイブは,ナショナルアイデンティティの形成に寄与しうるのかもしれない。
	検閲・監視		テロ対策目的や戦時など,国によっては合法的行為となりうるのかもしれない。
	対外的な評価		保存主体が国や組織などの場合,先進的な取り組みとして対外的な評価を高めうるのかもしれない。

その他にも，筆者は以前，国立図書館によるウェブアーカイビング事業を正当化する意義について，文献レビューにもとづき，いくつかの候補を整理したことがある。投稿論文としてまとめたものには含められなかったため[8]，修正のうえ，表1に掲載した。これは，個人のデジタル情報を残す社会的意義にも呼応するだろう。

2.2　個人本人にとっての価値

個人管理の情報である以上当然のことだが，本人にとっての価値も無視しえない。先に挙げた社会的価値は個人にとっても意義あるものだろうが，当該本人に固有の価値もあろう。相互排他的とはいえないものの，サラ・キム（Kim, S.）は次の点をあげている[9]。

- ・感情的，センチメンタルな価値：個人的な思いが込められた資料について，その資料を作成・入手したときのことがらと結びつき，ある感情や記憶（例：プライド，幸福感，達成感）が呼び覚まされる場合が想定される。
- ・個人史的な価値：自身や家族の過去を示す資料として有用な場合があげられる。
- ・アイデンティティ上の価値：アイデンティティやパーソナリティの形成・維持，あるいは自己顕示にとって有用な場合が考えられる。
- ・個人のレガシー価値：職業上の業績や生活上の実績を示しうる場合をいう。
- ・他者と共有しうる価値：個人のライフストーリーや記憶，家族の歴史を他者（子孫を含む）と共有する上で有用な場合が想定される。

このほかにも，データのバックアップ，リカバリ用途や，仕事上でやりとりされた非公開の電子メールなど，実用的な価値を有す場合もありうる。いわゆるライフログも実生活上の価値をもたらす。これを突き進めて，日常生活で起きたことがらすべてをデジタル機器で記録してしまう人もいるかもし

れない。マイクロソフト社のゴードン・ベル（Bell, C. G.）が進めた My Life Bits プロジェクトが代表例としてあげられる[10]。しかし，記録されたデータは記憶そのものになるわけではなく，また，すべてを記録するコストに比較してえられる便益は少ないとの指摘も根強い[11]。

2.3　他者にとっての価値

　ある個人コレクションは，他者である別の個人にも特別な意味をもたらしうる。前述した感情的，センチメンタルな価値は，家族や友人にとってもあてはまるものかもしれない。如実になるのは，いわゆる「デジタル遺品」の場合であろう。死後に残されたデジタル遺品の場合，それらを作成・管理した本人でなく，家族などの他者が，（遺言があればその意思に従い）本人に代わって故人のパーソナルアーカイブの処理を行う。家族にとっては価値がないと見なされる場合もあるだろうし，家族史にとって欠かせない資料群と位置づけられる場合もあるだろう。あるいは，金銭的価値のあるデータについては対応されるが，それ以外については放置される可能性も高い。

　関連して，デジタル技術により，遺族の悲しみをどのように和らげることが可能か，という研究も模索されている[12]。メモリアルな仮想空間を構築することで，記憶を伝承・共有する試みだ。他者が，故人のデジタル遺品をアーカイブする試みともいえるだろう。故人を偲ぶ写真や文章を共有可能な遺影ウェブサイトなど，商用サービスもすでに提供されている。

2.4　負の側面

　ここまで正の側面を述べてきたが，逆に，保存することによって生じうる負の側面についても触れざるをえない。前述した社会的な価値は，必ずしも絶対的なものでない。極端な例ではあるが，何らかの形で保存された個人のデジタル情報を，ある国家が検閲・監視目的で利用することは，ある文脈においては正当化されるかもしれない。だが，少なくとも日本国内で社会的合意が得られるとは想像しにくい。ほかにも，ビジネス利用目的で収集される

場合には，プライバシーの観点から抵抗が生じうる[13]。また，大量の情報を残すことが仮に可能であったとしても，その量が多すぎるために必要な情報を探せなくなるという古典的な問題が完全に解消されているわけでもない。

　より複雑な問題は，保存された過去の情報と現在の情報との区別があいまいになってしまうリスクだろう。過去の誤情報・偽情報が訂正されないまま拡散してしまう危険性もある。また現状，各種ウェブアーカイブに保存された情報は検索エンジンの対象となっていないと思われるが，仮に対象であると，過去の個人ウェブサイトと現在のもの双方とが表示される結果となり，混乱を生みかねない。

　個人本人にとっての価値，他者にとっての価値もまた相対的なものだろう。デジタル遺品への対応は，他者にとって（時に予期せぬ）負担となる場合もあるかもしれない。より明白な問題は，本人あるいは遺族などにとって忘れたい情報までもが残された状況である。忘れたい情報が特定されていれば消去するだけで済む場合もあろう。だが，特定されていない場合，思いがけず想起してしまうことにより，不快なことを思い出してしまう可能性は拭えない。忘れることの効用を説く議論も多い[14]。さらに深刻なのは，過去に記録された自身についての不都合な情報が，特にウェブ上で，第三者により参照されてしまう場合である。このプライバシーの問題は，組織が個人のデジタル情報を収集・保存する際に大きな制約要因となる。

3. 組織による保存

3.1　組織の介入の必要性

　保存・保管の主体であるはずの本人は，不可避的に寿命という限界があり，いつか存在しなくなる。また，デジタル情報の長期的アクセスは，個人本人による管理だけでは保証できない。個人の「情報管理行動」を見る限り，情報は体系的に管理されておらず，むしろ，消失してもしかたないとの半ばあきらめも含む"傍観的態度"にもとづき[15]，自身の PC かクラウド上

かは問わず，複数のコピーが分散して保持され，散逸傾向にあることが指摘されてきた。この傾向が広く一般にあてはまるのであれば，個人本人でなく，家族など，他者である個人が保存の責務を担うことも想像しにくい。

　保存・保管する作業を個人同士が「市場」で交換し合うのも現実的でない。理論的には，組織論における議論などを援用しうるかもしれない。たとえば，市場とは別に企業という組織体が存在する根拠として，おおまかにいえば，「取引コスト」を回避するため，と経済学者のロナルド・コースは論じた [16]。中長期的な契約を一度結んでしまえば，労働者との雇用契約など，短期的な契約を繰り返すコスト（調整・交渉，監視が発生）を避けることが可能となる。情報の保存について見ても，対象の評価や選別，組織化，管理，権利者との調整といったさまざまなコストは個々人にとって負担が大きい。そのため，組織が介入することにより全体のコストを下げられる，と理論化することも可能かもしれない。

　他方，アーカイブズ関係者の議論では，組織の介入を前提としていることが多い。個人が保存先や保存方法の助言を求めに文化遺産機関へ連絡するのをただ待っていたとしたら，それら記録は失われていくばかりであろうという主張も見られる [17]。仮に，個人では使用されなくなった時点で保存機関へ移管されようとしても，それらデジタル情報は整理されておらず，保存には適さないファイル形式・記録メディアで管理されているかもしれない。プライバシーや著作権などの権利関係が複雑なコンテンツから構成されているかもしれない。だからこそ早期の介入が欠かせないともいいうる。一方，早期の介入により，個人の活動に何らかの予期せぬ影響を与えかねないのではないか，というところまで懸念する立場もありえる。いずれにせよ，偶然何らかの理由から個人所有のデジタル情報すべてが組織に移管されるとは考えにくい。

3.2　公共か民間か

　実社会に目を向けると，データのバックアップサービスを含め，すでにク

ラウドサービスという「組織」に依存している，と見なすことも可能かもしれない。データの復旧・復元を目的とした商用サービスも多数存在する。しかし，民間事業体は利益をあげねば存続できない。サービス内容が変更可能な利用規約となっていることも多い。倒産，吸収合併や買収などで会社自体がなくなる事例もあれば，サービスが停止・変更される場合もある。Googleや Amazon などの巨大事業者が存在しなくなるとはもはや想像にくいかもしれないが，サービス内容の変更は大いにありえ，データを損失するリスクもゼロではない。保存問題と直接は関係しないが，個人データ流出問題もまた，民間企業という組織に任せていてよいか疑念を生む一つの遠因となりうる。とはいえ，特に大規模なクラウドサービスは，大企業や政府関係機関も利用しており，それらは大口顧客となっている。このような側面からも，利用者に不利益なサービス変更は生じにくいと楽観視することも可能かもしれない。だが，ウボイ（Ubois, J.）の言葉を借りれば，"結局，市場とは交換である……亡くなった人とまだ生まれてきていない人との間に市場が成り立つとは想像しにくい。パーソナルアーカイブの未来にとっては，市場と異なる動機づけが重要となるだろう" [18]。

　営利目的の組織だけが関与しているわけではない。非営利組織の Internet Archive では，1996 年からウェブサイトを網羅的に収集するとともに，デジタル化支援を含め，多様な種類のデジタルコンテンツを集積してきた。個人でも，保存しておきたいウェブページをリクエストすること，デジタルコンテンツをアップロードすることが可能である。個人のコレクションが構築できるわけではなく，あくまで全体のコレクションの一部に個人のデジタル情報も含まれている，という関係だ。このほかに，あくまでまだ研究課題とされているが，"アクティブ・パーソナルアーカイビング" 構想があることも確認できる [19]。これは，個人と関係するデジタル情報すべてを網羅的に，かつ機械的に収集する構想だという。対象は，公開されているウェブサイトだけでなく，パスワードなどが必要な非公開のコンテンツなども含む。とはいえ，本章執筆時点において，追加の情報は公表されていない。サービスとし

て実現するには多くの困難を伴うためだろう。しかし，Internet Archive は米国著作権法に特有のフェアユース規定にもとづき運営されている一組織にすぎない。

　非営利であることに加え，法制度的に事業の継続性が担保されているという意味でも，公共部門への期待が大きくなるのは当然なのかもしれない。これまでも公的な文化遺産機関は，記録された情報を保存する役割を先導してきた。個人により作成されたデジタル情報を残す活動も実際に見られる。国立の図書館によるウェブアーカイビング事業はその最たる例だろう。テーマ別など，制限的な収集方針である国が多くを占めるものの，個人のウェブページをも含めて網羅的に収集しているところもある。

　だが，組織はどこまで介入すべきなのだろうか，あるいは介入しうるのか。仮に公共部門の介入が必要と広く認められたとしても，費用対効果の議論もあろう。長期的に維持管理することによりもたらされうる便益が総コストを上回ると正当化しうるのか。また，先述したとおり，保存することにより負の外部性が生じる可能性も無視しえない。

3.3　公共部門であれ，どこまで組織が介入しうるか

　どこまで組織が介入できるかを示す例として，米国議会図書館（LC）の取り組みを取り上げたい。LC では，2000 年から国家規模の「全米デジタル情報基盤整備・保存プログラム」（NDIIPP）が進められてきた。ウェブアーカイビング事業に関しては選択的（限定的）な収集方針を堅持したままであるが，一方 2010 年には，Twitter 社から公開設定のツイートすべてを収集する試みを開始した。個々のツイートが保存に値するものなのか懐疑的な見方，また，プライバシーの問題を懸念する声もあったとされる。一連の詳細については，ソーシャルメディア研究者のジマー（Zimmer, M.）がまとめている[20]。LC はツイートを保存する意義を次のように記していた[21]。

　　　Twitter は，コミュニケーション，ニュース報道，社会動向を示す歴史

的記録の一部である。既存の文化遺産コレクションを補完するものといえる。……個々のツイートは取るに足らないものに見えるかもしれないが，それらを集合体として眺めれば，将来世代が 21 世紀の生活を理解するうえでの情報源となりうる。

　LC への寄贈範囲は，遡及的に，Twitter がサービス開始された 2006 年以降のツイートを含む。LC と Twitter 社の合意内容によれば[22]，データ収集から 6 か月以降に研究者へ提供することも検討されていた。しかし，検索に耐えうる環境が構築できていないなどの理由から，収集されたツイートが外部に提供されることはなかった。

　このように，LC はツイートを収集し，ただ保管しているにすぎない状況のまま 7 年が経過したが，2017 年 12 月，方針変更に係るプレスリリースが出された[23]。2018 年 1 月からは，網羅的収集でなく，同館のウェブアーカイビング方針と同じように，選択的収集に舵が切られる。LC のホワイトペーパーでは，方針転換の背景的な理由として，ツイートの性質が変化した点をあげていた。具体的には，ツイート量が大幅に増加した点，（LC ではテキストデータのみ収集してきたが）埋め込まれた画像や動画の重要性が増している点，（英語などの）ツイート制限文字数が拡大された点だという。また，Twitter が浸透していった期間のデータは収集できたと見なせ，今後は他のコレクションと同様に選択的な収集を行いうることも理由としてあげられている。当面，データは公開されないままだという。コンテンツ作成者の意図を尊重するのが第一，とも述べられており，技術的な課題だけでなく，プライバシーや著作権など権利関係の問題への対応が難しいことを示唆している。

　ここまでの LC の例から，たとえ組織が介入したとしても，データ量の増大やデータ構造の変化などのリスクを抱えざるをえないこと（技術・運用面），そして仮に収集できたとしても，あるいは利用目的を限定したとして

も，プライバシーなどの法的・社会規範的な面からデータを提供できない可能性があること（権利面）を指摘できる。そもそも，フェアユース規定がある米国などでなければ，ツイートの収集は著作権法上認められない複製行為に該当してしまうだろう。さらに，仮に公開できたとしても，国によっては，事後に削除する権利，いわゆる「忘れられる権利」を保証する必要が生じるなど，別の問題も発生しうる。

　このうち，技術・運用面での限界は，調査研究の途上ではあるものの，ある程度は解消しうるかもしれない。ソーシャルメディアの収集を専門とした企業やツールはすでに存在する[24]。営利部門であれ非営利部門であれ，他の専門機関などと協力して問題に取り組むことは可能かもしれない。とはいえ，単純に見えるかもしれないストレージ増強なども，実運用上重荷だろう。人的な配備も含め，財政的な担保が持続的に保障されていないと実現は難しい。これは紙資料の場合と同様である。物理的な書庫や職員のキャパシティから，個人からの資料寄贈には制限を設けざるをえない。言い換えると，社会的に価値があると合意された個人文書を保存するとしても，すべてを対象に含めることは不可能である。

　権利面についてはどうか。第三者である組織が個人からデジタルコンテンツを収集する場合，当該個人から許諾を事前に得ておくのが望ましい。だが実際上，特にプライバシーなどの権利については，事後的な対応とならざるをえない側面もあろう。法的整備，あるいは権利処理の重要性については繰り返し指摘されてきた。しかし，たとえば Twitter はそもそもデジタルアーカイブを目的としたクラウドサービスではない。LC にアーカイブされることを主目的として個人は投稿してきたわけでは当然ないし[25]，ユーザは明確な同意を求められたわけでもない。Twitter 社から LC にデータを寄贈する際，いわば事後的に各ユーザ個人から許諾を得られれば，データを提供する道筋が見えた可能性はあるかもしれない。だが，その調整コストは膨大なものである。ツイートに含まれる個人データ，違法コンテンツなどの扱いはどうすべきか。非公開設定のツイートをリツイートされて公開されてしまった

ものの扱いはどうなるのか。削除されたツイートの扱いはどうなるのかなど，未解決の課題が山積している。公開されていたとしても，より私的な内容を含む情報になればなるほど，それらを第三者が収集し提供してしまうことは，社会規範上許容されないかもしれない[26]。

　このような，個々人が作成したデジタル情報からなる集合体（ツイートなど）を第三者である組織（LC など）が収集してしまうことと，個人が単体で管理するデジタル資料を第三者である組織に寄贈・寄託してもらうこととは状況が異なる。エモリー大学におけるサルマン・ラシュディのボーンデジタルアーカイブ[27]，カリフォルニア大学ロサンゼルス校（UCLA）におけるスーザン・ソンタグのデジタルコレクション[28]などは後者の代表例といえる。少なくとも一部は，研究目的での館内利用が可能とされている。あるいは，英国図書館は詩人ウェンディ・コープの個人文書類を 3 万 2 千ポンドで購入しているが，その中には 4 万件の電子メール，100 枚以上のデジタル写真，その他 Word ファイルも含まれていたという[29]。これも整理作業が済めば研究者による館内利用が認められている[30]。いずれにせよ，上にあげた例でいえば，ソンタグ以外はすべて存命中の著名人であるが，事前に許諾処理を済ませておけば，公開猶予期間は設けられるにせよ，一定期間経過後は提供も可とした契約を結ぶことが可能なことを示している。

　しかしこの個別契約のアプローチでは，対象としうる個人の範囲はかなり限定的なものとならざるをえない。扱いうるコレクションの範囲（資料の種類）も狭まるかもしれない。現状の寄贈コレクションには紙資料も含まれるであろうが，紙資料のみの場合と同様（あるいはそれ以上に），寄贈者や遺族などとの調整コスト（事前・事後含む）は大きな負担となろう。評価・選別や整理に係るコストも無視できない[31]。受信メールなど，他者が作成した情報やセンシティブな情報は，逐一チェックされ，提供不可の制限，マスキングなどの処置が施される。私的な生活に関する情報は制限され，当該個人の職業上の成果物のみ公開対象とするような契約内容に落ち着く場合もあろ

う[32]。存命中でなく，死後から寄贈の調整を開始することになった場合，さらにハードルは高くなる。また技術的な面でも，ハードディスクや旧式の記録媒体から真正性を担保したうえでオリジナルのデータをまずは抽出する必要があるなど，デジタルフォレンジックの環境整備も欠かせない[33]。

3.4　再び個人へ？

　アーカイブズ領域では，脱管理主義（postcustodialism）という考え方も醸成されてきた。カニンガム（Cunningham, A.）によれば，旧来型の集中的な資料管理にとどまらず，アウトリーチ，機関同士の協力，分散した記録のドキュメンテーションなど，より広範かつ能動的な活動を展開すべきとする立場だという[34]。ギャロウェイ（Galloway, P.）は端的に，"アーカイブズ機関が，自身らの記録を保存する記録作成者に対し，監督・助言する試み"と表現している[35]。ある組織が集中的に記録を集積するというよりはむしろ，分散的に保管しあうことにより，結果として保存の仕組みを担保するアプローチともいえる。この考えを推し進めれば，組織による介入の前に，まずは個人が責任をもって管理できるようになることが期待される。ギャロウェイはまた，多くの人々にとってインターネット上での生活が重要なものになるにつれ，デジタル保存の問題が広く「我がこと」として捉えられるようになっていくだろう，と期待を述べている[36]。

　英国図書館のウェブアーカイビング事業責任者を当時務めていたホクスユウ（Hockx-Yu, H.）は，このような草の根的なアプローチを"ソーシャルアーカイビング"と表現していた[37]。「納本」制度（legal deposit）などにもとづき，各国立図書館ではオンライン資料の収集が試みられているが，たとえ網羅的にウェブサイトをアーカイブするバルク収集であっても，その範囲は国別コードのトップレベルドメインなどの単位に限定されてしまう。国境を越えたコミュニケーションからなるソーシャルメディアのコンテンツにせよ，言語を越えたリンク構造からなるウェブページにせよ，各国が網羅的な収集方針を選択したところで，法制度上，その対象範囲は地理的な制約を伴う。

コレクションはパッチワークにならざるをえない。ソーシャルアーカイビングは，この穴を埋める一つの手法となるかもしれない。アーカイブズ領域では，「参加型アーカイブズ」という表現も見られる[38]。個人本人が長期的に自身のデジタル情報を残すことができれば，社会的に分散保存される可能性を高めることができるかもしれない。

　究極的には，それら分散的に保管された情報のメタデータがまとめて検索できればよいという見立てもありえよう。このような仕組み自体はすでに一定程度実現されてはいる。だが，技術面・運用面での課題が解消されているわけではない。いずれにせよしかし，すべての情報が適切に公開されるとは考えにくく，個人による情報の組織化も十分でないのが現実であろう。

3.5　デジタル保存のリテラシー教育

　組織の取り組みには限界がある。民間部門は，倒産やサービスの変更リスクをはらむ。営利目的から個人データや情報の不正使用が起きる可能性もありうる。また，広く利用されているクラウドサービスの多くは米国企業で占められている。他方，公共部門にも限界がある。財政的・技術的な面から実現できることには制約をともなう。権利関係の面では，法制度が整備されていなければ，収集しても提供することができない場合もある。収集すら難しい場合もあろう。あるいは，私的な情報になればなるほど，社会慣習上，合意を得ることは難しくなる。個別に契約を結ぶアプローチで対応できるのは，社会的な合意をえられやすい，かつ条件に合意できるごくわずかな「個人」に絞らざるをえない。

　そうなると，個人の取り組みにも一定程度期待を寄せざるをえない。デジタル保存について，個人の意識喚起やリテラシー教育の重要性が唱えられている。たとえばニール・ビーグリー（Beagrie, N.）は，文書館や図書館などの"記憶機関"におけるデジタル保存のスキルを，研究者や情報専門職だけでなく，広く一般に向けて伝えていくべきだと説いた[39]。あるいは，アーカイブズ研究者のリチャード・コックス（Cox, R.）は，市民への働きかけ，"市民

アーキビスト"の育成が重要だと主張している[40]。

　LC での取り組みはその好例であった[41]。前述した NDIIPP では多くの成果が上げられてきたが，LC のアシェンフェルダー（Ashenfelder, M.）によれば，この事業を進める過程で，一般市民がデジタル形式のファイルの扱いを十分に理解していないことに気づかされたという[42]。この状況を改善するため，どのように管理すればよいか，啓蒙的なアウトリーチ活動が始められた。写真，音声，動画，電子メール，文書類，そしてウェブサイトの保存に関する各種資料が作成されている。ブログでもわかりやすい記事が公開されてきた。ソーシャルメディアを活用し，イベントも開催されていく。アメリカ図書館協会（ALA）や公共図書館協会（PLA）とも協力が始まり，公共図書館や地域の文書館との共同プロジェクトも進められた。

　このような動きは全米で広まりを見せており，公共図書館に対する期待も大きい[43]。事例報告も確認できる。たとえば，ワシントン DC 公共図書館の Memory Lab である[44]。家族写真やビデオなどをデジタル化して保存するための設備，関連した教育プログラムの提供が企図された初めてのラボであり，2016 年に発足した。ニューヨークのクイーンズ図書館でも同様の取り組みが進められているという[45]。大学図書館においても[46]，パーソナルデジタルアーカイビング講習会などの事例を確認できる。しかし，これらデジタル保存に関した啓蒙活動が実際にどのくらいの効果を生むかは，必ずしも明らかでない。

4. さいごに

　基本的な構図は紙の資料と変わらないようにも見える。あらゆるデジタル情報を後世のために保存するのが望ましいという主張が仮に認められたとしても，すべてを残す，あるいはすべての所在を把握することは不可能であろう。個人本人，家族や知人，ひいては文化遺産機関などの組織，いずれの取り組みにおいてさえ，現実的に，すべてを保存できるわけでないことを我々

は理解している。技術的な制約あるいは費用対効果の観点から保存できない情報，あるいは倫理上の観点から保存するのが望ましくない私的な情報などもあろう。また組織の取り組みにおいては，機関の種別や規模，あるいは各機関の使命・歴史的経緯に応じて，それぞれ対応方針・範囲は異なってくるだろう。

　ただし，これまで見てきたとおり，著名人等の一部個人により管理された公開・非公開のデジタルコレクションと，一般個人により集積された公開コンテンツ（ソーシャルメディア）とでは，状況が大きく異なる。前者は，これまでの個人文書または私文書に相当するものであり，業務・システム要件は見直さねばならないものの，あくまで対象資料群としては，これまでの取り組みのいわば延長線上で捉えられるのではないだろうか。ある個人を研究する上で有用なレファレンス情報源となりうる相対的に特定少数の私的な情報は，公開猶予期間を設けるなど，本人や遺族の合意のもと扱われねばならない。

　他方，後者はこれまで図書館や文書館では扱ってこなかったカテゴリといえる。ある期間，ある集団において何が語られていたかを包括的に分析する上での貴重な情報源となりえるかもしれない。ただし，対象が網羅的になればなるほど，誤った情報や違法な情報まで含まれる可能性を排除できない。機微情報を含め，ある程度は機械的に特定できるようになったとしても，特に公的な組織がそれらを収集・保存，さらには不特定多数の私的な情報を第三者に提供するとなると，法制度化含め，社会的合意を得るには相当の困難が生じると予想される。とはいえ，冒頭の質問のように，ある特定個人のもののみを参照したいというニーズもありうる。その場合，特定アカウントに限定して取り扱うなど，前者のアプローチに近づける対応が考えられるかもしれない。しかし，作業コストは跳ね上がる。

　未来のレファレンスサービスは，残された情報源の範囲内で行われることになる[47]。だが果たして，個人が管理するデジタル情報のうち，何が残り，

何が残されないことになるのか。それを誰がどのように決める（または評価
選別する）のか。少なくとも，何も議論の蓄積がないまま，冒頭のレファレ
ンス質問に，ただ「未解決」フラグが立てられてしまうことになるのだけは
避けたい。

注・引用文献

1）　Lee, C. A. "Collecting the Externalized Me: Appraisal of Materials in the Social Web," Lee, C. A.（ed.）
　　I, Digital: Personal Collections in the Digital Era. Society of American Archivists, 2011, p.202-238.

2）　杉山正明「史料とはなにか」樺山紘一ほか編『世界史へのアプローチ』（岩波講座世界歴史
　　1）岩波書店，1998，p.211-241.

3）　Kuny, T. "A digital Dark Ages? Challenges in the preservation of electronic information," *IFLANET
　　International Preservation News*, no.17, 1997, http://archive.ifla.org/IV/ifla63/63kuny1.pdf （参照
　　2018-12-20）

4）　Bruns, A.; and Weller, K. "Twitter as a first draft of the present: and the challenges of preserving it for
　　the future," *Proceedings of the 8th ACM Conference on Web Science (WebSci'16)*, ACM, 2016, p.183-
　　189.

5）　Cook, T. "Total Archives," Duranti, L.; and Franks, P. C.（eds.）*Encyclopedia of Archival Science.*
　　Rowman & Littlefield, 2015, p.397-400.

6）　Paradigm project　http://www.paradigm.ac.uk/ （参照 2018-12-20）

7）　デジタルアーカイブの連携に関する関係省庁等連絡会・実務者協議会『我が国におけるデ
　　ジタルアーカイブ推進の方向性』2017，45p. 引用は p.3. https://www.kantei.go.jp/jp/singi/
　　titeki2/digitalarchive_kyougikai/houkokusho.pdf （参照 2018-12-20）

8）　Shiozaki, R.; and Eisenschitz, T. "Role and justification of web archiving by national libraries: A
　　questionnaire survey," *Journal of Librarianship and Information Science*, vol.41, no.2, 2009, p.90-107.

9）　Kim, S. "Landscape of Personal Digital Archiving Activities and Research," Hawkins, D. T.（ed.）
　　Personal Archiving: Preserving Our Digital Heritage. Information Today, 2013, p.153-185. 引用は
　　p.156-157.

10）Bell, C. G.; and Gemmell, J.『ライフログのすすめ：人生の「すべて」をデジタルに記録す
　　る！』[Total recall] 飯泉恵美子訳，早川書房，2010，392p.

11）Sellen, A. J.; and Whittaker, S. "Beyond total capture: a constructive critique of lifelogging," *Commu-
　　nication of the ACM*, vol.53, no.5, 2010, p.70-77.

12）Maciel, C.; and Pereira, V. C.（eds.）*Digital Legacy and Interaction: Post-Mortem Issues.* Springer,
　　2013, 144p.

13）Schneier, B.『超監視社会：私たちのデータはどこまで見られているのか？』池村千秋訳，

草思社，2016，381p.

14）Mayer-Schönberger, V. *Delete: the virtue of forgetting in the digital age*. Princeton University Press, 2011, 249p.

15）Marshall, C.C. et al. "The Long Term Fate of Our Personal Digital Belongings: Toward a Service Model for Personal Archives," *Proceedings of Archiving 2006, Society for Imaging Science and Technology*, 2006, p.25-30.

16）Coase, R. H.「第 2 章 企業の本質」宮沢健一・後藤晃・藤垣芳文訳『企業・市場・法』東洋経済新報社，1992，p.39-64.

17）Cushing, A. L. "Highlighting the archives perspective in the personal digital archiving discussion," *Library Hi Tech*, vol.28, no.2, 2010, p.301-312.

18）Ubois, J. "Personal Digital Archives: What They Are, What They Could Be, and Why They Matter," Hawkins, D. T.（ed.）*Personal Archiving: Preserving Our Digital Heritage*. Information Today, 2013, p.1-9. 引用は p.6.

19）Ximm, A. "Active Personal Archiving and the Internet Archive," Hawkins, D. T.（ed.）*Personal Archiving: Preserving Our Digital Heritage*. Information Today, 2013, p.187-213.

20）Zimmer, M, "The Twitter Archive at the Library of Congress: Challenges for information practice and information policy," *First Monday*, vol.20, no.7, 2015. http://firstmonday.org/article/view/5619/4653（参照 2018-12-20）

21）Library of Congress. "The Library and Twitter: An FAQ", 2010. https://web.archive.org/web/20180103082214/https://blogs.loc.gov/loc/2010/04/the-library-and-twitter-an-faq/（参照 2018-12-20）

22）2010 年時の合意文書は次を参照。Twitter Inc. and Library of Congress. Gift Agreement. 2010. https://web.archive.org/web/20180910031707/https://blogs.loc.gov/loc/files/2010/04/LOC-Twitter.pdf（参照 2018-12-20）

23）Library of Congress. "Update on the Twitter Archive at the Library of Congress," 2017. https://blogs.loc.gov/loc/2017/12/update-on-the-twitter-archive-at-the-library-of-congress-2/（参照 2018-12-20）

24）National Archives and Records Administration. White Paper on Best Practices for the Capture of Social Media Records. 2013, 25p. https://www.archives.gov/files/records-mgmt/resources/socialmediacapture.pdf（参照 2018-12-20）

25）日本国内においては，国により強制的に収集されることは情報の発信者にとって想定範囲外といえ，公表を控えるなど表現の萎縮をも招きかねない，という指摘がなされてきた。納本制度調査会『答申：21 世紀を展望した我が国の納本制度の在り方：電子出版物を中心に』国立国会図書館, 1999, 58p. http://dl.ndl.go.jp/info:ndljp/pid/1001007（参照 2018-12-20）

26）Marshall, C. C.; and Shipman, F. M. "Who owns the social web?," *Communication of the ACM*, vol.60, no.5, 2017, p.52-61.

27）Carroll, L. et al. "A Comprehensive Approach to Born Digital Archives," *Archivaria*, no.72, 2011, p.61-92.

28）Moser, B. "In the Sontag Archives," *The New Yorker*, January 30, 2014. https://www.newyorker. com/books/page-turner/in-the-sontag-archives（参照 2018-12-20）

29）Flood, A. "Wendy Cope's archive sold to British Library". *The Guardian*. 20 Apr 2011　https:// www.theguardian.com/books/2011/apr/20/wendy-cope-archive-british-library（参照 2018-12-20）

30）Pledge J.; and Dickens, E. "Process and progress: working with born-digital material in the Wendy Cope Archive at the British Library," *Archives and Manuscripts*, vol.46, no.1, 2018, p.59-69.

31）Redwine, G. et al.（2013）*Born digital: guidance for donors, dealers, and archival repositories*. Council on Library and Information Resources, 2013, 28p. https://www.clir.org/pubs/reports/pub159/ （参照 2018-12-20）

32）Thomas, S. "Curating the I, Digital: Experiences at the Bodleian Library," Lee, C. A.（ed.）*I, Digital: Personal Collections in the Digital Era*. Society of American Archivists, 2011, p.280-305.

33）古賀崇「記録管理・アーカイブズにおける『デジタル・フォレンジック』に関する一考察：国際比較に基づき」『レコード・マネジメント』no.73, 2017, p.72-85.

34）Cunningham, A. "Postcustodialism," Duranti, L.; and Franks, P. C.（eds.）*Encyclopedia of Archival Science*. Rowman & Littlefield, 2015, p.274-278.

35）Galloway, P. "Oral tradition in living cultures: the role of archives in the preservation of memory," Bastian, J. A.; and Alexander, B.（eds.）*Community archives: the shaping of memory*. Facet Publishing, 2009, p.65-86. 引用は p.78.

36）Galloway, P. "Digital Archiving," *Encyclopedia of Library and Information Sciences*. 3rd ed. CRC Press, 2010, p.1518-1527. 引用は p.1526.

37）Hockx-Yu, H. "Archiving Social Media in the Context of Non-print Legal Deposit," *Paper presented at IFLA WLIC 2014*, France, p.16-22. http://library.ifla.org/id/eprint/999（参照 2018-12-20）

38）Theimer, K. "Participatory Archives," Duranti, L. and Franks, P. C.（eds.）*Encyclopedia of Archival Science*. Rowman & Littlefield, 2015, p.261-262.

39）Beagrie, N. "Plenty of room at the bottom?: Personal digital libraries and collections," *D-Lib Magazine*, vol.11, no.6, 2005. http://doi.org/10.1045/june2005-beagrie（参照 2018-12-20）

40）Cox, R. *Personal archives and a new archival calling: readings, reflections and ruminations*. Litwin Books, 2008, 418p.

41）興味深いことに，LC のデジタル保存に関するウェブサイトは 2019 年 1 月 1 日付で閉鎖予定とのアナウンスが事前になされていた。そのため，それ以前に Internet Archive で収集されたものを参照先としてあげておく。
Library of Congress. Digital Preservation. https://web.archive.org/web/20181220084240/http:// www.digitalpreservation.gov/（参照 2018-12-20）

42）Ashenfelder, M. "The Library of Congress and Personal Digital Archiving," Hawkins, D. T.（ed.）*Personal Archiving: Preserving Our Digital Heritage*. Information Today, 2013, p.31-45.

43）Copeland, A. "Public Library: A Place for the Digital Community Archive," *Preservation, Digital*

Technology & Culture, vol.44, no.1, 2015, p.12-21.

44) Mears, J. "The Washington, DC Public Library's Memory Lab: A Case Study," Marshall, B. H. （ed.） *The Complete Guide to Personal Digital Archiving*. Facet Publishing, 2017, p.85-101.

45) Milbrodt, N.; and Schreiner, M. "Digitizing Memories and Teaching Information Literacy in Queens, NY," Marshall, B. H. （ed.） *The Complete Guide to Personal Digital Archiving*. Facet Publishing, 2017, p.103-118.

46) Bocko, A. et al. "Personal Digital Archives Programming at Liberal Arts Colleges," Marshall, B. H. （ed.） *The Complete Guide to Personal Digital Archiving*. Facet Publishing, 2017, p.135-156.

47) この例に限ると，現時点であれば，Twitter そのもの（と LC のアーカイブ），ソーシャルメディア研究者などが取得したデータセット，ハーバード大学ライシャワー日本研究所の「日本災害 DIGITAL アーカイブ」（http://jdarchive.org/）などが未来のレファレンス情報源となりえる。

第 8 章
『広辞苑』デジタル版の移り変わり

石黒祐子

1. はじめに

　レファレンスツールは，かつては紙に印刷された冊子体であったが，今や紙以外のさまざまな電子媒体で世に出され，中には全面的に他の媒体へと置き換わり冊子体では発行されなくなったものもある。レファレンスツールのなかで私たちにとって最も身近な国語辞書も，以前は紙でできた分厚い冊子体をイメージしたものだったが，そういった伝統的な形態の辞書は，電子辞書やスマートフォンなどで使用できるデジタルの辞書と区別され，「紙の辞書」と呼ばれるようになっている。

　ただ国語辞書にも収録語数や編集方針が異なるさまざまな辞書があり，それらを個別にみると，辞書によって用いられてきた電子媒体には違いがみられる。有料のものだけでなく，無料のものもあり，利用する側にとって国語辞書の選択肢はかつてないほど広がっているようだ。そこで本稿では数ある国語辞書のうち，「国民的辞書」といわれるほど広く知られ，ことばの定義を示す際にもたびたび用いられている『広辞苑』（新村出編，岩波書店）について，これまでどのようなデジタル版が製作され，今日に至っているのかをたどることにする。

　『広辞苑』の初版が出版されたのは 1955 年。新村出編『辞苑』（博文館，1935 年）を増補改訂したものだった。最新版は 2018 年 1 月出版の第 7 版であり，長年にわたり改訂を重ねて出版されている歴史ある辞書でもある。古語から現代語まで収録は幅広く，ことばの意味を解説した国語項目だけでなく，地名・人名・書名など固有名詞を含む事がらを解説した百科項目も数多

く収録したところが特徴的であり，好評を得た。語釈が複数ある場合には，近代的国語辞書の祖といわれる大槻文彦編『言海』（1889（明治22） − 91（明治24）年 4冊）以来の伝統を引き継ぎ，古い時代の語義から記述している[1)]。古語の用例は古典から採ったものを中心としてきたが，最新版ではこれらを見直すとともに，明治以降近代の用例を大幅に増補した。

　『広辞苑』の収録項目は，第7版で約25万。50万項目以上を収録するものを大型国語辞書，20万項目以上を中型国語辞書，それ以下を小型国語辞書と区別するなら，小学館の『日本国語大辞典』は大型，『広辞苑』は中型国語辞書である。ほかに中型としては，三省堂『大辞林』，小学館『大辞泉』があげられる。『岩波国語辞典』，三省堂『新明解国語辞典』などは小型辞書になる。

2. 調査する『広辞苑』の範囲

　電子媒体が用いられた第3版から最新版の第7版を対象に，デジタル版の種類，収録内容，検索方法について調査を行った。現物の確認は国立国会図書館所蔵の14点，鳥取大学所蔵の4点について行い，それ以外の製品については岩波書店やメーカーの製品案内，CiNii Books の書誌データ，関係文献，新聞記事を参考にした。また電子辞書については多数の機種があるため，本稿では限定的に取り上げるのみとする。なお資料のタイトルの表記には，冊子体の場合は『　』を，それ以外のものは「　」を使用する。

3.『広辞苑』各版のデジタル版

3.1 『広辞苑　第3版』デジタル版
3.1.1　CD-ROM
　『広辞苑　第3版』は以下の3種類が冊子体で出版されている。
・普通版，1983.12，18，2667p，23cm，5800円

・机上版，1983.12，18，2667p，27cm，1万円

・総革装版，1983.12，18，2667p，23cm

　項目数は20万余，挿図はモノクロで約2150点である。この第3版で初め
て『広辞苑』に紙以外の媒体が用いられた。

・「広辞苑　第3版　CD-ROM版」岩波書店，大日本印刷，富士通，ソニー
　開発，1987.6

　富士通のワープロ「OASYS100GX」と組み合わせて利用する製品で，画
面の上部をワープロに，下部を「広辞苑」検索に使用するというものだっ
た[2],[3]。これ以前に『新明解国語辞典』のデジタル化が行われていたそうだ
が[4]，国語辞書のCD-ROM版はこれが初めてであった。

　CD-ROM版の誕生には，ソニーの担当者が開発中のCD-ROMの用途と
して「辞書」を考え，当時ワープロをつくっていた富士通に相談を持ちか
け，さらに大日本印刷，岩波書店へと話が持ち込まれたといういきさつがあ
る[5]。こうして大日本印刷がデータの加工処理，富士通がワープロソフトの
開発，ソニーがCDドライブの開発を担当し，『広辞苑』のCD-ROM版が
実現することとなった。発売に先駆けて1986年10月23日に試作版が公開
され[6]，翌1987年6月16日[7],[8]に発売となった。1枚のCD-ROMに冊子体
収録の20万項目と「検索ソフト」が収録されていた[9]。

　試作版では「見出し語」（カナ/かな）と「表記形」（漢字/アルファベッ
ト）の検索のみ[10]であったが，発売されたCD-ROM版では本文中の語で検
索できる機能「条件検索」が追加されていた。たとえば「フランス」，「印象
派」，「画家」を入力すると，マネ，モネとならんで黒田清輝が検索できた。
この検索を行うために本文からキーワードがあらかじめ手作業で拾い上げら
れ，収録されていた[11]。CD-ROM版の価格は2万8000円。その他の機器も
合わせると，富士通のワープロは204万5000円，ソニーのCDドライブは
16万2000円と大変高額であったため，個人よりも研究所や図書館が販売対
象とされた[12],[13]。

　CD-ROM版国語辞書の初公開[14]は注目を集め，1986年の公開時には，新

聞社 200 社，雑誌社 200 社以上の記者が集まったともいわれ，午前と午後に分けて発表が行われた。価格にあわせて演出も工夫され，CD-ROM はジュラルミンのケースに入れられていたという[15]。

　CD-ROM の容量は約 540MB。『広辞苑』なら約 20 冊分のデジタルデータを収録することが可能であり，ランダムアクセスができるが，一度書き込んだデータは修正できないなど，それまでの媒体にない特徴があり，新聞のバックナンバーや辞書類を収録できる記憶媒体として期待された。

　一方で 1970 年代前半から新聞社，印刷会社では電子出版に向けて文字・画像をデジタル化し，コンピュータで組版する出版技術 CTS（Computerized Typesetting System）の導入が始まっていた。『広辞苑』でも第 3 版から活字組版に代えて CTS が導入された[16),17)]ことで，編集工程や印刷工程の省力化が進められ，その後の改訂作業の合理化や期間短縮へとつながっていった。こうした情報技術と印刷技術との融合によって『広辞苑』の CD-ROM 版が製品化された[18]。

　「広辞苑　第 3 版　CD-ROM 版」には，岩波書店，大日本印刷，富士通，ソニー 4 社の共同開発によって開発された辞書フォーマットが使用されていた。このフォーマットは，公開を目指して議論を行った場所，品川 Wing ビルにちなみ，WING 規約と名づけられ，後に商標として登録する際に EP-WING 規約と名称が変更された[19]。共同開発した各社が無料での規約利用に合意したことで，その後の電子辞書規約の開発が免除され，次々と辞書・事典が電子化されていくことになった[20]。1991 年 10 月[21]には岩波書店，ソニー，大日本印刷，凸版印刷，富士通の 5 社により，CD-ROM への記録形式の標準化や CD-ROM 利用の普及を目的とした「EPWING コンソーシアム」が設立され[22]，1996 年に EPWING 規約は「日本語電子出版検索データ構造」として JIS 規格となり（X4081）[23]，その後も改訂され現在に至っている。

　1988 年にはパソコンで使用できる CD-ROM 版が発売された。

・「電子広辞苑」岩波書店，大日本印刷，日本電気，1988，CD-ROM 1 枚（NEC パーソナルコンピュータ PC-9800 シリーズ）日本電気，同ホームエ

レクトロニクス社発売（鳥取大学所蔵）

　冊子体に掲載された項目 20 万，挿絵 2000 点のほか，冊子体にはない 234 の色見本，60 種の鳥の鳴き声も収録された[24]。

　「見出し語」と「本文」を対象とした検索があり，「見出し語」を対象とした検索は「見出し語検索」（カナ／かな），「表記形検索」（漢字／アルファベット），「前方／後方一致検索」，「画面語検索」の 4 種類。「表記形検索」では，アルファベットの大文字／小文字の区別はなく，完全に一致した場合に検索結果が表示される。「画面語検索」とは，検索結果が表示された画面から項目（画面語）をドラッグで指定して検索する方法で，これも完全に一致した場合に結果が表示される。

　「本文」を対象とした検索には，先に出版されたワープロ用 CD-ROM 版と同様の「条件検索」がある。本文からあらかじめ拾い出されたキーワードが検索対象で，その数は全部で 200 万以上だったという[25]。検索語の入力箇所は縦に 5 段設けられており，キーワードを同じ段にスペースを入れて並べると OR，別の段に入力すると AND の条件で検索する。

　そのほか，色の名前を引くとその色を画面に表示する機能や，図版を動物や植物など分野ごとに検索する「図版の分野別検索」の機能もあり，図版は拡大表示ができた。「凡例」，「略語一覧」，「出典略称一覧」，「西暦和暦対照表」の検索も可能。検索結果は印刷，ファイル保存ができる。CD-ROM と検索ソフトで 6 万円。PC-9801 パソコンで使用可能で，個人利用を目指した初の製品であったが，最も安い機種でもプリンターを除き総額 63 万 800 円だった[26]。

　1990 年には，PC-8800 シリーズ用の CD-ROM「電子広辞苑」が日本電気ホームエレクトロニクスから発売される。CD-ROM と検索ソフトのセットで 3 万 8000 円[27]。

　「広辞苑　第 3 版　CD-ROM 版」は冊子体にはない内容や機能を備え，当時注目されたが，1990 年 8 月の時点での販売枚数は 6000 枚程度で，業務用としてはともかく，個人用にはそれほど売れ行きは伸びなかったという

（もっとも「広辞苑　第 3 版」以外の CD-ROM の売り上げは，数十枚から数百枚という状況だったという）。売れなかった要因の第 1 は，ソフトだけでなく，ハードも揃えると高額になる点，第 2 の要因は検索ソフトが不統一であるという点だった。多種類のパソコン機種が混在するため検索用ソフトを複数つくらなければならず，ソフトが高くなる原因となった[28]。

　1991 年には Macintosh 対応の CD-ROM 版が出版されている。

・「マック広辞苑　広辞苑第 3 版　CD-ROM 版」 Ayumi Software 開発，クォリタスジャパン発売，1991.5，CD-ROM 1 枚，3.5 インチフロッピーディスク 1 枚，5 万 9000 円（税別）（NDL 所蔵）

　『広辞苑　第 3 版』を収録した CD-ROM 1 枚と検索ソフト・外字フォントを収録した 3.5 インチのフロッピーディスク 1 枚で構成されている。収録内容，検索語は先にあげた CD-ROM 版と同様だが，「コンピューター」は「コンピュウタア」でも「コンピュータ」でも検索可だが「ベータ」は「ベーター」では検索不可，「ヴォルガ」は「ボルガ」でも検索可だが「ビーナス」は「ヴィーナス」では不可など検索語について詳しい説明がある。また，検索方法に「全一致検索」という，完全に一致する項目がなくても最も近い項目を表示する新しい方法が加わる。

3.1.2　電子ブック

　1990 年には電子ブックが登場する。電子ブックは WING 規約をもとにソニーが中心となって開発した規約によるもので，8cm の CD-ROM に文字や画像を収録する。専用ケース（キャディ）に収めて使用し，内容を表示するには専用の電子ブックプレイヤー（価格は 3 万円台から）を必要とした。記憶容量は 200MB，大型辞書で 6 冊分，音声データだと 5 時間以上，画像データ（カラー写真や精密図版）数千枚の収録を可能とした[29]。かな漢字変換は行えず，検索はすべて「かな」だった。音声の再生は 1993 年から対応し，ディスプレイは 1998 年にカラー化された[30]。

　電子ブックプレイヤーの最初の機種は，1990 年 7 月にソニーから発売さ

れた「DATA Discman DD1」（5万8000円[31]）で，付属の電子ブックには『現代国語辞典』（三省堂），『ニューセンチュリー英和辞典』（三省堂）など5種類の辞書が1つに収録されていた。

　ソニーはこの「DATA Discman DD1」の発売に合わせて1990年1月に[32]「電子ブックコミッティ」を共同で設立し，加盟出版社から別売ソフトとして18タイトルが発売された。このとき「広辞苑　電子ブック版」（岩波書店，7500円）が「現代用語の基礎知識　電子ブック1990年版」（自由国民社，3800円）ほかとともに発売された[33]。「電子ブックコミッティ」の加盟会社は29社（1990.10）からその後110社（1999.4）[34]へと拡大し，これにともない電子ブックのタイトルも増加した。CD-ROM版に比べると，電子ブックは価格の安さもあって1タイトル数千枚の単位で売れ[35]，「広辞苑　電子ブック版」ほか販売実績が1万点前後に達したソフトも多かった[36]。携帯が容易で，電源を入れてから立ち上がるまでのスピードが速いという点も長所であった[37]。

　松下電器産業や三洋電機からも電子ブックプレイヤーが発売されたが，その後パソコンにCD-ROMドライブが標準装備されるようになると，撤退することになり，ソニーも2000年に電子ブックプレイヤーの販売を終了した[38]。

3.2　『広辞苑　第4版』デジタル版
3.2.1　電子ブック
　『広辞苑　第4版』は，冊子体では以下の3種類が出版されている。
・普通版，1991.11，22，2858p，23cm，6500円
・机上版，1992.11，22，2858p，27cm，1万1000円
・革装版，1992.11，22，2858p，23cm，1万2000円

　項目数は22万余（1万5000項目追加），挿図はモノクロで約2500点（700余の図版を追加・改訂）である。そのほか系図・組織図・一覧表など約100点の表が加わった。基本的な季語3500語も新たに選定された。冊子体では，このほか『逆引き広辞苑』（1992.11）や同机上版（1992.11）も出版されて

いる。

　デジタル版では冊子体普通版の出版から約 1 年後，机上版，革装版より早い時期に，まず電子ブック版が出版される。

・「広辞苑　第 4 版　電子ブック版」岩波書店，1992.10，CD-ROM 1 枚（Electronic book）8200 円（NDL 所蔵）

　収録内容は冊子体に収録された約 22 万項目，挿図，表のほか，冊子体にはない内容として鳥の鳴き声（「第 3 版　CD-ROM 版」の 60 種よりは少ないが 40 種），「地理」，「歴史・風俗」など 6 種類の「メニューデータ」である。「メニューデータ」は冊子体第 3 版の CD-ROM 版・電子ブック版にもなかった新しい内容である。価格は「第 3 版　電子ブック版」から 500 円上がり 8200 円となった[39]。

　検索語は「かな」，「カナ」，「アルファベット」，「数字」で，「漢字」による検索はできない。新たに収録されることになった「メニューデータ」に対応し，検索方法には「メニュー検索」が加わり，「地理」，「歴史・風俗」，「理科」，「図鑑」，「表」，「鳥の鳴き声」の 6 つのメニューから選択するようになっている。たとえば「地理」を選択すると，「日本の高山ベスト 10」，「世界の高山ベスト 10」，「日本の川」，「世界の川」などのメニューが表示される。メニューをたどり表示された項目から，本文を参照できる。

　「複合検索」も新しい。「人名」，「地名」，「作品名」，「季語」，「慣用句」の 5 ジャンルの検索方式がそれぞれ用意されており，たとえば「人名」の場合は「地域」，「時代」，「キーワード①」，「キーワード②」の 4 項目を入力することができる。「地域」，「時代」は用意された参照から選択する。検索結果の一覧表示から選択すると，本文を参照できる。本文の表示画面に参照の項目や表がある場合，選択すれば表示できる「参照検索」も加わった。ただし，図・表のうち 25 点（円錐曲線，大鎧，火山ほか）は電子ブックには収録されておらず，付属の解説冊子に掲載されているものを参照する。

　1996 年 1 月には「広辞苑　第 4 版　電子ブック（補訂）版」（EB Kojien, CD-ROM 1 枚，8cm，Electronic book）が出ている。漢字表示の機能が改良され

た[40]。

3.2.2　電子辞書

　電子ブック発売の後，机上版，革装版の出版と同じ時期である 1992 年 11
月に IC 電子辞書が発売される。

・「IC ディクショナリー広辞苑　TR-800」セイコー電子工業発売，5 万 3000
円

　冊子体第 4 版のテキストデータを収録。検索方法は，ローマ字入力による
ことばの読み。「響」や「鷺」など，画数が多い漢字は拡大表示が可能。慣
用句を検索する機能もあった。重さは 310g。軽量で文字の拡大ができるこ
とから，年配の利用者に人気があったということである[41],[42],[43]。

　1995 年 3 月には「TR-800」の改良版が発売された。

・「IC ディクショナリー広辞苑　TR-8000」セイコー電子工業発売（NDL 所
蔵）

　ひらがな入力もできるようになり，検索速度は約 2 倍，画面に表示できる
文字数は 1.5 倍になった。価格は 3 万 5000 円[44]。挿絵は収録されておらず，
「出典略称一覧」は付属の冊子説明書に収録されている。「広辞苑検索」，「漢
字検索」，「慣用句検索」の各検索モードに切り替えて検索する。「慣用句検
索」では，入力した語から始まる慣用句が五十音順に表示される。収録内容
や検索方法は電子ブックと比べても限られていた。

3.2.3　CD-ROM

　『広辞苑　第 4 版』でも CD-ROM 版が引き続き発売されている。その一
つに以下の CD-ROM がある。

・「広辞苑　第 4 版　CD-ROM 版　EPWING」岩波書店，1993.3，CD-ROM
1 枚，EPWING（第 2 版）準拠，2 万 4720 円（税別）（NDL 所蔵）

　鳥の鳴き声は電子ブック版の 40 種よりも多く 84 種，このほか歴史的文献
資料の抜粋 542 点が新しく加わる。電子ブック版では 6 種類だったメニュー

データは，「色の見本一覧」と新しく加わった「分野別文献資料一覧」を含め 8 種類。図表は電子ブックでは一部収録されず，冊子を参照することになっていたが，この CD-ROM 版ではすべて収録される。

　検索語は先の CD-ROM と同じく「かな」，「カナ」，「漢字」，「アルファベット」で，検索の種類は，従来の検索方法のほか，第 4 版電子ブック版から登場した「関連語検索（参照検索）」，「複合検索」，「慣用句検索」である。また，本文を対象とする「条件検索」が改良され，たとえば，「俳優」と入力すると「女優」も同時に検索される。検索条件として NOT も使用可能となった。そのほか慣用句の検索が「複合検索」の一つだったのが，単独で「見出し語条件検索」（検索語を含む慣用句の検索）として設けられるようになった。

　このほかにも以下の CD-ROM 版が発売されている。
・「電子広辞苑　岩波書店　広辞苑第 4 版 CD-ROM」日本電気ホームエレクトロニクス発売，1993.4，CD-ROM 1 枚，フロッピーディスク 5 インチ 1 枚，3.5 インチ 1 枚，（NEC パーソナルコンピュータ PC-9800 シリーズ）2 万 7000 円（税別）（NDL 所蔵）
・「マック広辞苑：広辞苑第 4 版　CD-ROM 版」Ayumi Software 開発，クォリタスジャパン発売，1994.7，CD-ROM 1 枚，検索ソフトフロッピーディスク 1 枚（CiNii Books）

3.2.4　CD-ROM カラー版

　1995 年には CD-ROM 版にカラー版が登場する。色見本のカラー表示は以前からあったが，それ以外にカラー写真が新たに収録される。数種類出版されているようだが，たとえば以下の CD-ROM 版がある。
・「広辞苑　第 4 版　CD-ROM（カラー）版」岩波書店，1995.11，CD-ROM 1 枚，EPWING（第 2 版）準拠（鳥取大学所蔵）
・「電子広辞苑　第 4 版　カラー版　for Windows」岩波書店，NEC インターチャネル発売，1995，CD-ROM 1 枚，2 万 394 円（鳥取大学所蔵）

　収録内容は，『広辞苑　第 4 版』，「付属資料」，「広辞苑紹介」。従来の CD-ROM 版の内容に加え，新たに約 650 点のカラー写真・カラー図版が収録された。そのほか Macintosh 用の次の製品もある。

・「マック広辞苑　第 4 版　CD-ROM（カラー）版」Ayumi Software 開発，クォリタスジャパン発売，1995.11，CD-ROM 1 枚，3.5 インチフロッピーディスク 1 枚，EPWING（第 2 版）準拠，2 万 9000 円（NDL 所蔵）

　収録内容は，上記「電子広辞苑　第 4 版　CD-ROM（カラー）版」岩波書店と同様（カラー写真・カラー図版について解説書には約 670 点と記載）。フロッピーディスクには検索ソフト，外字フォントが収録されている。

　検索方法で岩波書店発売の CD-ROM 版と異なる点は，「見出し語」の検索に「前方 / 後方 / 全体一致検索」のほか，「部分一致検索」が設けられている点や「複雑な検索」が用意されている点である。「複雑な検索」では，入力箇所は縦に 5 段あり，条件項目が「見出し語」のほか，「キーワード（本文中の語）」，「読みの文字数」，「表記形の文字数」へと変更可能で，文字数の指定もできる。入力するキーワードは「前方 / 後方一致」の指定ができ，条件は AND と OR が使える。たとえば，"見出し語が「日本」で始まりかつ「会」で終わり，かつ見出し語の表記形文字数は 6 文字"という指定もできる。これとは別に従来の「条件検索」もある。

　「メニュー検索」は，収録データにカラー写真が加わったことで，「モノクロデータ」，「カラー写真・カラー図版」，「音声データ」，「色見本データ」の 4 種類となる。テキスト，カラー写真，カラー図版，モノクロ図版の印刷が可能。ディスクへの書き出しはこれらに加えてサウンドも可能。色見本のデータ書き出しはできない。

　1996 年には岩波書店から辞書サーバシステム（検索ソフト）「こととい」（EPWING（第 2 版）準拠，CD-ROM 1 枚）が発売される[45]。複数の CD-ROM 辞書を同時に統合して検索するソフトで，「全文検索」，「部分一致検索」などの機能を備え，「広辞苑　第 4 版　CD-ROM（カラー）版」に対応している。「こととい」は単独でも販売されたが，CD-ROM 版を同梱した「CD-

ROM（カラー）版　ことといパック」（CD-ROM 2 枚）も発売された。

3.2.5　CD-ROM マルチメディア版

　1996 年 12 月には「全文検索」のほか，新たに動画再生機能を備えた「こととい Ver.2」（岩波書店，大日本印刷，イニューシステム開発，EPWING（第 3 版）準拠，CD-ROM 1 枚）が発売された。「広辞苑　マルチメディア版」に対応するもので[46]，単独販売のほか，「CD-ROM　マルチメディア版」とセットにしたものも発売された。

・「広辞苑　第 4 版　CD-ROM　マルチメディア版」（Kojien）岩波書店，1996.12，CD-ROM 1 枚（CiNii Books）

　価格は「広辞苑」が 1 万 4000 円。「こととい Ver.2」とのセットで 2 万 2000 円[47]。カラー画像が従来の 650 点から 1800 点に増え，物体の落下シーンなど動画 15 点を含む[48]。国語辞書に動画が入ったのはこれが初である。

　1996 年には NEC インターチャネルや富士通（辞書＆検索シリーズ，1 万 8800 円　税別（NDL 所蔵）），クォリタスジャパンからもマルチメディア版が発売されている。

3.2.6　複数コンテンツの搭載

　1990 年代後半には出版社の異なる複数の冊子体辞書を 1 つの CD-ROM に収録したものが出版される。たとえば以下の CD-ROM 版がある。

・「辞・典・盤 Pro：広辞苑，リーダーズ英和辞典 = Bibliotheca electrica dictionariorum Asciiana」アスキー，1997.10，CD-ROM 1 枚，1 万 7000 円（税別）（NDL 所蔵）

　「広辞苑　第 4 版　CD-ROM 版」（c1997）の約 22 万項目と「リーダーズ英和辞典　CD-ROM 版」（研究社，c1997）の約 26 万項目の両方を合わせた約 48 万項目を収録。収録はテキストデータのみで，見出し項目と本文，「前方 / 後方一致検索」用のインデクスを収録。図版，音声は収録されていない。検索ソフトウェア「Word Engine2」（Win/Mac 対応）を搭載。EPWING

（第1版）準拠。市販の音声読み上げソフトウェアにも対応する。EPWING
形式であれば別の CD-ROM 辞書であっても同時に横断検索ができるほか，
辞書を切り替えて同じ検索を行うこともできる。

　新たな検索方法として，「ダイナミック検索」が設けられる。調べたい語
や読みがわかっている場合に対し，五十音順に表示された見出し語から当た
りをつけながら検索する方法である。

　富士通から発売された CD-ROM 版にも出版社の異なる複数の辞書が収録
されている。

・「スーパー統合辞書　1997」富士通発売，c1997，CD-ROM 1 枚（辞書＆
　検索ソフトシリーズ）1 万 7800 円（税別）（NDL，鳥取大学所蔵）

　「広辞苑　第 4 版　CD-ROM　マルチメディア版」（EPWING（第 3 版）準
拠）が『新英和中辞典　第 6 版』（研究社，c1995），『新和英中辞典　第 4 版』
（研究社，c1995），『漢字源』（学習研究社，c1995），『現代用語の知識 1997 年版』
（自由国民社，c1997）とともに収録されている。同時収録の辞書との横断検索
機能はない。このシリーズはその後も『広辞苑　第 5 版』，『現代用語の基礎
知識』の最新版など，収録内容を変えながら何度か出版されている。

　複数同時搭載ではないが，同じシリーズの複数の辞書を切り替えて使える
ものとして，システムソフト電子辞典シリーズの CD-ROM（岩波書店，シス
テムソフト，c1997）も出ている。Windows 版と Macintosh 版があり，いずれ
もハードディスクに格納しても使える[49),50)]。

　電子ブックでも複数コンテンツ搭載の辞書が出ている。

・「電子ブックプレーヤー　広辞苑・逆引き広辞苑＆研究社新英和・和英中
　辞典 DD-25」ソニー，岩波書店，研究社，1994.10，4 万 3800 円

　『広辞苑』，『逆引き広辞苑』，研究社『新英和中辞典』，『新和英中辞典』を
搭載し，プレイヤーとセットで販売。「広辞苑」から鳥の鳴き声，英和辞典
から 3000 語の発音を収録[51)]。

　電子辞書でも 1990 年代半ばから出版社の異なる複数辞書を搭載した機種が
現れる。複数のフルコンテンツを搭載した最初の電子辞書は，セイコー電子

工業から 1996 年に発売された「広辞苑」と「新英和・和英中辞典」を収録した「TR-7700」といわれている[52]。ほかにも同社から「広辞苑 / 英和・和英研究社中辞典　TR-9000」（Seiko instruments, IC dictionary）［1996 年］（NDL 所蔵）という複数辞書搭載の電子辞書が出ている。『広辞苑　第 4 版』の図表を除き本文をすべて収録し、「漢字検索」や「慣用句検索」などの機能もある[53]。

　『広辞苑　第 4 版』については、新しい機能を取り入れた電子版が数多く作成されている。1995 年 4 月に岩波書店で「電子出版課」が新設された[54]ことからも、電子出版への取り組みが一段と強化されたことがうかがわれる。

3.3　『広辞苑　第 5 版』デジタル版
3.3.1　CD-ROM
　1998 年 11 月には以下の 3 種類の冊子体『広辞苑　第 5 版』が出版されている。
・普通版、1998.11、20、2988p、23cm、7300 円
・机上版、1998.11、20、2988p、27cm、1 万 2000 円
・革装版、1999.10、20、2988p、23cm、1 万 1000 円
　項目数は約 23 万（約 1 万項目を増補）、挿図はモノクロで地図・模式図を含め約 2700 点（800 余の図版を新たに追加・改訂。各地域の地図、動植物の構造図、集合図などが新たに加わる）、系図・組織図・一覧表は約 100 点、季語は約 3500 語。付録に「アルファベット略語一覧」が新たに加えられた。そのほか『逆引き広辞苑：第 5 版対応』（1999.10）も出版されている。
　第 5 版では、冊子体の普通版、机上版と同時に CD-ROM 版が出ている。
・「広辞苑　第 5 版　CD-ROM 版」（別タイトル EP CD-ROM）岩波書店、1998.11、CD-ROM 2 枚、Win/Mac 対応、EPWING（第 5 版）準拠、検索ソフト「こととい Light 付き」1 万 1550 円（CiNii Books）
　CD-ROM 版と冊子体との同時発売はこれが初めてであった。岩波書店では、"冊子体と CD-ROM の同時発売を一つの目標とし、前回の CD-ROM の出版直後からデータ構造について検討してきた"という[55]。冊子体の 23 万

項目，図版・表を収録。第4版から「マルチメディア版」が登場していたが，「広辞苑　第5版　CD-ROM版」では，マルチメディアデータがさらに増加。文献資料542点は変わらないが，カラー画像は「マルチメディア版」では1800点だったのが，動植物，人物，自然，地図など5000点となる。音声は鳥の鳴き声以外に，新たにクラシック音楽・日本民謡141曲を収録する。そのほか相撲の決まり手のように文字や写真ではわかりにくいものを動画にして収録。アニメーションを含め動画は従来の15点から100点へと増加した。漢字も1万字の解説項目を収録。「音訓」，「部首」，「画数」，「JISコード」から検索でき，漢和辞書の機能を図る。字形の拡大，常用漢字の筆順表示も可能。

　「全文検索」，「参照検索」などの従来の検索方法のほか「メニュー検索」に「動画」，「クラシック」，「日本民謡」，「アルファベット略語」が加わる。本文の画面表示はフォント変更，文字拡大，横組み・縦組みの選択が可能。本文中の用語をクリックすることで説明を表示することができるハイパーテキスト形式を採用。しおり機能や単語リストの作成もできる[56]。システムソフトから1997年に『広辞苑　第4版』のハードディスク格納型が出ているが，岩波書店発売のCD-ROM版でも第5版からハードディスクに画像や音声を除くテキストデータをインストールして使えるようになった[57]。

　このほか，1999年3月には，富士通から第5版を収録したEPWING（第5版）準拠の「広辞苑　第5版　CD-ROM版」（CD-ROM 1枚，1万3800円）と「スーパー統合辞書98V」（CD-ROM 2枚，辞書＆検索ソフトシリーズ，1万9800円，全5辞書）が出ている。いずれもWindows対応。後者は同年1月発売のPCに標準搭載されている[58]。

　これ以外にも，以下のCD-ROM版がある。

・「広辞苑　第5版　図版付き for Windows」（NDL所蔵）

・「広辞苑　第5版　図版付き for Macintosh」（NDL所蔵）

　いずれも，システムソフト，c2000，CD-ROM 1枚（システムソフト電子辞典シリーズ；Ver.3.1），1万2800円

　収録内容は『広辞苑　第5版』収録の23万項目とモノクロ図版2700点

で，EPWING（第 2 版）に準拠している。検索ソフト「システムソフト電子辞典 Ver.3.1」とこれを補助する「システムソフト電子辞典ランチャ」を添付し，「システムソフト電子辞典シリーズ」の辞典を追加することで複数の辞典を一括して検索できる。他のアプリケーションからのコピー & ペーストやホットキー操作での検索が可能であり，しおり・メモ，単語帳機能も備える。

　この CD-ROM 版でも新しく「漢字検索」が設けられる。漢字データは『岩波新漢語辞典』（山口明穂，竹田晃編，岩波書店）。「表記・音訓・JIS」，「部首」，「部首内画数」，「総画数」，「漢字の種類（常用漢字 / 名付けに使える漢字 / 学年別小学校で習う漢字）」からの検索が可能。部首内画数や総画数があいまいな場合，"5 ？"と入力すれば，前後の画数をもつ文字も検索する。字形のほか，字によっては筆順，解字の画像が表示される。また，「全文検索」では，かな / カナ，大文字 / 小文字の区別の有無や検索対象を「見出し」のみとするか，「見出しと本文」にするかの選択もできる。

　このほか，CD-ROM は富士通発売の「辞書 & 検索ソフトシリーズ」（c1998，1 万 8800 円（税別）），システムソフト開発，ロゴヴィスタ発売の「システムソフト電子辞典シリーズ」Windows 版（c1999），システムソフトの Macintosh 版（c1999），ロゴヴィスタ「LogoVista 電子辞典シリーズ」Win/Mac 対応（2005.7），ジャストシステムの「広辞苑　第 5 版　for ATOK」（ATOK 連携電子辞典シリーズ）Win/Mac 対応（2006.2）なども出ている。

　複数コンテンツを収録したものとして，以下の CD-ROM も出ている。

・「家庭の辞典セット」システムソフト，c2000，CD-ROM 1 枚（システムソフト電子辞典シリーズ：Ver.3.1）2 万 1800 円（税別）（NDL 所蔵）

　「広辞苑　第 5 版　図版付き」（前掲）ほか『デイリーコンサイス英和辞典第 6 版』（三省堂，c1997）など全 7 点を収録。ハードディスク格納型。任意の複数の辞典を一括して検索できる。

・「システムソフト電子辞典ビジネスセット」システムソフト発売，c2001，CD-ROM 2 枚（システムソフト電子辞典シリーズ；Ver3.2）Win/Mac 対応，1 万 9800 円（税別）（NDL 所蔵）

「広辞苑　第 5 版　図版付き」，『リーダーズ英和辞典　第 2 版』（研究社，c1999），『現代用語の基礎知識　2001 年版』（自由国民社，c2001）ほか全 6 点を収録。

3.3.2　電子ブック

冊子体普通版から半年たたないうちに，電子ブック版も出ている。

・「広辞苑　第 5 版　電子ブック版」岩波書店，1999.4，CD-ROM 1 枚（Electronic book）　8400 円

冊子体に掲載された 23 万項目のほか，モノクロ図版，表，「アルファベット略語」を収録。冊子体にない文献資料や音声も少ないながら収録するが，カラー図版の収録はない。「慣用句」，「季語」，「人名」などジャンル検索が可能。新しく 6000 字余りの漢字の解説項目を収録し[59]，「第 5 版　CD-ROM 版」同様，電子ブックも漢和辞書の機能を備える。

3.3.3　電子辞書

シャープ，カシオ，セイコーなどの電子辞書にも搭載される[60],[61],[62]。1999 年 6 月，シャープは『広辞苑　第 5 版』ほかを収録した「PW-7000」（3 万 5000 円）を発売，カシオは 2000 年 3 月，『広辞苑　第 5 版』や大修館書店『ジーニアス英和・和英』を収録した「XD-S2100」（4 万円）を発売する[63]。

シャープの「PW-9500」には『逆引き広辞苑　第 5 版対応』（岩波書店）や『ジーニアス英和辞典　第 3 版』（大修館書店，2002），『ジーニアス和英辞典』（大修館書店，1998）ほか 7 点とともに収録されている。

1 字入力するごとに，候補の語が絞り込まれる（インクリメンタルサーチ）機能やワイルドカード「？」（はっきりしない語の数がわかっている場合）やブランクワード「～」（はっきりしない語の文字数がわからない場合）といった検索機能がある。「分野別機能辞書」として，「人名」，「地名」，「作品名」，「季語」，「慣用句」の 5 ジャンルからの検索ができる。また「読み」か「アルファベット」で複数の辞書を検索する「全辞書検索機能」も備える。

本文で表や図の参照指示がある場合は，付属冊子を参照する[64]。

　2002 年には，シャープが IC 型の電子辞書で初めてカラー液晶を搭載した「PW-C5000」（6 万 3000 円）を発表[65]。『広辞苑』や『家庭の医学』など 17 冊の辞書を収録。2000 年頃，電子辞書は高機能化するとともに，テレビショッピングでの紹介で需要が拡大し売れ行きは好調だったという。収録コンテンツの数も増加する。2005 年にはシャープが『広辞苑』を含む辞書など 50 コンテンツを搭載した「PW-9910」，100 コンテンツを搭載した「Papyrus PW-A8400」などを出している[66]。2007 年には，カシオとシャープから手書き入力に対応した機種が製品化される。カシオ「XD-SW6400」には文字の連続入力に対応した 2 枠の分の手書きパネルがあり，「広辞苑」，「家庭医学大全科」など 100 コンテンツを収録する[67]。

3.3.4　i-mode，SD カード

　2001 年 4 月には大日本印刷との協力により，NTT ドコモの携帯電話，i-mode 向けに月額 105 円で「広辞苑」検索サービスが始まった。『広辞苑第 5 版』の 23 万項目を収録。「前方／後方／完全一致／部分一致検索」が可能。語句の説明は 50 字程度。漢字 6300 字の読み・部首・総画数を調べる機能も備えていた[68],[69]。

　このほか，シャープの PDA（personal digital assistant: 携帯情報端末）「ザウルス」用の電子辞書として 2001 年 12 月に発売された，SD カードによる電子辞書カード「CE-SDA1」1 万 7500 円（税別）にも他の 4 点の辞書とともに収録される[70]。

3.4　『広辞苑　第 6 版』デジタル版
3.4.1　DVD-ROM，i-mode

　『広辞苑　第 6 版』は以下の 4 種類が冊子体で出版される。
・普通版，2008.1，2 冊，23cm，8400 円
・机上版，2008.1，3 冊，27cm，1 万 3650 円

・総革装版，2009.1，2 冊，23cm，1 万 5750 円
・机上版総革装版，2009.1，3 冊，27cm，2 万 6250 円
　収録内容は，新たに収録された 1 万項目を含む 24 万項目。図版は地図・模式図を含め約 2800 点（うち新規，改訂は 1000 点），系図・組織図・一覧表は約 100 表。季語も 500 語増補され，約 4000 語。別冊付録には「漢字・難読語一覧」，「アルファベット略語」，「西暦・和暦対照表」などを収録。
　第 6 版から新しい編集システム（大日本印刷開発）が採用されたことにより，大日本印刷が関わった制作期間は従来の 3 年から 2 年へと短縮され，印刷物と DVD-ROM 版が 1 月 11 日に同時に完成することとなった。i-mode 版は 1 月 24 日に第 6 版に更新され，電子辞書も 1 月 25 日から各メーカーで販売されるなど，他の媒体への展開が短期間で実現した。新しい編集システムは XML（eXtensible Markup Language）技術を利用してテキストデータをデータベース化するもので，独自のタグを使いデータの属性情報や論理構造を定義することで編集されたデータの複数媒体での利用が従来に比べて容易になった。また，インターネットデータセンターの活用により，校正や修正内容についての情報共有が担当者間で効率的に行われるようになり，制作の省力化が進んだ[71]。
　第 6 版から CD-ROM に代わり，DVD-ROM が用いられるようになる。
・「広辞苑　第 6 版　DVD-ROM 版 HY 版」岩波書店，2008.1，DVD-ROM 1 枚，1 万 500 円（税別），EPWING（第 5 版）準拠
　DVD-ROM 1 枚に第 6 版のデータと検索ソフトが収録されている。検索ソフト「こととい Light」もバージョンアップされた[72]。
　ロゴヴィスタからも DVD-ROM 版が発売された。
・「広辞苑　第 6 版　DVD-ROM 版　動画・画像・音声付き」ロゴヴィスタ，2008.2.13，DVD-ROM 1 枚（LogoVista 電子辞典シリーズ）Win/Mac 対応，1 万 500 円[73]
　収録内容は，冊子体収録の 24 万項目，図表，アルファベット略語 4000 点，そのほか冊子体以外の情報として，カラー写真，動画・アニメーション

（60 点増加），鳥の鳴き声・音楽・民謡（6 曲増加），一字漢字（2000 字増），
歴史的文献。

　シリーズ共通の「LogoVista 辞典ブラウザ」（Win/Mac 対応）の利用により，
複数のロゴヴィスタ辞典を組み合わせて横断検索することができる。先述の
システムソフト（2001 年ロゴヴィスタへ移管）の CD-ROM 同様，他のアプリ
ケーションからのコピー & ペースト，しおり・メモ，単語帳機能があり，
Excel や Word などへのツールバーの組み込みも可能[74]。

　複数の辞書を搭載したものも出ている。
・「ビジネスセット 2008」ロゴヴィスタ，c2001-2008，DVD-ROM 2 枚
　（LogoVista 電子辞典シリーズ）Win/Mac 対応，1 万 7850 円（CiNii Books）
「広辞苑　第 6 版（動画・画像・音声付き）」，『新英和中辞典　第 7 版』（研
究社，2003），『新和英中辞典　第 5 版』（研究社，2002），『新ビジネスマナー事
典』，『現代用語の基礎知識 2008』，『手紙文例集』，『スピーチ文例集』を収録。
　ほかに電子辞典発売の Windows 対応「電子辞典 Digital Dictionary　HD 辞
典シリーズ」の DVD-ROM 版やジャストシステム発売の ATOK 版（2008.2，
CD-ROM 1 枚）[75]など各種に収録されている。

3.4.2　電子辞書，SD カード

　2008 年 1 月，カシオから手書きパネルに加えてメインパネルでも漢字を
手書き入力できる，ツインタッチパネル装備の電子辞書「XD-SP6600」が発
売される。『広辞苑』を含む 100 コンテンツを収録。『広辞苑　第 6 版』の本
文 24 万項目と図版・表を収録する[76]。セイコーインスツルからも同年「広辞
苑専用電子辞書　SR610」が発売される。「慣用句」，「漢字検索」が可能。2 万
1000 円。冊子体収録の図表・囲み記事と一部の付録は収録されていない[77]。
　2009 年にはシャープから，メイン画面に直接手書きメモができるカラー
電子辞書「PW-AC890」などが発売される。DVD-ROM 版収録のカラー画
像や図表のほか，クラシックなど音声もすべてではないが収録される。『広
辞苑』を含む 100 コンテンツを収録[78]。

　また，同年カシオから『広辞苑　第6版』ほか120コンテンツを収録する
「XD-GF6500」が発売される。本体の向きを変えることで縦書き横書きの切
り替えができ，左右に振ることでページをめくる。日本語の発音を聞くこと
ができる機能もある[79]。

　カシオ電子辞書の追加コンテンツ用microSDカード XS-IW04MC（8000円
（税別））などにも鳥の鳴き声84種を含む『広辞苑　第6版』が収録されて
いる[80]。

　電子辞書の販売は2007年には国内出荷台数が280万台でピークであった
が，その後は徐々に落ち込み，2017年には101万台に減った[81]。2008年か
ら2011年にかけての出荷台数の減少について，モバイルパソコンやスマー
トフォンでの検索で間に合うようになり，挨拶文例や『広辞苑』などが入っ
た「生活モデル」とよばれる機種の出荷が減ったことがその要因の一つであ
るとの指摘もある[82]。

3.4.3　ダウンロード版，USB版

・「広辞苑　第6版　動画・画像・音声付き　for Win（ダウンロード）」ロ
　ゴヴィスタ（LogoVista 電子辞典シリーズ）　for Mac もあり[83]。

　ロゴヴィスタによれば，PC向けダウンロード版はMac App Store版も出
ていたとのことである[84]。

・「広辞苑　第6版　USBメモリ版　動画・画像・音声付き［Windows ソフ
　ト］」ロゴヴィスタ，2009.2（LogoVista 電子辞典シリーズ）1万500円。
　収録内容はDVD-ROM版と同様[85]。

　「第6版」を収録するUSB版にはロゴヴィスタ「厳選国語辞典セット2」
（全6辞書）や電子辞典発売の「完璧セット」（全4辞書）（いずれもWin-
dows）なども出ている[86]。

3.4.4　スマートフォン向けアプリ

　『広辞苑　第6版』で初めてスマートフォン向けアプリが発売された。

・「広辞苑　第6版　for iOS」岩波書店，計測技研発売，8800円　iPhone, iPod touch, iPad に対応

・「広辞苑　第6版　Android 対応版」岩波書店，計測技研発売，2014.1, 8743円（富士通パーソナルズ発売もあり）

　DVD-ROM 版同様，動画・画像・音声も収録する。検索には，新しい辞書規格 ONESWING を採り入れた富士通開発の検索エンジン「Inspirium 辞書検索ライブラリ」を採用する。ONESWING は，EPWING 規格の検索機能と圧縮機能を継承するもので，辞書を圧縮形式のままで検索するため，全文検索の検索速度が向上した。複数の ONESWING 規格の辞書に対する横断検索が可能。Wikipedia 日本語版との連携があり，一括検索の対象にすることができる[87]。

　ONSWING を採用したものとしては，このほか「ウルトラ統合辞書2009」（全13辞書）(Windows 版 /iPhone iPad iPod touch 版。前者は計測技研開発，富士通パーソナルズ発売（DVD-ROM/ ダウンロード版）。後者は計測技研開発・発売)[88]や「ウルトラ統合辞書　2017 for iOS」（全14辞書）（計測技研）などにも収録される[89]。

　ロゴヴィスタからも以下の製品が発売される。

・「広辞苑　第6版　動画・画像・音声付き　iPhone/iPod touch 版」岩波書店，ロゴヴィスタ，2008.11，8500円[90]。Android 版もあり[91]。

　収録内容は DVD-ROM 版と同様。検索方法には「国語辞典モード」（「前方 / 後方 / 完全一致検索」,「慣用句検索」,「条件検索」,「全文一致検索」),「漢和辞典モード」,「分野辞典モード」,「百科事典モード」の4種類がある。

　そのほか以下の機能がある。

①インクリメンタルサーチ（全文一致検索を除く）。手書き入力，Siri による音声入力が可能。

②見出し語が一覧パネルで表示され，周囲の項目も見られるタッチパネル検索の機能。

③本文表示の縦書き / 横書きの選択。

④履歴表示機能（閲覧日時も表示）。

⑤ iOS 標準搭載の音声合成機能による読み上げ機能。

⑥しおりへのメモの書き込み。iCloud 対応。

⑦項目をなぞることで辞書が引ける検索ジャンプ機能。

⑧文字サイズの設定変更可。

⑨オフラインでの利用。

3.5　『広辞苑　第7版』デジタル版

3.5.1　DVD-ROM, ダウンロード版

　2018 年 1 月 12 日，『広辞苑　第 7 版』が発売される。冊子体で出版されたのは以下の 2 種類である。

・普通版，2018.1，2 冊，23cm，9720 円

・机上版，2018.1，3 冊，27cm，1 万 5120 円

　総項目数は付録の「漢字小字典」「アルファベット略語一覧」を合わせて約 25 万項目。新規項目数は約 1 万。挿図は地図・模式図を含め約 2800 点。系図・組織図・一覧表などは約 100 点。

　第 7 版でも冊子体と同時に DVD-ROM 版，ダウンロード版が出ている。ただし，著作権保護対策として，DVD-ROM 版，ダウンロード版ともにインストールの回数制限（3 回），1 日当たりのコンテンツのコピー & ペースト回数制限（30 回），印刷の回数制限（1 項目 1 日 10 回）が設けられるようになった。

・「広辞苑　第 7 版　DVD-ROM 版」ロゴヴィスタ，2018.1，DVD-ROM 1
　枚（LogoVista 電子辞典シリーズ）Win/Mac 対応，1 万 2150 円

　従来の DVD-ROM 同様，モノクロ図版や冊子体にはないカラー画像は収録されているが，音声・動画や歴史的文献の収録はなくなった。また漢字関連のデータも収録されていない[92]）。

　新しく加わった検索方法として，用例を対象に部分一致検索を行う「用例検索」がある。たとえば「あがる」で検索すると，「火の手があがる」，「怒

りがむくむくわきあがる」など，その語を含む用例が表示され，用例中の太字のことばについてさらに調べることができる。

　このほか，ロゴヴィスタからダウンロード版（for Win/for Mac，各 1 万 328 円）と Mac App Store からの PC ダウンロード版が[93]，ジャストシステムからは『広辞苑　第 7 版』の ATOK のダウンロード版（for Win/for Mac，ATOK 連携電辞典シリーズ）が出ている。また，ATOK Passport（Win/Mac/Android 相互同期）の「プレミアム」で利用できる「クラウド辞典」に，2018 年 2 月から「広辞苑　第 7 版」が追加収録された（全 6 辞書）[94]。

　複数の辞書を収録しているものに以下の製品がある。

・「ビジネスセット 2018 for Win」DVD-ROM 版，ダウンロード版，ロゴヴィスタ，2018.8，1 万 9353 円

　『広辞苑　第 7 版』，『現代用語の基礎知識　2018』，『新英和中辞典　第 7 版』（研究社），『新和英中辞典　第 5 版』（研究社），『新ビジネスマナー事典』（旺文社），『手紙文例集』（学研プラス），『スピーチ文例集』（学研プラス）を収録[95]。

3.5.2　スマートフォン向けアプリ

　スマートフォン向けのアプリとして以下の製品がある。

・「広辞苑　第 7 版」岩波書店，計測技研，c2017-2018，9800 円，iPhone，iPad，iPod touch に対応

・「広辞苑　第 7 版」岩波書店，計測技研，2018.1，9800 円，Android 対応（富士通パーソナルズ発売もあり）

　第 7 版の 25 万項目と付録の一部を収録。写真，図版，表は収録されているが，音声・動画，漢字関連のデータは収録されていない。第 6 版のアプリ（計測技研）同様，ONSWING 規格，富士通開発の検索エンジン「Inspirium 辞書検索ライブラリ」を採用。

　富士通パーソナルズからは「広辞苑　第 7 版」を含む 14 辞書を収録したアプリとして「ウルトラ統合辞書 2018」（Android 対応）ほかも出されている[96]。

以下はロゴヴィスタから出ているアプリである。

・「広辞苑　第7版　iPhone/iPod touch/iPad 版」ロゴヴィスタ（LogoVista 電子辞典シリーズ）

・「広辞苑　第7版　Android 版」ロゴヴィスタ，2018.1，9800 円

　これら 2 点にも音声・動画の収録はない。漢字関連のデータも収録されておらず，漢字検索機能はない。

　第 6 版のアプリ（ロゴヴィスタ）にはなかった以下の機能が加わる。

①用例検索。

②部分一致検索。

③マーカー機能。

④ Android 版は他の LogoVista 電子辞典と連携して検索可。

⑤ Android 版の本文読み上げ機能。

⑥ iPad での SplitView, Slide Over。

3.5.3　モバイル版，電子辞書，SD カード

　月額 100 円（税別）のモバイル版（https://sp.kojien.mobi/）[97]があり，「単語検索」，「ジャンル検索」（人名 / 地名 / 作品名 / 季語），「慣用句検索」ができる（前方 / 後方 / 完全一致検索可）。最大 50 語まで登録できる MY ワード，100 単語までの履歴保存の機能がある[98]。

　電子辞書では，カシオの電子辞書エクスワード「XD-SR20000」（200 コンテンツ），「XD-SR6500」（180 コンテンツ），「XD-SR6500」（160 コンテンツ）ほかに搭載されている。収録内容は冊子体に収録された 25 万項目と図表 7300 点のほか，発音。付録は収録されていない。手書き検索，複数辞書の検索が可能で，「見出し語検索」，「逆引き検索（漢字を含む）」，「図から検索」，「分野別小辞典」を備える。「分野別小辞典」では「人名」，「地名」，「作品名」，「季語」，「慣用句」の 5 ジャンルからの検索ができる。発音の録音機能もある[99]。

　カシオ電子辞書の追加コンテンツ用 microSD カード XS-IW06MC にも『広

辞苑　第 7 版』が収録されている。見出し 6 万語の音声収録がある[100]。

4. おわりに

　『広辞苑』を収録するデジタル版で，最も多くの種類が確認できたのは，第 6 版，第 7 版を収録する製品で，7 種類あった。第 7 版では USB 版がなくなったが，ATOK のクラウド辞典が現れる。初期から CD-ROM 版を継続して出版していた岩波書店からの DVD-ROM 版は，第 7 版では出版されず，DVD-ROM 版はロゴヴィスタ製のみとなった。電子辞書も第 7 版を搭載する機種はカシオの製品のみである。今回は詳しく調査できなかったが，岩波書店によれば，第 6 版まで発売されていた PC バンドル版と携帯バンドル版のうち，携帯バンドル版は第 7 版では出されていないということである[101]。収録内容が最も豊富であったのも第 6 版を収録したものであり，第 7 版のデジタル版では，第 6 版まで収録されていた漢字，音声・動画，歴史的文献の抜粋の収録がなくなり，その分検索の種類も減った。しかし第 6 版以降の製品には横断検索の機能を強化したものがあり，アプリでは高速検索，手書き入力のほか，一覧性やマーカー機能など紙媒体の長所を採り入れたものが出てきている。また第 7 版からは「用例検索」という新たな検索方法がみられる。

　以上『広辞苑』について，これまでに製品化されたデジタル版の移り変わりの様子をみてきたが，デジタル版は冊子体と異なり，存在を確認するのは当初考えていたよりも困難であった。特に電子辞書については限定的にしか取り上げることができなかった。今回取り上げたもの以外にもデジタル版の製品が存在していることが推察されるが，関係文献から情報を得ることで，これまでの変遷の様子をある程度記すことはできたように思う。

　パソコンやスマートフォンが普及した今日，ことばを調べる手段は多様化し，国語辞書を使わなくても，検索エンジンや Wikipedia でも手軽にことば

や事がらを調べられる。しかし，『広辞苑』を含め国語辞書は，一定の編集方針のもと綿密な工程を経て作り上げられており，それだけに内容の信頼性が高い。『広辞苑　第7版』では，国語項目については，編集委員が項目を検討・選定したうえで語釈を執筆し，百科項目については，分野ごとに専門家が第6版の項目を校閲するとともに，各分野の理解に必須の項目を新たに選定・執筆している。専門家が執筆した語釈は，編集委員によって「中心的な意味を一読して把握できるように，余分な言葉をそぎ落とし」，『広辞苑』に適した文章へと整えられる[102]。岩波書店辞典編集部副部長の平木靖成氏は，「ひとことで表すならどういうことなのか」が示されているのが，インターネット検索との決定的な違いであり，"ひとことで説明する場面は決してなくなることはなく，国語辞書はこれからも必要とされるはずである"と言われる[103]。また，"一時代の断面を残すことは世の中にとって必要なのではないか"とも言われる[104]。

　確かにパソコンやスマートフォンの利用に押され，紙の辞書はかつてほど利用されなくなっているが[105]，一覧性に優れ，探していることば以外の項目にも目がとまり新たなことばと出会うことができる。また，ことばを探す際にページをめくる行為をともなうことから，調べた内容が記憶に残りやすいともいわれる。このような特性があるため，図書館としては紙の辞書はこれからも大切にするべきである。

　一方でデジタル版の辞書は紙媒体にはない機能を備えており，検索機能だけをとってみても紙媒体ではできない多様な情報の引き出し方ができる。『広辞苑』の場合，デジタル版のうち図書館で利用（提供）できるものというと，DVD-ROM版かダウンロード版，あるいはロゴヴィスタ電子図書館の契約をすれば，複数タイトルをネットワークで利用できるようだ。しかし，これらのデジタル版を利用できる図書館は少ないのではないか。CiNii Booksによれば，『広辞苑　第7版』普通版は667館，机上版は275館が所蔵しているが，DVD-ROM版を所蔵しているのは，3館である。同様に『広辞苑　第6版』の所蔵についてみると，普通版872館，机上版467館，総革

装版 37 館，総革装机上版 10 館に対し，DVD-ROM 版は単独，複数辞書とのセットなど複数種類あるうち，単独収録の岩波書店版を所蔵している図書館が最も多く 86 館，ロゴヴィスタ版は 1 館である（2019 年 9 月末現在）。（公共図書館での所蔵，ダウンロード版，ロゴヴィスタ電子図書館の利用については今回調査をしていないのではっきりしたことはいえないが。）

　現在，国語辞書のデジタル版で，図書館で利用可能なものがあっても，たとえば『日本国語大辞典　第 2 版』は「ジャパンナレッジ」（有料），『大辞林　第 3 版』は冊子体を基に増補された「スーパー大辞林 3.0」（図版の収録はない）として「三省堂 Web Dictionary」（有料）など，「大辞林　第 3 版」（項目数は冊子体と同様）は「コトバンク」や「Weblio」など無料サイト，『大辞泉　第 2 版』は「デジタル大辞泉」として「ジャパンナレッジ」（年 1 回定期更新）や無料の「コトバンク」や「goo 辞書」（いずれも年 3 回定期更新）など，さまざまなウェブサイトから提供されている。『岩波国語辞典　第 7 版新版』，『新明解国語辞典　第 7 版』は DVD-ROM，ダウンロード版などによって利用が可能である。図書館のように複数の種類の辞書を扱う場においては，デジタル版の国語辞書が一つのシステムで各辞書の特徴を参照できるかたちで横断的に利用できれば，編集方針が異なる各辞書の記述の比較や用途に合った辞書の選択も容易になり，より有益で利用しやすいものになるのではないか。現状では難しいが，将来的にはそのような仕組みが作れないだろうか。

注・引用文献

1)　金田一春彦「国語辞典の歩み」辞書協会編『日本の辞書の歩み』辞書協会，1996，p.25-26.

2)　『朝日新聞』1986.10.24，東京，朝刊，p.8.

3)　『日経産業新聞』1986.11.11，p.8.

4)　横山晶一「新明解国語辞典の電子化」倉島節尚編『日本語辞書学の構築』おうふう，2006，p.325-338.

5)　吉田安孝，坪倉孝「電子広辞苑　誕生物語」日本電子出版協会編『電子出版クロニクル：JEPA30 年のあゆみ』増補改訂，日本電子出版協会，2018，p.20.

6)　前掲 2)，p.8.

7)　『朝日新聞』1987.6.17，東京，朝刊，p.10.

8)　『日経流通新聞』1987.11.24，p.2.

9)　前掲 2)，p.8.

10)　『日経産業新聞』1986.10.24，p.6.

11)　前掲 5)，p.27.

12)　前掲 2)，p.8.

13)　前傾 7)，p.10.

14)　日本初の CD-ROM 辞書が一般販売されたのはこれに先立つ 1985 年。藤原鎮男ほか編『最新科学用語辞典』(1985.11) 3 冊の CD-ROM 版で，収録語彙数は約 17 万 5000 語。日，独，英いずれの言語からも検索可能であった。定価 6 万円。『日経産業新聞』1985.8.10，p.4.

15)　前掲 5)，p.22，23.

16)　『日本経済新聞』1995.5.27，朝刊，p.40.
　　西村達也「新たなビジネスに取り組む出版印刷事業」DNP Report，vol.53，p.2. https://www.dnp.co.jp/ir/library/dnp-report/_icsFiles/afieldfile/2018/06/28/dnpreport53.pdf（参照 2018-12-20）には "1976 年の第二版補訂版から CTS を導入" とある。

17)　それまで組版に 5 年を要していたのが，第 3 版では 3 年に短縮されたという（「広辞苑大学」パネルディスカッション『広辞苑』に見るデザインの工夫」2019.5.25，於　DNP プラザ）。

18)　1986 年 7 月には「日本電子出版協会」が発足。日本電子出版協会「2012 年以前の JEPA のあゆみ」(http://www.jepa.or.jp/ayumi/1986/?post_type=ayumi（参照 2018-12-20))，「広辞苑 CD-ROM 版」が出版された翌年の 1988 年には，自由国民社「現代用語の基礎知識」(2 万円)，大蔵省印刷局「職員録」(2 万円)，三省堂「模範六法」(12 万円) も CD-ROM 版で出版された。
　　『朝日新聞』1988.7.2，東京，朝刊，p.11.

19)　坪倉孝「EPWING 発進」日本電子出版協会編『電子出版クロニクル：JEPA30 年のあゆみ』増補改訂，日本電子出版協会，2018，p.24.

20)　長谷川秀記「日本の電子出版 30 年の軌跡：電子辞書・電子書籍の黎明期から現在まで」『情報管理』vol.59，no.9，2016.12，p.589.

21)　「電子書籍の流通・利用・保存に関する調査研究」『カレントアウェアネス』（図書館調査研究リポート No.11）http://current.ndl.go.jp/report/no11（参照 2018-12-20）

22)　『日経産業新聞』1991.9.19，p.2.

23)　日本電子出版協会レファレンス委員会『電子辞書のすべて』インプレス R&D，2016（JEPA Books）p.13.

24)　菱川英一『CD-ROM の冒険：「電子広辞苑」に見る CD-ROM』翔泳社，1990，p.37.

25)　前掲 24)，p.65.

26）『朝日新聞』1988.7.6，東京，朝刊，p.3.

27）『日経産業新聞』1990.3.30，p.6.

28）『日経産業新聞』1990.8.1，p.25.

29）「電子ブックコミッティ」http://www.syuppan.net/mura_HP/inf/inf_39.html（参照 2018-12-20）

30）前掲 23），p.14.

31）価格は『日本経済新聞』1990.11.6，朝刊，p.13.

32）『日経産業新聞』1990.10.11，p.6.

33）前掲 21）

34）前掲 29）

35）前掲 32），p.6.

36）前掲 31），p.13.

37）前掲 20），p.590.

38）日本大百科全書「電子ブック」コトバンク http://kotobank.jp（参照 2018-12-20）

39）『朝日新聞』1992.11.1，東京，朝刊，11p.

40）「岩波書店」https://www.iwanami.co.jp/book/b266179.html（参照 2018-12-20）

41）『日本経済新聞』1992.10.27，朝刊，p.15.

42）『日本経済新聞』1992.12.1，夕刊，p.14.

43）冊子体の辞書を電子辞書として初めて本格収録した最初の機種は，これより早く同年 1 月にセイコー電子工業から発売された「TR-700」で，研究社『新英和中辞典』（約 7 万 5000語），『新和英中辞典』（約 3 万 6000 語）を収録。関戸雅男「電子辞書事始」日本電子出版協会編『電子出版クロニクル：JEPA30 年のあゆみ』増補改訂，日本電子出版協会，2018，p.30.

44）『日経産業新聞』1995.3.3，p.7.

45）前掲 23）p.87 には 1996 年 8 月，岩波書店ウェブサイトには 1996 年 1 月とある。「岩波書店」https://www.iwanami.co.jp/book/b266180.html（参照 2018-12-20）

46）「岩波書店」https://www.iwanami.co.jp/book/b266182.html（参照 2018-12-20）

47）『日経産業新聞』1996.11.20，p.3.

48）「岩波書店」https://www.iwanami.co.jp/book/b266255.html（参照 2018-12-20）

49）『日経産業新聞』1997.10.9，p.3.

50）『日本経済新聞』1998.1.17 地方経済面，九州 B，p.14.

51）『日経産業新聞』1994.9.9，p.7.

52）前掲 23），p.16.

53）『日本経済新聞』1995.11.21，朝刊，p.17.

54）『日本経済新聞』1995.5.27，朝刊，p.40.

55）増井元，堺信幸，上野真志「『岩波書店『広辞苑』第五版　CD-ROM 版』生まれ変わった 21 世紀版『広辞苑』」『New Media』1999.2，p.25.

56）白神貴司「岩波書店，『広辞苑　第 5 版　CD-ROM』を発売」

https://ascii.jp/elem/000/000/313/313351/index.html（参照 2018-12-20）

57）『日経産業新聞』1977.10.9，p.3.　前掲 55），p.25.

58）「富士通プレスリリース」https://pr.fujitsu.com/jp/news/1999/Feb/15-3.html（参照 2019-09-18）

59）「岩波書店」https://www.iwanami.co.jp/book/b266188.html（参照 2018-12-20）

60）『日本経済新聞』1999.6.10，朝刊，p.14.

61）『日経産業新聞』1999.7.19，p.9.

62）『日経産業新聞』2000.1.31，p.7.

63）『日経産業新聞』2000.8.30，p.25.

64）シャープ「PW-9500」取り扱い説明書，181p.

65）『日経産業新聞』2002.11.8，p.6.

66）『シャープ　プレスリリース』2005.8.9.

67）『日経プラスワン』2007.5.26，p.3.

68）伊藤大地「岩波書店，ｉモードで「広辞苑」の検索サービス」ケータイ Watch
　　https://k-tai.watch.impress.co.jp/cda/article/news_toppage/3254.html（参照 2018-12-20）

69）『日経産業新聞』2001.4.11，p.2.

70）「シャープ電子辞書カード　CE-SDA1 製品情報」
　　https://ezaurus.com/lineup/accessory/cesda1/index.html（参照 2019-09-18）

71）『日経速報ニュースアーカイブ』2008.2.7.

72）「岩波書店」https://www.iwanami.co.jp/book/b266264.html（参照 2018-12-20）

73）『日経速報ニュースアーカイブ』2008.1.15.

74）「ロゴヴィスタ製品情報」https://www.logovista.co.jp/lverp/shop/ItemDetail.aspx?contents_
　　code=LVDIW07010（参照 2018-12-20）

75）「ジャストシステム製品情報」https://www.justsystems.com/jp/products/kojien_6/（参照 2018-
　　12-20）

76）『日経速報ニュースアーカイブ』2008.1.8.

77）『日経速報ニュースアーカイブ』2008.1.11.

78）『日経速報ニュースアーカイブ』2009.1.15.

79）『日本経済新聞』2009.6.30，朝刊，p.31.

80）「Amazon」https://www.amazon.co.jp/カシオ-電子辞書-追加コンテンツ-microSDカード版
　　-XS-IW04MC/dp/B007IX850Y（参照 2019-09-18）

81）ビジネス機械・情報システム産業協会「電子辞書の年別出荷実績推移」https://mobile.jbmia.
　　or.jp/market/densi-jisyo-1996-2017.pdf（参照 2018-12-20）

82）『日経産業新聞』2012.3.30，p.9.

83）「Amazon」https://www.amazon.co.jp（参照 2018-12-20）

84）2019.9.18 電話にてロゴヴィスタに確認。

85）Mac 版は USB 版には収録されていない。「ロゴヴィスタ　新製品ニュースリリース」2000.

1.21 http://www.logovista.co.jp/press（参照 2018-12-20）

86）「Amazon」https://www.amazon.co.jp/（参照 2019-09-18）

87）計測技研「KGC 株式会社計測技研　広辞苑第 6 版 for iOS」https://www.kgc.co.jp/its/products/oneweing/kojien6i.html（参照 2018-12-20）

88）「マイナビニュース」https://news.mynavi.jp/article/20090716-ultra2009/（参照 2019-09-18）

89）「計測技研」https://www.kgc.co.jp/its/products/onswing/integ2017i/html（参照 2019-09-18）

90）「ロゴヴィスタ　ニュースリリース」
https://www.logovista.co.jp/lverp/information/news/iphone_koujien6_20081127.html（参照 2018-12-20）

91）2019.9.18 電話にてロゴヴィスタに確認。

92）「LogoVista 広辞苑　第 7 版　製品説明」https://www.logovista.co.jp/LIVERP/shop/ItemDetail.aspx?contents_code=LVDIW09010（参照 2018-12-20）

93）「ロゴヴィスタ」https://www.logovista.co.jp/LVERP/shop/（参照 2018-12-20）

94）「ジャストシステム」https://www.justsystems.com/jp/products/atok-passport（参照 2019-9-18）

95）「ロゴヴィスタ　製品案内」https://www.logovista.co.jp/LVERP/shop/ItemList.aspx?major_class code=02&middle class code=08（参照 2018-12-20）

96）「Google Play」https://play.google.com/store/apps/details?id=jp.co.kgc.android.oneswingviewer.WKGCT06G&hl=ja（参照 2019-09-18）

97）「モバイル版『広辞苑』」https://www.iwanami.co.jp/news/n21874.html（参照 2018-12-20）

98）「モバイル版『広辞苑』」https://www.iwanami.co.jp/news/n17132.html（参照 2018-12-20）

99）『CASIO　電子辞書ラインアップカタログ　2019-1 EX-word』

100）「Amazon」https://www.amazon.co.jp/カシオ-電子辞書-追加コンテンツ-microSDカード版-XS-IW06MC/dp/B007IX850Y（参照 2019-0 9-18）

101）2019.9.17 および 9.27 に E メールにて岩波書店に確認。

102）「広辞苑大学」レクチャー「『広辞苑』はこうやって作られる」（2019.2.23，於　丸善日本橋店）および『広辞苑　第 7 版』紹介パンフレットより。

103）前掲 102）での発言。

104）前掲 17）での発言。

105）『電子辞書市場の動向調査報告Ⅲ』ビジネス機械・情報システム産業協会．モバイルシステム部会電子辞書分科会，2015，p.29，39，40.

Ⅲ部
図書館レファレンスサービス と利用者

第 9 章

日本のレファレンスサービス　七つの疑問

糸賀雅児

はじめに

　わが国における図書館のレファレンスサービスは総じて低調であるとされてきた。

　日本の体系的なレファレンスサービス研究の草分けともいうべき長澤雅男は，1995 年に著した『レファレンスサービス－図書館における情報サービス』[1]の序文の中で，"わが国の図書館にレファレンスサービスがまだ十分定着していない状況"（同書，p.i-ii）への危惧を表明している。つづく本文では，公共図書館について "貸出件数の伸びがレファレンス機能を助長する要因となるはずであるが，現実には，職員の不足のみならず，資料蓄積の面でも制約があるために，多くの場合，レファレンスサービスは不活発な状況にある"（同書，p.57）と述べている。

　その後 2006 年には，文部科学省（以下，文科省）が設けたこれからの図書館の在り方検討協力者会議（以下，文科省協力者会議）が「これからの図書館サービスに求められる新たな視点」の一つに "レファレンスサービスの充実と利用促進" を掲げ，"レファレンスサービスを図書館が提供していることはあまり知られていない"[2]と端的に指摘した。

　国民 1 人当たりの図書館貸出冊数が年間 5 冊を超えた 21 世紀の初頭でも，レファレンスサービスは，利用者（まして一般国民）の間に浸透していない。それを裏づけるのは，日本図書館協会（以下，日図協）が 2002 年度に文科省の委嘱を受けて行ったいくつかの図書館利用者調査の事例紹介[3]である。

　1980 年代からわが国の公共図書館界を牽引してきた浦安市立図書館での

来館者調査（同書, p.115-121）によれば, "リクエストをしたり読書や調べものについて職員に相談する"ことがよくあると答えた利用者が32.6％であるのに対し, あまりないと答えたものは浦安市においてさえ52.5％に及ぶ。また, "目的の図書・資料が探せなかったとき, 次にどうしますか"と問われて職員に聞くと答えた利用者は, およそ半数の53.1％である。これらの数字は, 日本の公共図書館の中でもきわめて良いほうの数字であることは言うまでもない。

　他に, 広島市立図書館での同様の来館者調査（同書, p.134-143）では, 目当ての本が見つからなかったときにどうするかと問われ"職員にたずねて見つかった"と答えたのは2.3％にすぎず, "あきらめた"が最も多くて43.1％となっている。また, 武蔵野市（東京都）の調査（同書, p.43-57）では, 一般市民の中で"貸出を利用したことがある"と答えた者が35.6％であるのに対し, 「リクエスト」は6.3％, 「調査援助サービス」は5.9％にすぎない。筆者が見る限り, 他の多くの公共図書館でも貸出が普及しているのに比して, レファレンスサービスは知られていないし利用もされていない。

　こうした問題意識から, 筆者はすでに2004年以降, 文部科学省・筑波大学他が主催し, 新たに公共図書館長に就任した方々を対象に毎年開催されてきた「新任図書館長研修」における担当講座で, レファレンスサービスの認知度や利用度を高める方策を講義してきた。本稿は, その講義資料の中で提示してきた内容を踏まえ, これまで筆者が感じてきた疑問点を改めて七つにまとめ, 提示するものである。また, 疑問点への解決策をあわせて提案することで, わが国レファレンスサービスの今後の普及を図り, 情報通信技術（ICT）の急速な進化の中にあっても図書館が存続するための足がかりの一つとなることを期待している。

　なお, 本稿ではレファレンスサービスの標準的な考え方を, 司書資格取得のための最近の教科書と図書館職員向けの概説書の記述に求めている。それらは刊行順に以下の10点であり, これらを引用・参照する際には, A〜Jの記号と該当ページのみを〔　　　〕内に示している。

A　長澤雅男著『レファレンスサービス−図書館における情報サービス』丸善，1995，245p.

B　大串夏身，齊藤誠一編著『情報サービス論』理想社，2010，253p.

C　田村俊作編著『新訂情報サービス論』（新現代図書館学講座 5）東京書籍，2010，214p.

D　阪田蓉子編『情報サービス論』新訂版（新編図書館学教育資料集成 4）教育史料出版会，2010，229p.

E　中西裕，松本直樹，伊藤民雄『情報サービス論及び演習』（図書館情報学シリーズ 4）学文社，2011，159p.

F　山崎久道編著『情報サービス論』（現代図書館情報学シリーズ 5）樹村房，2012，209p.

G　小田光宏編著『情報サービス論』（JLA 図書館情報学テキストシリーズⅢ）日本図書館協会，2012，254p.

H　竹之内禎編著『情報サービス論』（ベーシック司書講座・図書館の基礎と展望 4）学文社，2013，122p.

I　斎藤文男，藤村せつ子著『実践型レファレンス・サービス入門』補訂版（JLA 図書館実践シリーズ 1）日本図書館協会，2014，203p.

J　山口真也，千錫烈，望月道浩編著『情報サービス論』（講座・図書館情報学⑥）ミネルヴァ書房，2018，245p.

1.「レファレンス」の呼び名で利用者にわかるのか?

1.1　「レファレンス」をどう訳すかは積年の課題

　東京で最初のオリンピックが開催された 1964 年に，慶應義塾大学文学部図書館学科（当時）から『参考調査活動序講』[4]と題された図書館学の教科書が刊行されている。これは，同学科の専任教員であった長澤雅男による，同学科に学ぶ学生向けの教科書であった。その冒頭で長澤は，今日にいうレファレンスサービスにあたる「参考調査活動」について，"情報を求めてい

る図書館利用者に対して適切なサーヴィスを行うことを目的としている参考調査活動は，近代図書館における最も特徴的な図書館活動の一つ"（同書，p.7）と書いている。

　長澤はこの教科書をもとに，5 年後の 1969 年にもう少し一般的な教科書を『参考調査法』として改めて世に送り出している。その中で「参考事務」の語を冠した論文が 1924（大正 13）年の『図書館雑誌』に複数掲載された事実に触れたうえで，この頃から「参考事務」という訳語が用いられるようになったと推測している[5]。

　一方，1966 年には日本図書館協会のシリーズ「図書館の仕事」の一巻として，小田泰正によって『レファレンス・ワーク』[6]が編まれている。この中で小田は「日本の図書館とレファレンス・ワーク」の節を設け，"レファレンスを参考とよぼうと，参考調査と訳そうと，図書館関係の人にはわかっても一般の人々はどういう仕事か言葉だけからはわからず，社会の人びとが図書館に親しみをもち図書館を有効に利用するようにさせる上からは，もっと一般の人びとに理解しやすい言葉を使いたいのであるが，未だに適訳がみつけられていない"（同書，p.34）と率直に記している。

　このように，"近代図書館における最も特徴的な図書館活動の一つ"とされたレファレンスサービスのことを，かつて「参考調査活動」と言い，レファレンスワークのことを「参考事務」と呼んでいた時代があった。その時代にレファレンスブックスを表す日本語は，当然「参考図書」であったが，当時の図書館関係者も，けっしてこれらの訳語が利用者にわかりやすいとは感じていなかったようである。

1.2　教科書類での利用者に向けた「レファレンス」の呼び名

　こうしたレファレンスサービスをめぐる用語の未成熟が，このサービスを利用者の間に浸透させるうえで大きな障害になったのは間違いない。だが何より問題なのは，図書館関係者の間での用語の未成熟よりも，利用者一般に向けたわかりやすい表現や案内標識（サイン）が定着しなかったことにある。

　そもそも「レファレンス」(reference) とは refer（参照）する行為やその対象を言い表す名詞であって，これ自体が日本人にはなじみにくいし，わかりづらい。そのこともあって日本語に置き換えにくかったのだろうが，「参考調査」や「参考図書」はもっと誤解を生みやすいといえる。学習「参考」書からの連想が強いからである。前節で紹介したような小田に指摘された状況は，現在に至るも大きく変わってはいない。

　そうした利用者に向けた呼び名の問題は，次の調査研究からもうかがえる。全国公共図書館協議会は，2年ごとに実施してきた全国的な研究調査のテーマを 2003 年度からはレファレンスサービスとし，2005 年度に「レファレンスサービスの改善と向上に向けてのガイドライン（案）－市町村立図書館に焦点を合わせて」[7]（以下，ガイドライン（案））を公表している。

　このガイドライン（案）では，従来からの「レファレンスサービス」の語を引き続き使用しつつ，その本体の「D．施設と設備」で "レファレンス質問を受け付ける場であることがわかるように，明確な表示（サイン）を設ける" としている。さらに，これに "[別法]" を用意し，"施設上の制約からレファレンス質問を受け付ける場を設置できないときにも，貸出カウンターその他の場において，レファレンスサービスを提供している旨のサインを必ず明示する" と加えた。

　この事項の趣旨自体は納得できるものであり，妥当と思われる。だが，そこには利用者に "わかるような明確な表示" も "レファレンスサービスを提供している旨のサイン" も，いずれも例示されていない。

　さらに，この研究調査の最後に「今後の課題」として七つが指摘されているのであるが，その一つに次があげられている。

　　・市町村立図書館の利用者向けにどのような説明をすれば，レファレンスサービスに関する理解が高まるのか。

　この指摘にあるような "利用者向けの説明" の第一歩は，このサービスを

どう表現するかであって，この「今後の課題」の問題提起は，むしろ話を
「ふりだし」に戻した感が強いのである。

　この他，現在採用されているレファレンスサービスの教科書における記述
を見ても，関連用語の変遷と相互の異同については詳しいが，利用者に向け
てレファレンスサービスをどのように表現すべきかについては，まったくと
言ってよいほど触れられていない。

　たとえば，比較的前向きにこの問題へのアプローチを試みている教科書で
は，文科省協力者会議での「これまでの議論の概要」[8]から，レファレンス
サービスに関する見解を詳しく紹介し，次の項目を忠実に引用している。

　　「レファレンスサービス」という言葉はわかりにくいため，レファレン
　　スデスクのサインや利用案内では，「調べもの相談」，「探し方・調べも
　　の案内」などのわかりやすい表現を用いてはどうか。〔G, p.25〕

　ところが，これは必須の学習内容として記載されたのではなく，発展的に
扱うことが望まれる内容 "option" としてである。また，教科書本文におい
て，この引用にもとづいた何らかの具体的な提案がなされているわけでもな
い。

　他にも，Fには「調べるための環境整備」の項目があって，"窓口である
ことを表示するなどの工夫をすることによって，質問を引き出すことが容易
になる"〔F, p.35〕とまで書いているが，これを含めて具体的な呼称や表示
を挙げて提案するものは見当たらない。

1.3　利用者向けのレファレンスサービスの表現法

　こうした用語の変遷と課題の所在から，わが国おいてレファレンスサービ
スを普及させるためには，まず利用者にわかりやすい表現をコトバとサイン
の両面で開発することが必要とわかる。

　現在の日本の公共図書館で受け入れられているコトバでは，先に触れたこ

れからの図書館の在り方検討協力者会議の見解に見られる「調べもの相談」，「調べもの案内」[9] あたりが妥当だろう。事実を求めるレファレンス質問であれ，関連資料の調べ方・探し方を問うレファレンス質問であれ，一般的には広く「調べもの」であり，老若男女や学歴を問わず，理解できるコトバだからである。

　また，地方自治体をはじめとする公共機関が行う相談業務には，これまでにも「生活相談」，「法律相談」，「商工相談」，「税務相談」，「健康相談」，「教育相談」などがあった。また，営利機関でも「金融相談」，「結婚相談」，「旅行相談」，「住宅相談」など，漢字2文字と組み合わせた「○○相談」という表現がしばしば用いられる。

　これらの「相談」のイメージは，相談者が専門家に基本的に一対一で個別に対面して何らかのアドバイスを受けるものであり，図書館のレファレンスサービスとそう隔たったものではない。これにならえば，図書館に固有の相談業務として「資料相談」とか「調査相談」とかも考えられ，実際にこれを利用者向けに用いている図書館も存在する。

　また，図書館に固有の業務ということであれば「情報相談」という表現は，十分考えられるだろう。レファレンスサービスで求められるものは，図書，雑誌，論文などの資料類のこともあれば，統計，記録，事実などのデータ類のこともある。いずれも「情報」を求めての「相談」と考えれば，「情報相談」の表示を利用者向けに用いることも一案である。

　ただし「情報相談」は，ややもすると個人情報保護やプライバシー保護への対処の相談受け付け，あるいは情報機器類の操作・購入等の相談窓口とも受け取られる懸念がある。もちろん，仮にそうした問い合わせや質問が図書館に寄せられたとしても，行政組織の中の該当窓口を紹介するレフェラルサービスで対応したり，関連資料が並ぶ書架に案内したりすれば済むことではある。

　わかりやすいサインとしては，どんな相談ごとでも受け付ける意思表示として「？」マークが良いだろう。すでにこれを用いてレファレンスサービス

の表示としている図書館も国内に実在するので，その一部を図 1〜図 3 に示しておく。

図 1　南部町立図書館（鳥取県）の貸出カウンター（2008
年 6 月 7 日撮影）

図 2　石狩市民図書館（北海道）のレファレンスカウンター
（2013 年 4 月 26 日撮影）

図3　岐阜県図書館のレファレンスカウンター（2010 年 5 月
　　19 日撮影）

2.「レファレンス」は利用者の質問に答えることだけか?

2.1　レファレンスの直接サービスと間接サービス

　ほとんどの図書館員は，レファレンスサービスとは利用者からの質問や問
い合わせに回答する「質問−回答サービス」のことだと理解している。この
理解はけっして誤りではないが，はたしてこれだけで良いのだろうか?

　すでに長澤雅男は，1990 年にレファレンスサービスをテーマとする論集
の中で[10]，レファレンスサービスを狭く理解し，図書館関係者がこれを「質
問−回答サービス」と同じとみなすことは問題であり，こうした“矮小化の
傾向はこれまで本来的サービスの定着を妨げてきた”（同書，p.9）とまで指
摘していた。レファレンスサービスの円滑な展開のためには，レファレンス
コレクションの構築，書誌・索引などの二次資料の作成を含め，各種の関連
業務の支えがなければならないというのである。この種の関連業務を欠くな
らば，レファレンスサービスは“居合わせた図書館員によるその場しのぎの
回答処理に堕する”（同書，p.11）という厳しい見方である。

　では，改めて最近の教科書でレファレンスサービスの説明を通覧してみよう。先の長澤の指摘にそって，多くが「直接サービス」と「間接サービス」とに分けて説明しており，代表的なものは，次のような解説である。

　　　レファレンスサービスは，利用者からの質問に回答するサービスと，そ
　　　のためにレファレンスコレクションを構築するなどの準備的なサービス
　　　に分けられる。前者は直接サービス，後者は間接サービスとも言う。
　　　〔C，p.32〕

　この考え方によれば，「質問−回答サービス」が直接サービスであり，そのための準備的なサービスが間接サービス，すなわち長澤のいう「関連業務」ということになる。間接サービスないし関連業務が準備的なサービスだとすれば，最終的にはこれも「質問−回答サービス」に収斂していくことになる。
　こうした状況を反映して教科書の中には，"レファレンスサービスの直接サービスは，情報を求める利用者からの質問に対して回答を行う「質問−回答サービス」に代表される"〔G，p.27〕としたり，"レファレンスサービスといえば質問−回答であると受けとられることも多い"〔C，p.13〕としているものも見受けられる。そして，教科書でのレファレンスサービスの実務解説において，この「質問−回答」（教科書によっては，「レファレンスプロセス」と表現しているものもある）に最も多くのページが割かれている。
　したがって，現場の図書館員がレファレンスサービスを「質問−回答サービス」とほとんど同義に理解するのは致し方ない面もあり，一概に非難されることではない。実際すでに多くの教科書において，広義のレファレンスサービスには，間接サービス（関連業務）も含まれると説明されている。ただ，レファレンスサービスを直接サービスである「質問−回答サービス」に限定して考えたときの問題は，長澤のいう「関連業務」への意識が薄れることだけではない。
　むしろより大きな問題は，実務において「質問−回答サービス」とは"質

問に対して回答するサービス”なのだから，逆にいえば“質問されなければサービスしない”あるいは“質問されないことにはサービスのやりようがない”と受け止められることにある。

2.2 「聞かれないときの備え」の必要性

　こうした受け止めの事実は，間接サービスは直接サービスを行うための準備だとしたレファレンスサービスの理論から派生する。具体的な間接サービスには，ほとんどの教科書において，以下の業務が含まれるとされている。
　・レファレンスブック等の収集
　・レファレンスコレクションの構築と組織化
　・自家製ツールの作成
　・レファレンスネットワークの組織化
　これらはいずれも確かに「直接サービスを行うための準備」であり，言い換えれば「質問されたときに円滑に回答するための準備」となっている。そのため「聞かれたときの備え」であっても，「聞かれないときの備え」にはなっていない。これでは，やはり「質問されないことにはサービスのやりようがない」の範囲を越えておらず，「聞かれないときには，どんな配慮や工夫をすればよいのか」の発想につながらない。こうした受け身の姿勢は，これまでレファレンス質問が多くなかったこととの悪循環の中で，レファレンス利用を増やす方策を積極的に考える契機を失わせていた。
　この事実を裏づける利用者からの指摘がある。それは，レファレンスの概説書の中で，図書館員には多かれ少なかれ「図書館員に聞いてくれれば……」という思いがあるとしたうえで，利用者から次のような“鋭い指摘”を受けたという記述である。

　　聞いてくれれば……という（図書館員の）思いが，聞かなければ（利用者に）わからないあり方を温存・看過させはしないだろうか。〔I，p.24，ここで丸カッコ内の補足は原文のまま〕

　この利用者の指摘は,「聞いてくれれば答える」という図書館員の固定観念が,「聞いてくれないときの備え」をおろそかにしていたのではないか,という意味合いであろう。

　すなわち,図書館としてはレファレンスコレクションを整備し,レファレンスデスクも設け,職員も配置し「聞かれたときの備え」はできている。だが,レファレンス質問があまり寄せられないのは,レファレンスサービスへのニーズがないか,利用者がレファレンスサービスについて知らないか,そのどちらかであると原因を他に転嫁し,対応を十分に検討しないまま,利用の多い他の業務に職員や予算をふり向けることにつながったと考えられる。典型的な現象は1で指摘したように,利用者に向けたサービスのコトバやサインを考案してこなかったことであり,また後述するように,利用者が質問を寄せやすいような環境づくりへの配慮を欠いてきたことがあげられる。

　そこで,「聞かれたときの備え」だけではなく,「聞かれるようにするための配慮と工夫」について,以降の節で順次考えていくことにしたい。

3. レファレンスコーナーは奥まった静かなところがよいか?

3.1　1980年代までのレファレンスコーナーの位置

　文科省協力者会議の報告『これからの図書館像』(2006年)における「レファレンスサービスの充実と利用促進」の節[11]では,当時の公共図書館でレファレンスサービスが提供される場所について,次のように指摘されている。

　　専用カウンターを設置している図書館が少なく,設置している場合でも,2階の参考図書室や奥まった位置にあることが多い。レファレンスサービスの存在を知る利用者が少なく,実際の利用も少なかった原因の一つはここにあると考えられる。

　この指摘は，これに先立って実施された全国公共図書館協議会の全国調査
の結果[12]にもとづくのだが，同じくこの調査をもとに策定されたガイドライ
ン（案）の解説でも，"奥まった場所にレファレンスルームが設置されてい
るために，かえってサービスの存在が利用者から「見えにくい」といった弊
害がある"[13]とされている。管見によれば，これは『市民の図書館』（日本図
書館協会，1970年）以降1980年代半ばまでに開館した市区立の中央図書館ク
ラスではよく見かける館内レイアウトである。

　たとえば，日野市立中央図書館（1973年開館）は，単純な構成で利用しや
すく，施設として高い評価を受けた図書館である。エントランスから左手カ
ウンター越しに広い開架室が見渡せ，右手に児童室が展開しており，全体の
配置がわかりやすい。ところが，レファレンスコーナーは1階の貸出カウン
ターからは見えない2階の奥に置かれた。

　他に『季刊建築設計資料』（建築思潮研究所編，1984年）の"図書館"の特
集号[14]を見ると，1979年6月から84年11月までの間に開館し，注目を集
めていた市町村立の中心館15館が図面と写真入りで紹介されている。その
うち実に9館（静岡市，秋田市，佐野市，浦安市，坂戸市，東大和市，上尾
市，大磯町，佐久市）でレファレンスコーナーが2階（浦安を除く8館）な
いし1階のやや奥まった空間（浦安のみ）に独立して配置されていたことが
わかる。

　しかも，この特集号には〈設計のヒント＝図書館建築のキーワード100〉
という充実した用語解説が盛り込まれているのだが，その67番目に「公共
図書館のレファレンスサービスとその空間について」（同書，p.22）がある。
その解説では，当時レファレンススペースが閲覧スペースを兼ねることが行
われているとし，レファレンス資料を自分で見て調べものをする他，なんと
図書館の本を館内で読みたい人のための書斎として設けているスペースであ
る，としている。

　そして，その要因を"館外貸出の重視により失われたかつての静かな閲覧
スペースの代替として，レファレンスのスペースを位置づける考え方"（同

書，p.22)，あるいは "実態のないレファレンスサービスに対して閲覧スペースを設けているのは，この失われた閲覧空間の代替であるという見方"（同書，p.11）に求めていた。この解説によれば，レファレンスコーナーは，静かな閲覧スペースの代替として2階ないし1階の奥まった空間に配置するのが望ましいということになる。

　その後に編まれた『新建築設計ノート　図書館』[15]（彰国社，1989年）でも，「各部の設計」の中の "レファレンスルーム" の項を見ると，"利用者が静かに落ち着いて調査・研究が行えるようにする" としたうえで，次のように留意点の最初に明記されている。

　　①図書館の重要なサービス活動の一つであるので，建物の中央部，または館内の奥まった静かな位置に設けるようにする。

　そして，この書籍でも1980年代に開館した「実例」が紹介されているのだが，紹介された公共図書館の中心館4館のうちの3館（東大和市，岡山市，茅ヶ崎市）で，レファレンスコーナーは見事に "2階の奥まった位置" に設けられていることがわかる。

　図書館界が貸出を重視する姿勢を打ち出し，市民の間に図書館サービスが浸透していく時代に，レファレンスコーナーは奥まった静かな場所に「神棚」のように奉られたのである。このようなレファレンススペースの考え方は，その後の図書館施設とサービスのあり方にもしばらく影響していたようである。

　日本図書館協会に設けられた町村図書館活動推進委員会が，同協会の施設委員会委員の協力も得て，1995年に『町村図書館建築マニュアル』を編集，刊行している。この中にも図書館の構成要素として「17　必要なスペースとその配置」の項目があり，"静かさが求められるスペースは奥へ" の見出しのもとに，児童書のスペースでは賑やかさは常識だが，レファレンスのスペースでは "静かさと落ち着き" が求められるとしている[16]。これでは，レ

ファレンスコーナーは利用者にとって敷居が高く，レファレンスサービス
が，そして結局はレファレンス担当者である司書そのものが，利用者には遠
い存在になってしまった。当時，同委員会委員長を務めていた筆者として
は，忸怩たる思いのする書きぶりである。

3.2　レファレンスコーナーはどこに配置するべきか

　これらに比べると，最近の教科書ではレファレンスコーナーをもう少し開
架スペースや貸出カウンターに近いところに設けることを促す記述が見られ
る。たとえば，C ではレファレンスカウンターの位置について，利用者が思
い立ったらすぐに近づくことのできる場所であることが望ましい，と明記し
たうえで，入口付近や閲覧スペースから目につく場所にカウンターが設置さ
れていれば，利用者が気軽に訪れることができる，としている。〔C, p.131〕

　より単純化し，わかりやすく示しているのは B である。この教科書では
レファレンスの"カウンターは，入口から見てすぐ分かる場所に置く"とし
たうえで，規模に応じた次の3段階に分けた説明をしている。〔B, p.83〕

　　小規模図書館：貸出カウンターと並んで置く
　　中規模図書館：貸出カウンターから少し離れた場所に置く
　　大規模図書館：入口からすぐ分かる場所にレファレンスルームを置く
　　いずれも図書館全体の空間の中核になる場所に置かれる。

　1980年代の建築家らによる解説と異なり，図書館側の思い込みにとらわ
れず，利用者の視点にたったレファレンスサービスの提供場所の説明と言え
よう。この説明と同趣旨の提案は，1990年代半ばの薬袋秀樹による貸出と
レファレンスサービスの橋渡しとなる読書案内デスクの提起[17]にも見られ
る。ただ，総じてレファレンスサービスの教科書では，他に省令科目『図書
館施設論』の教科書が刊行されていることもあって，レファレンスサービス
を提供する場所やコーナーについての記述は少ない。

　実はレファレンスサービスの認知や普及にとって，館内のどこに，どのような「レファレンスサービス拠点」を設けるかは重要な問題であり，今後は利用動線やレファレンスコレクション，機器類などの諸要素とあわせて，省令科目の一つ『情報サービス論』の枠の中で論じていく必要がある。レファレンスコーナーとデスクは，けっして"奥まった静かな場所"に，人知れず在り続けてはならないのである。

4. 医療相談，法律相談，学校の宿題はレファレンスの禁止事項でよいのか?[18)]

4.1　レファレンスの禁止事項とは

　図書館のレファレンス質問には，以前から「禁止事項」というものがあった。代表的なのは，法律相談，医療相談，学校の宿題，骨董品の鑑定などで，今でも国立国会図書館はじめ，国内の主要図書館で，これらの質問は受け付けられないことを公式サイトで明言している。

　これは，かつて欧米の図書館を手本として，日本にレファレンスサービスが導入され始めた頃，法律や医療に関しては別に専門家がいたことから，もともと禁止事項になっていたのをそのまま今日までひき継いだものと考えられる。

　本稿で先に触れた長澤雅男の『参考調査活動序講』では，"但し書きとしての制限事項であり，また禁止事項"として，国立国会図書館の当時の利用規則を範にとり，(1) 国の機密事項，(2) 美術品等の鑑定，(3) 学習課題，卒業論文，懸賞問題等，(4) 人生案内または身上相談，(5) 法律相談，の五つをあげていた[19)]。

　彼はその後の『参考調査法』(1969年) でも，"その分野の専門家が別にいるために，専門家としての立場でなされるような責任をもって回答することは不適当であると考えられる場合"[20)]として，ほぼ同様の例示をしている。そして，その根拠にあげられているのは，やはり国立国会図書館の利用規則

であり，日本図書館協会公共図書館部会参考事務分科会が作成した「参考事務規程」（1961 年制定）であった。

その後もレファレンスサービスに関する教科書には，引き続きこの「参考事務規程」はじめ，「東京都立図書館情報サービス規程」や「大阪府立図書館参考事務取扱要領」など[21]の該当条文を紹介しながら，回答するべきではない禁止事項があげられている。

しかし，その道の専門家のほうが適切に回答できる分野ということなら，いまや医療相談や法律相談に限られず，たとえば経営相談や教育相談，育児相談，結婚相談，旅行相談，さらにはペットの飼い方相談ですら同様のはずであるが，これらはまずもって禁止事項にあげられていない。その一方で，学校の宿題を禁止しておきながら，夏休みの自由研究の相談に応じる公共図書館は多いのであって，釈然としない。

4.2 レファレンスの回答は「正解」ではなく「最適解」

この問題の背景には，レファレンスの回答には必ず「正解」があって，それを提示すべきと考えてきた図書館側の暗黙の前提があるように思われる。実際，いまでも司書課程のレファレンス演習では，レファレンス資料やデータベース類を駆使して，いかにすばやく「正解」を見つけ出すかが教え込まれている。それは，やはり省令科目の一つ『情報サービス演習』の教科書を見ればよくわかる。

これは，レファレンス演習が大学や司書講習など教育課程の一環で行われることがほとんどであり，「正解」が用意されているほうが教育効果を上げ，成績評価しやすいという事情があるからだろう。本来は，レファレンス質問を寄せる利用者を前にして，いわゆるレファレンスインタビューを行いながら，徐々に「正解」に近づいていくプロセスにこそレファレンスサービスの醍醐味があるはずだが，教室の授業ではそうもいかない。

だが，現実には同じ質問であっても，利用者の状況や関心，そして持ち合わせた時間などによって回答内容は異なってくる。つまり，求められる回答

は「正解」なのではなく，その時どきの利用者に応じた「最適解」でしかない。夏休みの自由研究のテーマ選びなどは，その典型だろう。

　そして，図書館員は，利用者の状況に合わせて図書館資料や外部の情報源の中から「最適解」になりそうな候補を選び出せば良いのであって，何が「最適解」かは，その利用者が決めることである。利用者の時間を節約して，利用者がいち早く「最適解」と思えるものにたどり着けるよう案内するのが，図書館員の役割と考えたほうがよい。

　この点に関し，ある教科書の中で，きわめて興味深い記述を見かけた。それはJが「レファレンスサービスの限界」という節で，他の教科書と同様の禁止事項を説明し，これらは“専門家・専門機関に判断を仰いだほうがよい”項目であるとしたうえで，次のような補足説明をしているのである。具体的な医療相談にもとづく注目すべき内容なので，やや長くなるが，以下にそのまま引用しておく。

　　　利用者から“お腹が痛いのですが，何の病気でしょうか。どうしたらよいのか，教えてください。”と聞かれたからといって，図書館員は答えられないし，勝手なことを言うと，医師法第17条“医師でなければ，医業をしてはならない”に抵触することになってしまう。したがって，仮にこのような質問があった場合には，“図書館ではこのような質問には答えられませんので，病院で受診されてください”とまず返答する。そして，利用者の求めに応じて，近隣の医療機関の所在地を紹介したり，「腹痛」をテーマとした図書が並べられたコーナーに案内して，利用者自身の責任においてそれらを参考にしてもらう，といった対応が望ましいだろう。〔J，p.97〕

　こうした病気や健康に関する利用者からの問い合わせに対し，図書館員はこの教科書どおりに対応するのが望ましいと筆者も考える。図書館のレファレンスサービスでできるのは，まさに“利用者の求めに応じて，近隣の医療

機関の所在地を紹介したり，「腹痛」をテーマとした図書が並べられたコーナーに案内"したりするのが精一杯である。そして"利用者自身の責任においてそれらを参考にしてもらう"ことで「最適解」を利用者自身に決めてもらうより他ないのである。

　さらに，この教科書では「身の上相談」や「人生相談」，「将来予測」など，他の教科書でも禁止事項に挙げる質問内容に触れ，図書館は対応できない旨を伝えたうえで，関連する資料や相談機関を紹介するなどの範囲にとどめるべきとしている。〔J，p.98〕

　さて，そのときの問題は，こうした対応を図書館側がとることができるにもかかわらず，「医療相談」，「法律相談」等を始めから禁止事項にし，これらをいわば「門前払い」扱いすることを対外的に宣言するべきかどうかなのである。

4.3　禁止事項，制限規程の見直しを

　レファレンス質問に禁止事項があってそれが明示されていれば，通常，利用者はそれを尋ねてはいけないと思うし，その周辺の問題も避けるべきと考えるだろう。たとえば，家族が手術を受けるのでその病気や術後のケアについて分厚い家庭医学書で調べてみようと思い図書館を訪れる利用者が，"医療相談は禁止"の掲示を見たら，そうした医学書の所蔵や使い方について，レファレンスカウンターで聞くことをためらわないだろうか？

　あるいは，離婚を考え法律上の離婚手続きや慰謝料の請求事例などについて，一般向けの法律書や判例で調べてみようと思い図書館を訪れる利用者が，"法律相談は受け付けません"の表示を目にしたら，自分に適した法律書や判例集の使い方について，図書館員が相談にのってくれると期待するだろうか？

　これらはいずれも架空事例ではあるが，図書館のレファレンスサービスで対応可能であり，先にいう「最適解」の候補となりそうな資料や関連機関を案内・紹介することにより，利用者の時間を節約できるはずである。

　また，学校の宿題や懸賞問題の解答にしても，レファレンスインタビュー

の過程でそれらしいと判断できれば，探し方や調べ方を案内して，あとは利用者自身で「最適解」を探し出してもらえば済むことである。むしろ，それを契機に図書館での調べものの手順が理解でき，書架配置になじむことができれば，以後は自ら進んで調べるようになることも期待できる。利用者からの問い合わせや質問のすべてに「正解」を提示する必要はないのである。このように考えれば，むやみに禁止事項を設け「門前払い」することは，図書館のレファレンスに自ら「壁」をつくっているようなものだと気づくだろう。

　実はこれと同じような捉え方は，すでに30年ほど前の長澤雅男の論調の変化にうかがえる。長澤は，司書課程というよりも，実務家に向けたレファレンスサービスとレファレンスブックスの解説書を1990年前後に相次いで著している。その一冊で，本節で取り上げたようなレファレンスの禁止事項を「図書館職員の専門性に関わる制約」としてあげ，"質問回答サービスは無制限に行われることはなく，回答されないこともある"としつつも，次のように補足していた。

　　　もっとも，十分な図書館サービスが行き届かない現状において，いたずらに制限規程を盾にとってサービスの範囲を狭めるようなことがあってはならない。質問回答自体は図書館サービスの一つの目的として行われるべきであるが，サービスを展開するための手段と考えなければならない現状を勘案するならば，過剰と思われるサービスを求めに応じて行うことも，場合によっては必要であろう。〔A，p.131〕

　この引用部分にいう"サービスを展開するための手段"とは，質問−回答サービスを通じて図書館サービスをより身近に感じてもらい，より広範囲に普及させていくための手段の一つ，といった意味合いであろう。そう質問−回答サービスを捉えるからこそ，長澤は，その節を"こうした点に留意するならば，サービスについて何らかの制限を設ける場合は慎重でなければならない"と締めくくっている。しかし，長澤のこの指摘は，残念ながら振り返

られることもなく，今日に至っている。

　法律や医療の資料もそろえているのに，法律相談，医療相談を禁ずるのは理解に苦しむ。別に“法律相談，医療相談に応じます”と掲げる必要はないが，「最適解」になりそうな候補を提示すれば済むことなので，これらをあえて禁止事項にあげなくてもよいのではないか，ということである。図書館としては，せいぜい反社会的な問い合わせには応じられないことと，利用者に不利益が生じたとしても図書館が免責されることを明示すれば十分である。

　館種を越えて課題解決支援に取り組もうとするなら，レファレンス質問の禁止事項や制限規定は見直すべきである。その手始めは，国内の他の図書館への影響が大きい，国立国会図書館や日本図書館協会参考事務分科会の規程類の見直しと考えられる。このような見直しの必要性は，この十年余り，課題解決型図書館の実例として全国の図書館を牽引してきた鳥取県立図書館に勤める日本図書館協会認定司書の一人の次のような指摘に明快に示されている。

　　私が大学で図書館学を学んでいた十数年前，「ビジネス」「医療」「法律」に関する相談は図書館では受けてはいけないと教えられていた。（中略）しかし，司書の仕事は相談内容に対して直接アドバイスすることなく，「それぞれの課題について書かれた本を紹介する」ことである。経済不況，がんや生活習慣病等の健康問題，高齢者の消費生活問題等が大きな社会問題である今，これらの問題にこそ図書館が積極的に関わらなくてはならないと考えている[22]。

5. レファレンス質問の公開事例は適切か?

5.1　漫画『夜明けの図書館』のレファレンス事例

　いまから8年ほど前にレファレンスサービスの事例を巧みに取り入れた女性向けの漫画『夜明けの図書館』が評判になった。その漫画では，新人司書

のレファレンス業務体験が，職場としての図書館の様子や質問にいたる利用者の心情などとともに描かれており，今日までシリーズとして 5 巻が刊行されている。

　その第 1 巻[23)] を読んでみたのだが，そこで取り上げられるレファレンス事例が，それまでの司書課程教科書でのレファレンス事例同様に，一般市民の日常生活から遊離したものが多いことに少々不満を覚えた。そこには四つのレファレンス事例にもとづく短編が収録されているが，それらは以下のようなものである。

- 「記憶の町・わたしの町」＝年輩の男性利用者からの 80 年前の郵便局があった町並みの写真を掲載した資料の問い合わせ
- 「父の恋文」＝中年女性がたまたま見つけた亡き父親が書いたらしいくずし字の恋文の解読依頼
- 「虹色の光」＝小学男子からの自分の影が光って見える不思議な自然現象についての疑問
- 「今も昔も」＝若い女性から地元の橋にまつわる恋仲の男女の言い伝えについて受けた質問

　この種の問い合わせや質問が図書館に寄せられることも確かにあるだろう。その場合には，この漫画の主人公のように，手を尽くして探索や調査を行うべきである。しかし，レファレンスサービスとは，日常生活の中でめったに出会わないようなこの種の「稀な出来事」に対応するためのサービスなのだろうか，という以前からの疑問がふつふつと沸いてきた。

　改めて，その漫画本の帯を見れば，"利用者の調べものをサポートする「レファレンスサービス」。難問・奇問の裏に隠された事実とは…!?"とあるし，ウラ表紙側の帯にも "日々利用者から投げかけられる疑問は，迷宮入りしそうな難問ばかりで…!?"（傍点は，いずれも引用者）と書かれていて，そのとおりといえばそのとおりである。

　もちろん漫画とて「読み物」なのであるから，短時間で正答にたどり着けそうな単純な質問ばかりではストーリー性がなく，文字通り「話にならない」ことは承知している。だが，そこで筆者が感じたものは，司書資格の取得を目指して学生時代に受けたレファレンス演習科目での「違和感」とよく似ていた。

　すなわち，多種多様なレファレンスブックスの知識を総動員し，ときには裏ワザとも言えるような件名索引の逆引きをしてみせ，思いがけない資料から難問と思われた問題の「正答」を導き出す一種の"職人芸"ないし"名人芸"[24)]に圧倒された。まさに迷宮入り事件の謎を解き明かす名探偵の推理を聞かされるような痛快さに，驚きとともに戦慄に近いものを覚えた記憶もある。

　しかし，冷静になってみたとき，名探偵の推理がしょせんフィクションの世界の話にすぎず，現実世界ではありえない虚構が散りばめられているのと同じように，レファレンスの事例も，いったい誰がどんな必要があって，こんな質問を図書館に寄せるのだろうかと，実生活との距離に「違和感」を覚えたのである。

5.2　「生活感」に欠けるレファレンス事例

　その後，実際の図書館のレファレンス広報パンフレットやレファレンスサービス関係の啓発書の類を見るたびに，これでは日々の生活に追われる一般市民の大半は，"図書館のレファレンスサービスは自分には縁のないサービス"と思い込むであろう事例が多いと実感させられた。

　たとえば，数年前に筆者が住む地元の公共図書館でレファレンスサービスのチラシ[25)]を見かけた。チラシの見出しには"調べものは図書館で！　レファレンスサービスのご案内"とあり，これはけっして悪くはないと感心したものだが，そこに記載された質問の例示にやはり少々失望した。それは，"去年の元日の天気を知りたい"，"漢字の読み方が分からない"など日常生活上の疑問から，"俳人向井去来の作品や人物について調べたい"，"明治時

代の米の値段を知りたい”などの調査研究まで，幅広く相談に応じるとあったからである。

　もちろんレファレンスサービスの案内チラシのすべてがそうだと言い切るつもりはないが，総じて「本のタイトル」と「昔の出来事」に関する質問事例が多い。主題分野でいえば「文学」と「歴史」に偏っていて，およそ「生活感」に欠けているように感じられた。こうした傾向は教科書でのレファレンス演習問題に限らず，一般向けのレファレンス質問事例集でも同様である。

　たとえば，図書館現場でレファレンス業務を担当する職員を中心に編集された本に『図書館のプロが教える〈調べるコツ〉　誰でも使えるレファレンス・サービス事例集』[26]がある。この本で取り上げられる事例の章立てに「身近な生活のことを調べる」とあるが，そこに出てくるのは“昔，カレー粉がモナカの皮に入っていたというが，本当にあったのか？”とか“トイレットペーパーの幅はどうやって決められたのか？”とかの事例である。また他に「子どもや教育のことを調べる」と題された章もあるのだが，そこでも“『1826年童話年鑑』の作者は？”とか“昭和23年に使われていた小学校の国語教科書の冒頭は？”とかであって，いずれ劣らぬ“難問・奇問”ばかりである。

5.3　日常生活に身近なレファレンス事例を

　この種の“難問・奇問”が寄せられることも当然あるだろうし，それに対して図書館員は誠実に対応するべきでもある。そして，こんなやっかいな調べものや小難しい質問にも図書館のレファレンスサービスは対応するのだから，“日常生活のもっと身近で素朴な疑問であっても，ぜひ図書館のカウンターに気軽に問いかけてみてください”といったメッセージを発したい意図も理解できる。

　しかし，これを読む一般の読者からすればむしろ逆効果で，レファレンスサービスというのは，やや誇張していうと“ヒマ人が昔のことを調べたり，モノ好きが興味をもったりする，どうでもよいようなことに答える”サービスと受け取られかねない。せめて例示質問の最初のほうは，奇をてらわずに

"カブト虫の飼い方が書いてある本はありますか？" であったり，"気分が落ち込んだときに，元気が出てくるような本を教えてもらえませんか？" であったり，さらには "地域での休日診療体制を知っておきたいのですが…？" あるいは "家のリフォームを考えているが，業者選びの際の注意点を知るには？" でもよいし，"どうしたら家庭菜園でブドウが実るか？"[27]とかいった，現在を生きる市民が日常生活の中で一度は感じる疑問や不安に図書館が対応する姿勢を示すことのほうが重要なのではないだろうか。

　もちろん，この種の日常の疑問や不安に回答することだけが図書館のレファレンスサービスではないし，これらへの回答の過程はそれほど複雑ではなく，教科書や事例集で取り上げるほどのことはないとも考えられる。さらに，こういった普通の市民感覚に訴えたところで，それが直ちにレファレンスサービスの利用増につながるとも限らない。

　また，図書館員が "難問・奇問" を紹介しようとする背景には，それへの正答を導き出す能力に，司書の専門性を認めてもらおうとする思惑も見え隠れしているように思われる。これは，"ほら，司書はこんなことも調べられるのですよ。すごいでしょ！" と言わんばかりの誇らしさであって，だからこそ難解な相談にもなんとか正答にたどり着いた道すじを紹介したくなるのだろう。

　しかし，図書館員の視点で考えるレファレンスサービスのあり様と利用者の目線で考えるそれとの乖離は，この種の事例のあげ方にあるのも間違いない。レファレンス事例は，素朴で日常的なものから好事家好みのマニアックなものまで，幅広さと多様性が求められると考えたほうがよい。先に質問例としてあげた "気分が落ち込んだときに，元気が出てくるような本を教えてもらえませんか？" という一見日常的な問いかけでも，この利用者が満足するような本の紹介や書棚への案内は，けっしてひと筋縄ではいかない。実は，けっこう奥が深い「難問」であって，それこそ司書の腕の見せどころでもある。

　こうした意味合いで，利用者が目にするレファレンス事例は，もう少し日

常生活に身近な疑問に多くの例をとったほうがよいのではないだろうか。

6. レファレンスを増やすのは「貸出」だけなのか?

6.1　『市民の図書館』におけるレファレンスの考え方

　かつて『市民の図書館』[28]が「貸出」の基礎のうえに「レファレンス」が築かれるとしたことはよく知られている。具体的には，"貸出しが十分行なわれることによって，レファレンスの要求が生まれ，拡大する"（同書，p.22）のであり，"貸出しぬきのレファレンスなどありえない"（同書，p.38）とまで記していた。

　ところが，国民1人当たりの貸出冊数が『市民の図書館』刊行当時（1970年）の20倍以上になった2000年代でも，司書の専門性が発揮される場面と図書館現場では認識されているレファレンスや読書案内は，貸出が普及しているのに比して，利用者まして一般国民の間に浸透していない。公共図書館としておそらく最もレファレンス質問の処理件数が多いと思われる東京都立中央図書館は，利用者への直接貸出を行っていないことが，上に指摘した『市民の図書館』のサービス構造の非現実性をよく物語っている。

　筆者はこれまで多くの日本の図書館の現場に足を運び，実際にレファレンスサービスの提供状況を視察し，ときにはそこにいる職員（必ずしも司書有資格者とは限らない）に資料に関する簡単な質問を繰り返してきたが，レファレンス質問を増やす最大の要因は，蔵書（特に開架）の量と質であり，司書の能力とサービス意識の高さであると確信している。これらが備わっていれば，その図書館の利用は貸出もレファレンスも伸びるに違いない。

　ただし，わが国では学校教育段階で図書館利用教育が十分なされていないこともあって，図書館におけるレファレンスサービスの存在が一般市民の間に浸透していない。そのため，一般に図書館の利用形態としてまず「貸出」が伸び，そのあとに「レファレンス」利用がやってくるという時間差を生じるのも事実である。しかしだからと言って，「レファレンス」を増やす必要

条件が「貸出」を伸ばすことだけにあるのではなく，他に蔵書の質と量や司書の資質などにもあることは否定できない。つまり，「レファレンス」を増やすことを考える際に，「貸出」を伸ばすことは必ずしも十分条件とならないのである。

　仮に大阪市立中央図書館がいっさい貸出をしていなくとも，あれだけの開架冊数と職員の能力の水準があれば，レファレンス利用は多いはずだし，逆に東京都立中央図書館の蔵書と職員体制が貧弱であったならば，都立中央でのレファレンス利用はこれほど多くならなかっただろう。では，蔵書の量と質，そして司書の能力とサービス意欲の高さの他に，レファレンスを増やす方策には何が考えられるだろうか。

6.2　貸出の場合の「開架」に当たるものがレファレンスにない

　貸出サービスとリクエストサービスの利用を伸ばすうえで，豊富な資料類をその場で手にとることができる広い開架エリアが果たした役割は大きい。この図書館であれば，こんな本も買ってもらえるかもしれないと利用者が考えるのは，おそらくその図書館の開架書架を見て，自分が読みたいと思うような資料類がたくさんそろっていると知ったときである。

　したがって，問題は貸出サービスやリクエストサービスの場合の「開架」に当たるものがレファレンスサービスの場合にない，ということである。レファレンスブックスが「開架」になっているではないかと思われるかもしれないが，これを見ていてレファレンス質問をしてみようという気が起きるものではないし，そういう意図で置かれているものでもない。つまり，利用者にとって開架書架に並ぶ多くの本からおのずと図書館の選書方針がわかるように，利用者エリアにその図書館のレファレンスサービスの方針や実績が手軽にわかるような環境が用意されていない，という問題である。

　この問題を多少なりとも解決し，レファレンスサービス利用を促す一つの手立ては，その図書館で実際になされたレファレンス質問の「事例」を，個人情報に配慮しつつ，差し支えない範囲で可能な限り他の利用者にも公開す

ることである。これは，"この図書館では，こんな調べもの相談が窓口に寄せられていて，このように回答しています"という情報提供を意味している。これが，すなわち貸出サービスにおける「開架」に相当するレファレンスサービスの「見える化」ということである。

6.3　レファレンス「事例」は職員だけのものでよいのか？

　ところが，このレファレンス「事例」は，教科書での取り上げ方を見ると，職員向けに作成されるレファレンス「記録」であって，一般の利用者が見ることはあまり想定されていない。たとえば「レファレンス事例の活用」の節を設けた教科書では比較的詳しく解説されているが〔C, p.60-66〕，担当者間での情報の共有化やレファレンスツール活用の分析など，視点は図書館職員向けになっている。事例公開を活用した利用者へのレファレンスサービスの広報という視点は弱いと言わざるをえない。

　また，1で紹介したレファレンスサービスのガイドライン（案）でも，「H記録」の項目[29)] は設けられているが，その解説によれば，目的は以下のようなものである。

　　・質問－回答サービスの評価のため
　　・図書館職員の研修の材料とするため
　　・同様の質問に対するレファレンスツールとするため
　　・担当者間での引き継ぎに用いるため

　これらはいずれも職員向けの目的であって，利用者に向けた視点は見受けられない。その一方で，このガイドライン（案）の「PR活動」に「利用者へのレファレンス事例（記録）の公開」があげられているわけでもない。

　これら教科書やガイドライン類と異なる，より実践的な解説書Iでもレファレンスの「事例」「記録」は取り上げられており，レファレンス記録の意義がまず次のようにわかりやすく解説されている。

　　個人の調査体験（探索戦略，調査プロセス，使用参考図書など）が，ス

　　タッフ全員の共通認識の材料となる。その結果，利用者の質問を図書館
　　という組織で受け止めることになる。〔Ⅰ, p.54〕

　以下，全部で 12 項目にわたって「記録」を作成することの意義が解説さ
れ，その 9 番目に "レファレンス事例集ができると，市民に対するレファレ
ンスサービスの PR 手段となる" があげられている。筆者はこの点を評価し
たいが，続く 10 番目にあげられている "（事例集を）他の図書館に配布して
レファレンスサービスにおける協力・連帯関係が深められる" を含め，他が
すべて図書館員にとっての意義になっていることが気がかりなのである。

　他方，利用者だけでなく広く社会全体に公開されるレファレンス事例の
データベースとして，国立国会図書館によるレファレンス協同データベース
をはじめ，多くの図書館の公式サイトを通じて公開されるレファレンス事例
データベースが知られている。ただ，これらもどちらかと言えば，国内外の
図書館員が他館の事例を自館のレファレンス業務に役立て，ノウハウを共有
する目的で構成されており，必ずしも一般市民向けとはいえない。そのた
め，簡単なレファレンス質問への回答は，あえて「事例」として登録するま
でもないことから，この種のデータベースには「記録」すらされないようで
ある。

　そこで提案なのだが，現在のところ図書館員向けになっているレファレン
ス記録とは別に，利用者が開架フロアで自由に手にとることができる「読み
物」として，一種の自家製ツールを作成することはできないだろうか。その
イメージは，即答できた単純な質問から少々時間と手間のかかった調査依頼
まで，その図書館での「実績」を幅広く収録し，図書館側の回答を付した小
冊子（ないし手づくりファイル）である。

　このイメージにきわめて近い実例に，北九州市立中央図書館が作成してき
た一連の事例記録がある。これは同館が編集した『参考事務事例集 1984 年』
（1985 年），『市民と図書館の Q&A　調査事例百撰』（2004 年）そして『図書
館質問箱　レファレンス事例集 3』（2012 年）の 3 冊である[30]。その書名や

**図 4　北九州市立中央図書館のレファレンス
　　　事例集**（2012 年 3 月）

　装丁の変遷にも利用者に対する親しみやすさや読みやすさへの配慮が感じられるので，参考までに最新刊（2012 年）の表紙を図 4 に掲げておく。

　この A5 判の最新刊では，全体で 100 問の質問事例が「歴史」，「身近な生活」，「ことばと社会」，「科学」，「芸術」，「文学」の 6 項目に分類され，それぞれの質問と回答が 1 ページに収められている。巻末にはキーワード索引と一般的な調べ方の案内も付されており，A5 判カラー印刷 128 ページのハンディな形状も手伝って「読み物」風に仕上がっている。内容がやはり 5.2 で触れたように，「ことばの由来」，「昔の出来事」，「文学」，「歴史」に傾斜しており，「仕事」，「健康」，「お金」といった「生活感」のある話題が少ないのは気がかりであるが，市内の各図書館では複本を用意して貸出できるようにしており評価できる。こうして貸出の場合の「開架」に相当するものを，

レファレンスについても開架フロアに置き，積極的に「見える化」を図ることが必要である。

　2で指摘したように，レファレンスサービスを「質問－回答サービス」とだけ限定的に捉えていると，「質問されたときの備え」は工夫していても，「質問されないときの備え」がおろそかになりがちである。レファレンス質問の実例を単に内輪の「記録」にとどめることなく，積極的に外部にも公開する姿勢は，実は職員にとって「質問されたときの備え」に磨きをかける一方で，質問しない利用者に向けた"PR手段"〔Ⅰ，p.55〕であり，「質問されないときの備え」になりうる。

　実際，先に紹介した北九州市の小冊子の「はじめに」には，"この事例集はさまざまな疑問が生じたとき，図書館に相談すると，こういう質問をしたら，こういう回答が得られるという例を示しています"[31]とある。すなわち，レファレンスサービスをあまり知らない利用者にとって，どのようなレファレンス質問が他の利用者によってなされているかを知る手がかりが得られるわけで，それによって今度は安心して自分も質問できるだろう。

　貸出を伸ばすこと以外にも，レファレンスサービスを広める手立てはあるし，そのために創意と工夫をこらすことも司書の大切な役割というべきである。

7. 指名レファレンス，予約レファレンスは過剰サービスか?

7.1 「指名レファレンス」導入の可能性

　以前は公共図書館に限らず，役所・役場の窓口でも職員が胸に名札を付けたり，首からネームプレートを下げたりしていることはなかった。かつてその理由を尋ねたときに，"公務員は個人で仕事をしているのではなく，組織として仕事をしており，誰がやっても同じように仕事をこなすのが原則だから"と聞いたことがある。

　図書館という組織も同様で，どんな利用者に対しても公平・平等にサービ

スするのであって，誰か特定の職員だけが特別のサービスをするものではない，とされてきた。この基本原則は，おそらく今も変わらないだろう。

　しかし，完全にマニュアル化できる業務やサービスであれば，"誰がやっても同じ"かもしれないが，図書館のレファレンスサービスはそうもいかない。"一人の職員はどんな利用者に対しても公平・平等にサービスする"のは当然だが，そのことは"どんな職員であっても一人の利用者に対して公平・平等にサービスできる"ことと同じではない。

　レファレンスサービスも，やはり司書資格の有無や勤務経験の長短，さらには本人の研鑽努力などによって，おのずと違いが出てくるものである。しかも，最近では「名札事情」も変わり，どこの図書館でも窓口業務に限らず，また正規・非正規雇用にかかわらず，職員は個人名を明かして業務に就くことが原則になっている。そうであれば，一度レファレンスのカウンターで質問し，そのときの印象がよければ，今度は別の質問をしてみようという利用者心理に配慮して，その職員を指名できる「指名レファレンス」を導入できないものだろうか。

　一般に営利機関では，接客をともなう相談業務において相談が終われば，アフターサービスのため接客した担当者の名前や連絡先が記された名刺あるいはビジネスカードを手渡すことが多い。一度窓口を訪問したことを契機に，客にリピーターになってもらいたいからこそのビジネス習慣であろう。

　だが，図書館は非営利機関だからであろうか，レファレンスカウンターであっても，こうした習慣はないし，そもそも担当者が名刺を用意していることは稀である。これでは，仮にレファレンスカウンターで質問した利用者が，その後に派生した次なる疑問や相談を，再度同じ職員に尋ねようとしても，その職員にコンタクトをとる手立てがないことになる。同じ図書館の同じカウンターに出向いたところで，別の職員が対応するのであれば，また一から相談ごとを伝えなければならない。これでは，図書館が本気で利用者にレファレンスサービスをもっと活用し，リピーターになってもらいたいと考えているのか，疑わしいことになる。

　もちろん「指名レファレンス」であっても，一定時間，特定の利用者が一人の職員を「占有」する以上，利用できる対象者（たとえば利用登録してあること）や利用時間の上限（たとえば30分程度），利用頻度（たとえば週1回まで）等を館内規則としてあらかじめ定め，公表しておく必要はある。そして，何よりもストーカーまがいの問題利用者が出てくる可能性もあるので，その点には組織として対策を講じておく必要があることも付け加えておきたい。

7.2　持続する〈学び〉を支える「指名レファレンス」

　2015年『図書館雑誌』の特集〈レファレンスサービスの変容〉の中で齋藤泰則は，わが国でも1回限りの質問回答で完結する"即答型の直接サービス"の要求が今後は減少すると予想し，むしろ"コンサルテーション型の継時的サービス"が必要になると指摘した[32]。そして，この場合の"コンサルテーション"について，アメリカ図書館協会レファレンス利用者サービス部会の定義を引きつつ"利用者の特定のニーズを充足するために図書館員によってなされる，情報源の推薦・解釈・評価"の諸活動からなるものとしている。

　もともと"即答型の直接サービス"すら不活発な日本では，今後，単なる所蔵の問い合わせから調べもの相談へとレファレンス質問の質的変容は考えられても，掘り起こされるべき要求そのものが減少するとは思えない。その一方で，滞在型図書館を掲げる公共図書館の増加や学校教育段階でのアクティブラーニングの広がり，大学図書館でのラーニングコモンズの普及などからは，むしろ図書館での"持続する〈学び〉"が，今後ますます重要になってくるのは疑う余地がないだろう。

　ここで，筆者のいう"持続する〈学び〉"とは，特定の疑問や問題を解決するための学習活動ではなく，自身の将来像や価値観・世界観をもとに，広い興味関心領域から自己実現や新たな課題発見に向けて，持続的・継続的に読書したり，講義・講演を聴いたり，あるいは他者と対話したり，活動体験し

たりして，時間をかけて多面的・重層的に〈学び〉を深めていく行為である。

　そのため，齋藤が紹介したアメリカ図書館協会の定義にある"情報源の推薦・解釈・評価"にいう"情報源"としては，図書館資料だけでなく，非所蔵の出版物や講座・講演，各種イベント，ネットワーク上の情報源，さらには博物や人物，ときには文化・芸術・スポーツなどのパフォーマンスまでも含めて考えてよい。そして，図書館員によって支援されるべきことは，それらの"推薦・解釈・評価"より以前に，まずそうした"情報源"の探索，案内，紹介，同定，そして可能であれば図書館での提供が考えられる。

　今後，この種の"持続する〈学び〉"を図書館が奨励し，これを支援しようとするならば，それにはレファレンスサービスにおける「指名レファレンス」が打ってつけである。なぜなら「指名レファレンス」では，利用者と担当する図書館員との間の信頼関係にもとづく"コンサルテーション型の継時的サービス"が期待できるからである。医療サービスにおいて，一人の患者を受け持つ担当医（かかりつけ医）と同じ発想である。利用者のプライバシー保護の観点からも，複数人による交代制のサービスより「かかりつけ司書」のほうが安心感を与えるのは間違いない。

　さらに付け加えると，担当医にそれぞれ専門分野（たとえば整形外科，神経内科，小児科，など）があるように，レファレンスを担当しうる司書は各人の専門分野（せめて得意分野）を，たとえば近現代史，政治・経済，天文・生物，地域資料，児童書，サブカルチャーといった具合に，さらにコミュニケーション可能な言語（たとえば中国語，韓国語，英語，手話，など）も，図書館の館内掲示やホームページで公表しておくとよい。当然，一人の司書が複数の専門分野をもっていてもかまわないわけで，これを見た利用者は「指名」しやすくなるはずだし，利用者と司書との距離を縮める働きもするであろう。

　賢い利用者や常連と呼ばれる利用者は，カウンターで何か尋ねる際には，すでに職員を選んでいることが多い。そうであれば，お互いが時間を節約するためにも，「指名レファレンス」は検討に値する。職員側もたびたび「指

名」されるよう研鑽に励む必要があるのだが，公式に制度化するとなると，
自治体の行政事務の中ではなかなか難しい面があることも予想される。

　なお，筆者が確認する限り，わが国の教科書で「指名レファレンス」や次
節で述べる「予約レファレンス」に相当するようなサービスを提案している
ものは皆無であった。教科書が，その時点で共有されている一般的な知識や
標準的な活動を平易に記述するという性格をもつだけに当然なのかもしれな
いが，教科書の記述の範囲だけでサービス実践に努める司書が多いとすれ
ば，いささか残念である。

7.3　「予約レファレンス」導入の可能性

　小規模図書館で職員体制の問題から，どうしても「指名レファレンス」の
導入が難しいのであれば，これを部分的にでも代替する方法として「予約レ
ファレンス」が考えられる。あらかじめ利用者が図書館に連絡をとり，レ
ファレンス質問の概略を伝えたうえ，双方の都合のよい日時に予約して図書
館を訪ねるやり方である。この方法の利点は，あらかじめ質問の概略を聞い
ておくことで，図書館として回答の準備態勢を整えることができる点にあ
る。結果的に，それは「指名レファレンス」に近いサービスへと展開されて
いくだろう。

　以前からそうしたアイディアを暖めていたところ，これに類似したサービ
スが，すでにデンマークの図書館で行われていることを知った。「司書を予
約しよう」（Book en bibliotekar!）と呼ばれるサービスがそれで，2008 年にデン
マークの一部の公共図書館で始められていたようだ[33]。これを現地で視察し
た吉田右子は，図書館側ではこのサービスの範囲として "図書館の利用法，
インターネットの使い方，読書アドバイスなどを想定している" と紹介して
いる。"30 分から 1 時間かけて，司書はじっくりと利用者からの個別相談に
応じる" ということなので，ここで提案している「予約レファレンス」に近
いことになる。

　ただし，同じ「予約」という言葉を使ってはいても，デンマークの方法

は，日本の銀行や病院の待合いで見かけるように，利用者が番号札を取り，その番号が掲示板に表示されるまで順番を待つというやり方であって，事前に質問の概略を伝えられるようなものではない。言ってみれば"行列に並ぶ必要をなくす順番待ちシステム"ということになる。それでも，吉田が書いているように，"ほかの利用者のことを気にせずに心ゆくまで質問ができるのではないかと考えた末に"[34]始まったサービスなのであれば，ねらいはほぼ同じである。

　いずれにせよ「指名レファレンス」や「予約レファレンス」は，レファレンスサービスがどのようなものかがわかっている利用者に対して，図書館がこんなことまで考えてくれているのだと理解してもらい，彼らの背中をソッと押してレファレンスカウンターまで足を運ぶ気にさせる仕組みと考えてよい。一般に地方自治体が行う「商工相談」や「教育相談」と同じような趣旨と範囲で行われるならば，けっして過剰サービスとはならないだろう。

おわりに

　筆者がこれまで感じてきた日本の図書館におけるレファレンスサービスの疑問点七つについて，公共図書館を中心に，その解決策を含めて論じてきた。もちろん全国の図書館の現場では，レファレンスサービスの利用をより促進するために，職員がそれぞれに考え，悩み，試行錯誤を続けているのも事実である。したがって，本稿で指摘した「聞かれないときの備え」も，実はもっと多様なアイディアと手法で解決が試みられていることが予想される。それらについては，筆者にご教示いただければ幸いである。

　統計法第2条により「基幹統計」の一つとされる文科省「社会教育調査」[35]では，全国の公共図書館におけるレファレンスサービスの実施館数と実施件数を2004年度以降，一貫して報告している。それをグラフ化すると図5のようになり，実際に総件数は徐々に増えていることがわかる。ただし，同じグラフからさらに読み取れるように，実は都道府県立図書館による

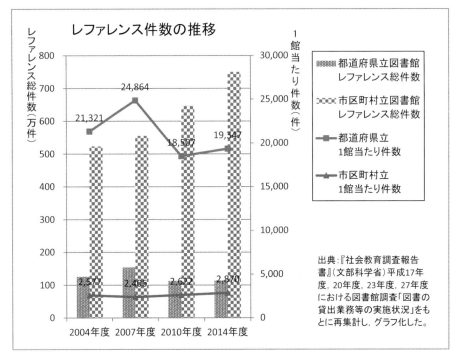

図5　わが国公共図書館におけるレファレンス件数の推移

レファレンス件数は，総件数も１館当たり件数も減少傾向にあり，公共図書館全体の件数増加は，むしろ市区町村立図書館によってもたらされている。こうした中小規模図書館におけるレファレンスサービスの今後のいっそうの普及と発展を期待したい。なお，総件数増加の要因は，おそらく市区町村立図書館関係者の努力によるものであろうが，筆者が2004年以降提起し，本稿でも示してきた七つの提言が多少なりとも貢献できていたのであれば幸いである。

　最後になるが，先進的なレファレンスデスクの周辺とレファレンス質問事例集の写真掲載をご快諾くださった南部町立図書館（鳥取県），石狩市民図書館（北海道），岐阜県図書館（岐阜県），北九州市立中央図書館（福岡県）の

4 図書館の関係者の皆様には，ここに記して厚く感謝の意を表したい。

注・引用文献

1)　長澤雅男『レファレンスサービス－図書館における情報サービス』丸善，1995，245p.

2)　これからの図書館の在り方検討協力者会議『これからの図書館像－地域を支える情報拠点をめざして（報告）』文部科学省生涯学習政策局，2006，p.12.
http://warp.da.ndl.go.jp/info:ndljp/pid/286184/www.mext.go.jp/b_menu/houdou/18/04/06032701.htm（参照 2019-01-04）

3)　日本図書館協会『図書館における自己点検・評価等のあり方に関する調査研究　報告書』（平成 14 年度文部科学省委嘱調査研究）2003，143p.

4)　長澤雅男『参考調査活動序講』慶応義塾大学文学部図書館学科，1964，278p.

5)　長澤雅男『参考調査法』（現代図書館学叢書Ⅴ）理想社，1969，p.52.
なお，教科書 G では，"参考事務という訳語は，今沢滋海の「参考図書の使用法及び図書館に於ける事務」，小谷誠一の「日比谷図書館に於ける参考事務」（ともに『図書館雑誌』Vol.55, No.3, 1924 年）に見え，おそらくこれらの執筆者の権威とこれに代わる適切な訳語が見出せないなどの事情から，以後普及した"〔G，p.31〕とされている。

6)　小田泰正編『レファレンス・ワーク』（シリーズ・図書館の仕事 14）日本図書館協会

7)　小田光宏「レファレンスサービスの改善と向上に向けてのガイドライン（案）－市町村立図書館に焦点を合わせて」全国公共図書館協議会編『公立図書館におけるレファレンスサービスに関する報告書』全国公共図書館協議会，2006，p.3-18.
https://www.library.metro.tokyo.jp/pdf/15/pdf/r05_chap1-1.pdf（参照 2019-01-04）

8)　「これからの図書館サービスの在り方」文部科学省生涯学習政策局これからの図書館の在り方検討協力者会議「これまでの議論の概要」（会議開催日不明）
http://www.mext.go.jp/a_menu/shougai/tosho/giron/05080301/001/003.htm（参照 2019-01-04）

9)　前掲 8)

10)　長澤雅男「レファレンス機能とその領域」日本図書館学会研究委員会編『レファレンス・サービスの創造と展開』（論集・図書館学研究の歩み 10）日外アソシエーツ，1990，p.7-26.

11)　これからの図書館の在り方検討協力者会議『これからの図書館像－地域を支える情報拠点をめざして（報告）』文部科学省生涯学習政策局，2006，p.12.
http://warp.da.ndl.go.jp/info:ndljp/pid/286184/www.mext.go.jp/b_menu/houdou/18/04/06032701.htm（参照 2019-01-04）

12)　全国公共図書館協議会編『公立図書館におけるレファレンスサービスの実態に関する研究報告書』全国公共図書館協議会，2005，121p.
https://www.library.metro.tokyo.jp/pdf/15/pdf/r2allchap.pdf（参照 2019-01-04）

13)　前掲 7)，p.12.

14）建築思潮研究所編「図書館」『季刊建築設計資料』no.7，建築資料研究社，1984.

15）西日本工高建築連盟編『新建築設計ノート　図書館』彰国社，1989，72p.

16）町村図書館活動推進委員会編『町村図書館建築マニュアル』日本図書館協会，1995，p.31.

17）薬袋秀樹「読書案内サービスはなぜ必要か　貸出カウンター，委託，自治体行政とのかかわりをめぐって」『現代の図書館』vol.34，no.1，1996，p.32-39.

18）この節の疑問と提言は，既発表の次のコラム記事と同趣旨である。糸賀雅児「レファレンス質問の禁止事項は見直しを」『図書館雑誌』vol.112，no.4，2018，p.216.

19）前掲4），p.31.

20）前掲5），p.141.

21）これらのレファレンスサービス規程類については，次に解説がある。吉田昭子「レファレンスサービスに関する規定類について」『公立図書館におけるレファレンスサービスに関する報告書』全国公共図書館協議会，2006，p.19-32.
https://www.library.metro.tokyo.jp/pdf/15/pdf/r05_chap1-2.pdf（参照 2019-01-04）

22）高橋真太郎「図書館『司書』であるという喜び」『地方自治職員研修』no.671，2015，p.21.

23）埜納タオ『夜明けの図書館』双葉社，2011，179p.

24）小田光宏「レファレンス・サービスの運営的諸問題」日本図書館学会研究委員会編『レファレンス・サービスの創造と展開』（論集・図書館学研究の歩み 10）日外アソシエーツ，1990，p.30.

25）正確な時期は不明だが，2005年前後に杉並区立図書館に置かれたチラシ。

26）浅野高史＋かながわレファレンス探検隊『図書館のプロが教える〈調べるコツ〉　誰でも使えるレファレンス・サービス事例集』柏書房，2006，286p.

27）この最後の質問事例は，朝日新聞投書欄 " 声 " の特集「今年こそ」（2019 年 1 月 1 日付け東京本社版）に掲載された栃木県 70 代女性による「図書館の親切にブドウの恩返し」をヒントに筆者が考案した。

28）『市民の図書館』日本図書館協会，1970，168p.

29）前掲7），p.16.

30）北九州市立中央図書館『参考業務事例集1984年』1985，45p.
北九州市立中央図書館『市民と図書館の Q&A　調査事例百撰』2004，67p.
北九州市立中央図書館『図書館質問箱　レファレンス事例集 3』2012，128p.

31）「はじめに」北九州市立中央図書館『図書館質問箱　レファレンス事例集 3』2012，p.1.

32）齋藤泰則「公共図書館におけるレファレンスサービスの動向と課題」『図書館雑誌』vol.109，no.5，2015，p.277-279.

33）吉田右子『デンマークのにぎやかな公共図書館　平等・共有・セルフヘルプを実現する場所』新評論，2010，p.42-44.

34）前掲33），p.43.

35）http://www.mext.go.jp/b_menu/toukei/chousa02/shakai/index.htm（参照 2019-03-04）

第 10 章

公共図書館における読書相談サービスの再構築

福永智子

1. はじめに

1.1　共通理解のないサービス

　本稿では，公共図書館における読書相談サービス（reader's advisory service）について検討する。『図書館情報学用語辞典』によれば，読書相談サービスとは以下のとおりである。

> 利用者との対話を通して，資料選択に関する相談に応じ，その要求を明確にして，資料の選択，探索，入手を個別に援助するサービス。このサービスは，利用者からの要求を待って初めて行われる。状況に応じて，レファレンスサービスや予約サービスへと結びつき，各サービスへ引き継がれることもある[1]。

　上記の意味内容を表す用語として「読書案内」が使用されることもあり，用語が定着していない現状にあるため，本稿では「読書相談サービス」の用語で統一する。なお，対話による相談以外の方法，たとえば館内展示や新着図書の案内，児童サービスにおけるブックリストの作成提供などによる読書支援の活動を，『図書館情報学用語辞典』の定義[2]に従って本稿では「読書案内」と呼び，読書相談サービスと区別する。

　用語が分散していることからうかがえるように，図書館界において読書相談サービスの位置づけは明確ではなく，共通理解が得られているとは言いがたい。まず，レファレンスサービスに含める考え方がある。長澤雅男は，本

来の業務ではないものの“レファレンス質問の内容が読書相談に当たるか否かを最初から判断することはむずかしく，質問者との応答を重ねた結果，読書相談であると判明する場合が多い”[3]ことから，副次的業務として位置づけるという見方を示している[4]。

　その一方で，読書相談は貸出業務の一環とする見方が従来からあった。1970 年『市民の図書館』には，“利用者の図書選択を助け，利用者の要求や課題と図書を結びつける仕事が貸出し業務の重要な一部である。これが読書案内である”[5]と記載されている。もっともこの見方がその後も支持されてきたわけではない。根本彰[6]は，貸出業務が 1980 年代以降になっても引き続き，児童サービス，予約，相互貸借，読書相談などを含むものとして広義に解釈されてきたと指摘し，その「貸出サービス論」が図書館サービスを支える支配的なパラダイムとなったことで，図書館サービスの本質が何であるかの理解を妨げてきたと評価している。

　レファレンスサービスか貸出業務か。読書相談サービスの位置づけについての共通理解は，図書館界に存在しないと言える。

1.2　図書館資料についての「十分な知識」とは

　参考までに筆者の勤務先の大学では，活字文化推進会議との共催で「活字文化講座」を毎年開催している。作家や脚本家をゲストに招いた 2 時間のトークショーであるが，その聞き手を筆者は務めている。300 人の来場者とゲストをつなぐ役割としてできる限り作品を読む。

　開催までの準備期間には，読書相談サービスを疑似体験することになる。筆者が作品を読みこんでいると知って，学生はじめ関係者が質問してくるのである。「講座の前に 1 冊読んでみたい，まずどれがいいのか」は毎年必ず受ける質問である。どれから読んでもよいのだが，適切に回答するのは意外と難しい。たとえば辻村深月氏は文庫本の帯に読む順番が掲載されているので，それを紹介する。林真理子氏は数百冊の著書があるため，質問者の好みを聞いて回答する。万城目学氏も代表作が決めにくいが，学生向けには大学

生活を描いたデビュー作を推薦する。

　本を書いた作家の話を聞きたいのは当然かもしれないが，作品を読んだ人が身近にいたら，人はその内容について聞いてみたいのではないか。駅前の新しい店に行った人に，その感想を聞くことと同じである。オンライン書店のユーザレビューや読書コミュニティが普及する現代においても，いつも同じ作家の本を読んで読書の幅が広がらない人など，本との出会いで問題状況にある人たちがいる。人々と本とが出会う仕組みについて，もう少し丁寧に考えることはできないか。

　先にあげた特定の作家の作品群について代表作や読む順番を聞く質問は，読書相談質問の一つである。本稿 3 節で取り上げる『WEB 本の雑誌』の「読書相談室」には，同じタイプの質問がいくつか掲載されている[7]。

　　［質問］有川浩の〈図書館戦争〉シリーズは順番に読むべきでしょうか？
　　　　子どもにせがまれ図書館に借りに行きましたが，予約待ちが多くて，完
　　　　結編の『図書館革命』が先に来そうなので。待たずに『図書館戦争』か
　　　　ら買ったほうが良いのでしょうか…。
　　［回答］事件も連続性があるんですが，ヒロインの成長と恋の行方は順番
　　　　に読まないと盛り上がらない。なので，なるべく『図書館戦争』から順
　　　　番に読んでください。

　この質問者は，図書館で予約した本のことを「読書相談室」に質問している。どうして図書館で聞かないのだろう。

　読書相談サービスの法的根拠として，図書館法第 3 条（図書館奉仕）が指摘できる。"三　図書館の職員が図書館資料について十分な知識を持ち，その利用のための相談に応ずるようにすること"とあるが，この"十分な知識"とはどの範囲を指すのであろうか。書誌事項までか，それとも資料の内容を含むのか，これは重要な論点である。解釈が不十分なまま本号は，もっぱらレファレンスサービスの法的根拠として理解されているように見受けられ

る。文学作品など読了することが目的の本について"十分な知識"の合意は
なく，それはおそらく一般の人々の図書館への期待から少し外れているように
にも思われる。さらに，「図書館の設置及び運営上の望ましい基準」(2012
(平成 24) 年)[8]には，読書相談という言葉すら存在しない。このように，法
的根拠はあるのだが，図書館界で読書相談サービスは影が薄い。

　しかし，読書相談サービスは実践されている。レファレンスサービスの実
態調査[9]を見ると，読書相談サービスを実施する公共図書館は約 9 割あり，
実施率は高い。法的根拠があり，図書館界に存在しているのに，確固とした
居場所を与えられず，あたかも存在していないかのようである。過去の文献
を遡って調べてみても，図書館情報学も長くこの問題に強い関心を払ってこ
なかった。一方，海外の文献を見ると，SNS を使った読書相談[10]や，公共
図書館ウェブサイトを通した成人向け読書相談サービス[11]などが報告され，
このテーマが研究されていることがわかる。

　読書相談サービスに存在感がなく図書館界で排除されてきたのはなぜか，
という問いを念頭に置きながら，以下ではまず，レファレンスサービスと読
書相談サービスとの違いについて考察する（第 2 節）。次に，読書相談質問
とはどういう質問か，その種類や要素を記述する（第 3 節）。そのうえで読
書相談サービスの論点を提示し（第 4 節），最後に結論を述べる（第 5 節）。

2. 読書相談とレファレンスサービスとの関係

2.1　理論的にどう位置づけられてきたのか

　レファレンスサービスの理論の中で，読書相談サービスはどのように位置
づけられてきたのだろうか。この問題については，全体像を把握するまと
まった研究が必要であると考えられるが，ここでは長澤雅男の議論を取り上
げるにとどめたい。長澤はレファレンス業務を，①直接的業務，②間接的業
務，③副次的業務の 3 業務に分離している。その③副次的業務の一つに，
「読書相談業務」を位置づけている[12]。

レファレンス質問のかたちで受け付けられる利用者の要求のなかには読書相談と呼ぶべき種類のものが少なくない。レファレンス質問の内容が読書相談に当たるか否かを最初から判断することはむずかしく，質問者との応答を重ねた結果，読書相談であると判明する場合が多い。こうした読書資料の選択についての相談には，レファレンス質問におけるように，単純に情報提供の問題として処理しがたい要素が含まれがちである。しかし，この種の相談をもちかけられた場合，専任の読書相談係に委ねることができないならば，レファレンス質問ではないからという理由で拒否するわけにはいかない。したがって，読書相談に応じるために，図書館職員はみずからの読書経験を豊かにするとともに，推薦図書リスト，書評関係資料などをあらかじめ整備しておいて，それらを活用することによって利用者に適切な対応ができるように準備しておく必要がある [13]。

　ここで長澤は，"質問者との応答を重ねた結果，読書相談であると判明する場合が多い"と述べており，レファレンス質問と読書相談質問が区別しにくく，質問を受けた最初から判断することは難しいと捉えている。さらに，読書資料の選択についての相談には"単純に情報提供の問題として処理しがたい要素が含まれがちである"という一面にも目を向けている。

　また図書館に専任の読書相談係がいない場合，レファレンス質問ではないからといって"拒否するわけにはいかない"という。行きがかり上，回答を断るわけにいかないという現実的判断もあろうが，長澤はそこから一歩進めて，読書相談に応じるため日頃から準備をしておく必要があると説明する。準備の内容には2種類あり，その一つは"図書館職員はみずからの読書経験を豊かにする"であって，読書相談質問が図書館員の読書を前提に回答されるものであると長澤は捉えている。もう一つは"推薦図書リスト，書評関係資料などをあらかじめ整備しておいて，それらを活用する"である。すなわち，調べるための典拠資料があれば，読書相談質問であってもレファレンス

サービスで対応できることを示唆している。

2.2　レファレンスサービスにおける読書相談の実際

　図書館の現場では，実際に読書相談は行われているのだろうか。もしも行われている場合，それはレファレンスサービスとしてなのか，それとも別の業務の一部なのか。ここでは，過去に行われた調査報告をもとに，その実態を把握したい。以下では，国立国会図書館による実態調査（調査報告①）と，全国公共図書館協議会による調査（調査報告②）を取り上げる。なお大学図書館を対象とした調査報告書[14]が存在するが，公共図書館を対象としていないためここでは割愛する。

2.2.1　調査報告①『日本の図書館におけるレファレンスサービスの課題と展望』2013[15]

　本調査の対象約5,000館のうち，回答機関は3,910館（うち，公共図書館2,462館，大学図書館1,265館，専門図書館152館，国立国会図書館および支部図書館31館）である[16]。

（1）　レファレンス質問の受付実績[17]

　全体3,910館のうち，1年間の受付件数が1〜500件の図書館が1,302館と圧倒的に多く33.2％となっている。年間300日前後開館していると仮定して，1日あたりの受付件数の平均が1.67件以下の図書館が全体の3分の1ある。500件以上を受け付けている図書館数は件数が増えるごとに少なくなり，500〜1,000件は430館（11.0％），9,500〜1万件の図書館は13館（0.33％）まで減少する。

　一方，1万件以上を受け付ける図書館はやや多く，152館（3.8％）ある。このうち131館が公共図書館であり，自治体種別では都道府県立が41館，特別区立が13館，政令指定都市立が28館，その他市立が46館，町村立が3館となっている。

　なお0件が151館（3.8％）あり，また無回答が729館（18.6％）ある。

全体として 1 年間に全国の図書館に 8,462,460 件のレファレンス質問が寄せられている。

(2)　レファレンスサービスとして実施している業務[18)]

　同調査では「質問への回答以外の利用者への直接支援」として，レファレンスサービスの周縁に位置するサービスについて，レファレンスサービスとして実施する割合を調べている。その結果，全体の約半数の機関が，1）文献の探し方に関するガイド・教育，2）読書相談，3）資料の相互貸借，4）資料の複写物取り寄せをレファレンスサービスとして実施している。読書相談については実施率 50.4 ％であるが，　館種別では公共図書館で最も比率が高く，表 1 のとおり「レファレンスサービスとして実施」の割合が 61.8 ％である。「レファレンスサービスとしてではないが実施」29.4 ％と合わせると，計 91.2 ％が実施しており，読書相談の実施率は高い。他館種では「読書相談」の実施率そのものが低い。

表 1　読書相談の実施率[19)]

全体（N=3910）	レファレンスサービスとして実施	50.4 ％
	レファレンスサービスとしてではないが実施	23.9 ％
	実施していない	24.9 ％
公共図書館 （N=2462）	レファレンスサービスとして実施	61.8 ％
	レファレンスサービスとしてではないが実施	29.4 ％
	実施していない	8.1 ％
大学図書館 （N=1265）	レファレンスサービスとして実施	32.8 ％
	レファレンスサービスとしてではないが実施	15.3 ％
	実施していない	51.0 ％
専門図書館 （N=152）	レファレンスサービスとして実施	20.4 ％
	レファレンスサービスとしてではないが実施	11.8 ％
	実施していない	67.8 ％
国立国会図書館及 び支部図書館 （N=31）	レファレンスサービスとして実施	9.7 ％
	レファレンスサービスとしてではないが実施	6.5 ％
	実施していない	80.6 ％

表2　読書相談に関する質問をレファレンス質問として数える
　　　図書館の割合

全体　（N=3910）	47.4％
公共図書館　（N=2462）	59.5％
大学図書館　（N=1265）	27.6％
専門図書館　（N=152）	18.4％
国立国会図書館及び支部図書館　（N=31）	6.5％

（3）　レファレンス質問として数えている質問[20]

　どのような質問をレファレンス質問として数えているかという問いに対して，「読書相談に関する質問」をレファレンス質問として数えている館は，表2のとおり全体で47.4％であった。公共図書館では59.5％と高く，他館ではかなり低い。

2.2.2　調査報告②『公立図書館におけるレファレンスサービスの実態に関する研究報告書』2005

　全国公共図書館協議会によって，2003～2005年度にわたり，「公立図書館におけるレファレンスサービス」というテーマで，調査・研究が実施された[21]。同会によれば，この研究事業は公立図書館のレファレンスサービスの実態とその傾向を把握し，今後の課題と展望を考察することを目的にしている[22]。
　読書相談についての記述を探すと，2003年度の報告書には記載がない。2004年度報告書での記載は以下のとおりである[23]。「レファレンスサービスは，標準化が目指されているか」という問題設定がなされ，「レファレンスサービス内容の文書化された処理標準の有無」等の集計結果について考察がある。そのあとに，"共通認識の形成"として分析を行った小田光宏は「図書館員の間に，レファレンスサービスに対する共通認識が得られていないという懸念を抱かざるを得ないのである」とし，大きく3つの面が関係すると述べている[24]。そのうち，「レファレンスサービスの範囲の問題」を取り上げ，読書相談の困難さを指摘している。

　この点において，最も処理が難しいと予想したのは，公立図書館特有の
サービス名称である「読書案内」の存在である。「読書案内」は，主に
貸出業務を行う場において実践されていることから，「貸出サービス」
の一環であるとの認識がなされる。しかし，読みたい本や入手したい資
料についての問い合わせを利用者が図書館員に対して行うことは，上記
の定義の範囲であり，サービスの機能と性質の点では，明らかに「レ
ファレンスサービス」となる[25]。

　本報告書では「読書案内」という用語が使用されているが，この内容は本
稿の「読書相談サービス」であると考えられる。小田は，読書相談サービス
がおもに貸出業務の場で実践され，その一環と認識される現状にあるが，業
務の構造上，貸出サービスやリクエストサービスそのものでは決してないと
述べ，レファレンスサービスに含める考え方が示される。
　2005 年度報告書には，「レファレンスサービスの改善と向上に向けてのガ
イドライン（案)」[26]が提示されている。2004 年度調査を踏まえ，読書相談
サービスをレファレンスサービスに含める考え方がここでも示される。すな
わち，"レファレンス質問は，何らかの情報を求める利用者が，図書館員に
援助を求めて発する質問（相談）を指す。資料の所在や所蔵について尋ねる
質問，読書資料の紹介を求める相談も，レファレンス質問として扱う"[27]。

2.3　考察

　以上が調査結果である。調査報告①から，日本の図書館のレファレンス
サービスは，一様に普及しているとは言い難く，不活発な図書館が 3 分の
1，年間 1 万件以上の質問を受け付ける拠点館が少数あり，そのうち約 7 割
が都道府県立図書館と東京都特別区と政令指定都市の公共図書館である。ま
た 0 件回答でレファレンスサービスの実績がない図書館と無回答館を合わせ
ると約 2 割ある。拠点館の約 7 割が都道府県立図書館等の大規模館であった
ことから，不活発な図書館の多くは小規模館ではないかと思われる。

　公共図書館（2,462館）だけをみると，年間1〜500件の質問を受け付ける
図書館が773館（31.3%），1万件以上が131館（5.3%），0件が89館（3.6%），
無回答が407館（16.5%）であり，全体的傾向と大きくは変わらない。
　一方，読書相談サービスの実施についてはどうか。「レファレンスサービ
スとして実施」61.8%，「レファレンスサービスとしてではないが実施」
29.4%，計91.2%で，「実施していない」8.1%，無回答は0.7%である。質問
の受付件数を聞いているわけではないので単純な比較はできないが，実施率
だけを見ると読書相談サービスはレファレンスサービスと同程度であるかも
しれない。レファレンスサービスについては無回答の館が多く，実施してい
るが件数不明なのか，そもそも実施をしていないのかこの結果からはわから
ない。なお，読書相談サービスを「レファレンスサービスとして実施」と報告
する館が多いのは，おそらくその方が，自治体の中で評価されるからであろう。
　調査報告②からは，読書相談サービスの位置づけの問題が困難であること
が示される。読書相談サービスは実践され，とりわけ公共図書館での実施率
が高いにもかかわらず，確固とした居場所を与えられていないのはなぜかと
いう問題が浮上する。次節では，そもそも読書相談質問とはどういう質問な
のかについて考える。

3. 読書相談質問とはどういう質問か

　長澤は，"質問者との応答を重ねた結果，読書相談であると判明する場合
が多い"と述べていた[28]。すなわちレファレンス質問と読書相談質問の境界
は，はっきりしない面があるということである。読書相談サービスについて
検討する前に，そもそも読書相談質問とはどういう質問かを明らかにすると
いうアプローチが必要であり，有意義であると考えられる。
　レファレンス質問と読書相談質問との線引きについて考えるにあたって，
さしあたり，質問を分類する手がかりとなる作業上の基準は，以下の二つで
ある。

3.1　①レファレンス質問の回答には典拠資料を必要とする

　合理的な検索手段のない質問はレファレンスサービスで対応できない。レファレンスサービスは典拠資料と利用者とを結びつけるものであり，図書館員自身の知識をもとに回答するわけではない。たとえるなら図書館員は人形浄瑠璃における黒子に似ている。図書館員の書誌的知識と技能の熟練によって回答が導かれることは誰の目にも明らかであるが，表舞台で演じているのは人形すなわち典拠資料である。

　2.2.1 の調査で公共図書館の約 6 割がレファレンスサービスとして読書相談に対応しているが，原理的には典拠資料のない質問には回答できないはずである。長澤が読書相談をレファレンスサービスの副次的業務として位置づけていたことも，この点から説明がつく。読書相談がレファレンスサービスに仮に含まれることがあったとしても，それは周辺部分ということになる。

　以下に日本図書館協会の参考事務規程[29]を掲げるが，個別図書館におけるレファレンスサービスの基準においても，以下の原則については合意に至っていると考えられる。

（回答事務の原則）
3　回答事務は資料を提供することを原則とする。
4　前条の規程にかかわらず，軽微な質問であって資料の裏づけのあるものに限って回答を与えてもよい。
5　自館で資料を発見出来ない場合には適当な他の図書館または，専門機関・専門家への紹介または照会をはかる。
6　3 条から 5 条の範囲を越える便宜または利益の供与はしない。

　参考までに国立国会図書館の「レファレンス・資料案内」には以下のように，レファレンスの範囲が示されている[30]。

　当館が提供できるレファレンスの範囲は次のとおりです：所蔵調査，所

蔵機関調査，書誌的事項調査，参考図書を用いた簡易な事実調査，文献紹介，類縁機関案内。

このうち，文献紹介については，ある主題を調べるときに参考になる文献を紹介するもので，内容などの調査はいたしておりません。参考図書を用いた簡易な事実調査は，参考図書（事典など）の索引などで確認できる範囲で簡易な事実を確認するもので，内容などの調査はいたしておりません。

3.2　②読書相談質問は本の内容についての質問である

　読書相談質問の中心に位置づけられるのは，本の内容に係る質問である。1.1 で取り上げた定義としては「利用者との対話を通して，資料選択に関する相談に応じ，その要求を明確にして，資料の選択，探索，入手を個別に援助するサービス。このサービスは，利用者からの要求を待って初めて行われる」であるから，たとえば子どもに読書習慣をつけるにはどうすればよいかなど，図書館あるいは情報利用にかかわる幅広い相談に乗ることは広義の読書相談になるのかもしれない。しかしながら，それは読書相談の周辺部分に位置づけられるのであって，読書相談の中心ないし本質は，本の内容に係る相談である。

　したがって，読書相談サービスにあたる図書館員には，事前に本を読んでいて，その内容について知っていることが求められるであろうということである。レファレンスサービスのように，典拠資料と利用者とを結びつけるということではなく，読書相談サービスは合理的な検索手段がない状況において，相談にあたる者の知識あるいは技量ないし個人的な読書経験をもとに展開される。

　さらに，読書相談の中心にあるのは文学作品についての質問である。ノンフィクションと違いタイトルから本の内容を推し量ることが難しい。目次や索引もないことがあり，仮に目次があったところで，どういった内容なのかは読んでみないとわからないという特徴がある。

3.3 読書相談質問の 3 タイプ

　読書相談質問とは具体的にどういう質問なのだろうか。ここでは本の雑誌社が運営する『WEB 本の雑誌』の「読書相談室」に寄せられた相談事例をもとに，レファレンス質問との違いという観点から説明したい[31]。

　この読書相談室における相談事例の記録は約 1 年分を 1 冊として，これまでに 7 冊の図書が刊行されている。質問数は各図書に 150～200 件，合計すると 1,000 件以上の質問が確認できる。以下ではそのうちの 1 冊[32]から事例を紹介する。相談には，書評家，文芸評論家，翻訳家などが対応し，1 件の質問に 1～3 人が回答している。

　基本的に今回の質問のすべては，「読書相談室」に寄せられた質問であることから読書相談質問である。しかしこれらには，通常，図書館のレファレンスサービスで回答している質問や，本の内容についての質問であるがレファレンスサービスで扱える質問が混じっているのではないかと考えられる。すなわち，3.1 と 3.2 で取り上げた「質問を分類する手がかりとなる作業上の基準」①と②が相互排他的でないため，本の内容についての質問であっても，典拠資料さえあればレファレンスの枠組みで回答できるということが起こりうるのである。

　そこで，今回の質問群を，レファレンスサービスとの関連から，(1) レファレンス質問として扱える質問，(2) レファレンス質問と読書相談質問のグレーゾーンにある質問，(3) 読書相談質問の 3 つに分類した。また，それぞれのカテゴリーには，異なるタイプの質問が複数確認できた。以下では各カテゴリーの質問を例示する。

3.3.1 レファレンス質問として扱える質問

a. "賃貸物件の見つけ方のコツや，決める際の知っておきたい注意点などが豊富に書かれた本はありますか"[33]

b. "…(略)…日本の社会派・本格ミステリーや SF ／ファンタジー／ホラーなどの作品も翻訳され海外で読まれているのでしょうか？ また日本小

説の海外出版事情などが，簡単にでも知ることができる本がありました
ら教えてください"　34)

c. "森下典子著の『デジデリオラビリンス 1464　フィレンツェの遺言』（集
英社）と『デジデリオ　前世への冒険』（知恵の森文庫）とは，全く同じ
内容なのでしょうか"　35)

　これらは合理的な検索手段が存在する，普通のレファレンス質問と考えら
れる。質問 c は「BOOK」データベースに記載がないが，後者をオンライン
書店で検索すると，「出版社からのコメント」に来歴がある。合理的手段に
よって回答できるためレファレンスで対応可能な質問である。もしも仮に，
このタイプの質問が和本などの特殊資料で簡便な検索手段がなく，入手して
内容を読む必要が出てくれば，読書相談質問に相当することになるであろう。

3.3.2　レファレンス質問と読書相談質問のグレーゾーンにある質問

d. "証券会社の内情について参考になる本です。ただし，就職のための業
界案内の本ではなく，職業人向けの，読めば読むほど証券会社の志望度
が下がるような，デメリットが多く書いてある本を希望します"　36)

e. "昔読んだ SF で流刑地となった水のない星で，水の小型製造機を与え
られ，そこで生きていくが，それがランダムに爆発してしまう…そこに
生きていく主人公の心の葛藤を描いていく小説"」37)

　質問 d はジャンルが限定されていない。ノンフィクションの本を探す場合
はレファレンス質問として対応できそうである。しかし同じ形式であって
も，小説を探す場合は読書相談質問となる。さらに今回の質問には "証券会
社の志望度が下がるような" という条件がつき評価にかかわる面があるた
め，原理的にレファレンスサービスでは対応できないと考えられる。
　なお，実際に Webcat Plus 経由で「BOOK」データベースを検索してみる
と，内容と目次の情報を得ることによって，たとえば高杉良の小説を探すこ

とができた。読書相談質問であっても，内容データベースの存在によってレファレンスサービスで対応可能となることが示唆される。ただし，この本によって証券会社の志望度が下がるかどうかはわからない。

　質問 e のタイプは当該図書の質問 187 件中 26 件と多い。以前に読んだ本でストーリーを覚えていて，書誌事項を求める相談である。国際子ども図書館では，「ストーリー・レファレンス」という名称で対応している。読書相談質問であるが，「BOOK」データベースなどに掲載があれば，レファレンスサービスで対応できると考えられる。

3.3.3　読書相談質問

f. "中くらいの不幸がたくさん重なり，心が沈みがちです。『プリズン・ホテル』のような大笑いして，大泣きして，気分がスカッと晴れるような本をいくつか紹介してください。奥田英朗さん，伊坂幸太郎さんの作品は読了してます" [38)

g. "山田風太郎は，たくさんの作品がありどのあたりから入ったらよいのか。はずせないものを教えてください" [39)

h. "独特の文体を持つ作家の小説を探しています。森見登美彦さん，保坂和志さんなど，文体に一癖もふた癖もある小説はありませんか？　T・R・ピアソン『甘美なる来世へ』を訳した柴田元幸さんの文体も素敵です" [40)

　質問 f は質問者の心の状態にあった本を探すというタイプの質問で，"気分がスカッと晴れる"かどうか，相談者にしかわからない。適合度が客観的にわからないうえに，典拠資料もないことから，レファレンス非対応である。

　質問 g は，本稿「1.　はじめに」で取り上げたとおり，特定の作家の代表作や読む順番を聞く質問である。基本的には評価にかかわる質問であり，レファレンスサービスでは対応できないと考えられる。また質問者に適した本を薦めることが求められているとも考えられる。しかしながら，たとえば辻

村深月の作品を読む順番が講談社から出されるなど，誰かの評価を資料として入手できれば，参考として提示できるかもしれない。また作家に受賞歴があれば，その事実も利用者の参考になるであろう。レファレンスで評価を下すことはできないかもしれないが，事実関係を提示することで利用者の要望にある程度まで対応することはできよう。

　質問 h は文体を条件とする質問であり，ほかにも「重厚な文体」の作品を求める質問がある。「独特の文体」という評価にかかわり，典拠資料がないためレファレンスで対応できない，読書相談質問である。

　以上，3 つのカテゴリーに含まれる質問を例示した。レファレンス質問と読書相談質問の境界は明確ではなかったが，今後さらに，レファレンス質問と読書相談質問の境界と重なりの問題を整理できれば，読書相談サービスは，図書館での適切な居場所を得ることができるかもしれない。

　ただし上記のように，原理的にレファレンスサービスで対応できない質問であっても，典拠資料さえ入手できれば，技術的にはレファレンスサービスで対応できるような質問の場合，理念や枠組みとの関係はどうなるのか。読書相談サービスの理論的枠組みを考えるにあたり，検討すべきいくつかの論点について，次節では取り上げたい。

4. 読書相談サービスの論点

　今後，図書館は読書相談サービスをどのように提供するのか。それはレファレンスサービスの枠組みとしてなのか，それとも別の業務として展開するのか，あるいはまったくしないのか。以下では，第 3 節で取り上げた雑誌の読書相談の実践や，書店等の取り組みを紹介しながら，図書館における読書相談サービスの今後を考えるための論点を提示したい。

4.1　レファレンスサービスとの分岐点

4.1.1　典拠資料の問題

　レファレンスサービスの原則について，第 3 節でも触れたとおり，レファレンスサービスの直接サービスには，典拠資料が必要である。利用者のレファレンス質問に効率的・効果的に回答できるよう，必要十分な情報源を，図書館は備え付ける，あるいはネットワーク情報源を契約し，またリンクをはる。そういった直接サービスの事前準備が間接サービスであり，また利用者が自ら調べるためでもある。最終的な回答を図書館員が利用者に提示する場合は，資料を提示するか，典拠資料を明示する。レファレンスサービスで回答できない質問として「合理的な検索手段のないものに係る調査」[41]があるように，レファレンスサービスの枠組みでは，読書相談質問には回答できないことになる。

　図書館員は利用者の相談に乗り情報を探すプロフェッショナルであって，通常は特定の専門分野の専門家ではない。最終的に拠って立つのは，情報源の権威であるということについて，齋藤泰則は以下のように説明する[42]。

　　　図書館という社会的制度・機関における専門職としての図書館員は，各主題領域における認識論的権威となりえる文献とその著者に関する書誌的知識を有し「認識論的権威に関する権威」として社会的に承認された存在として機能することが期待されているといえる[43]。

　齋藤によれば，認識論的権威とはその人物ではなく他者が決める。A という人間が B という人間の認識論的権威になる場合とは，B の関心領域 S に属する質問について A が語ったことが B にとって重要度が高い場合であり，専門家とは異なる概念である。図書館員とは，その認識論的権威となりえる文献とその著者についての「書誌的知識」を有する存在として社会的に承認される。

　さらに齋藤は，個人の知と社会の知の関係について，"個人の知識が広く

利用可能な情報資源に記述されない限り，個人の知識は，日没の美しさを見た感動や文学作品を通じて覚えた感動と同様，社会で共有されることにはならない"[44]とする。そして個人の知識が社会で共有されるためには，情報資源を制御する仕組みと組織が必要であり，その社会的機構こそが図書館であると述べている[45]。

このように，そもそも図書館員は書誌的知識を有する存在であって，社会の知をもとに仕事をする。しかるに，読書相談サービスには本の内容についての知識や感情など，共有されていない個人の知を必要とする。この議論からは，読書相談サービスはレファレンスサービスのみならず，図書館サービスにも本来的に相応しくないということになる。したがって，レファレンスサービスの枠組みに位置づけるとするならば，現状では周辺部分としての副次的業務が妥当なのであろう。

4.1.2　書誌的知識を越えて：調査及び立法考査局を例に

レファレンスサービスと似ているが違っているサービスとして，参考までに，国立国会図書館の「調査及び立法考査局」の仕事について取り上げる。当局は国会へのサービスを行い，その任務は国立国会図書館法第15条に規定される[46]。調査を行うという点ではレファレンスサービスに似ているが，調査及び立法考査局では，記名の報告書を出している点で，一線を画している。すなわち誰が調査したのかということが重要なのであって，典拠資料だけではなく，調査員も権威となりうるのである。

このように調査及び立法調査局の仕事はレファレンスサービスと異なり，当該職員は専門性をもち個人ベースで仕事をしていることから，一般的な図書館員とは一線を画す存在である。しかしながら，国立国会図書館の職員採用とキャリアパスを見ると，その業務は調査業務と司書業務と一般事務の3つに分けられるものの，職員採用試験は共通である。国立国会図書館職員（総合職・一般職）の採用試験として，専門試験の科目を法学，政治学，経済学，社会学，文学，史学，図書館情報学，物理学，化学，数学，工学・情

報工学，生物学の中から 1 科目を選択でき[47]，多様な専門分野をもつ人材を幅広く採用していることがうかがえる。どの職員も採用後に適性と希望に応じて，さまざまなキャリアを歩んでいくこととなり，当初から調査業務の担当者が決まっているわけではない。

　このように，国立国会図書館において，個人ベースで仕事をする調査員と司書業務担当職員は，明確な区分があるわけではない。公共図書館や大学図書館においても，個人の専門知識や技量を活かして仕事をすることはこれまでにないわけではなかった。その一つの例はレファレンスサービスにおける主題専門制であり，主題資料専門家（subject bibliographer）の存在である。そうであるならば，読書相談サービスの担当者も，今後は名前を名乗り，個人的な知識や技倆をもとに仕事をする可能性も考えられるのではないか。

4.2　蔵書という境界−選書との関係

　図書館で読書相談サービスを展開する場合，二つのレベルがある。一つは世界中のすべての本の中から目当てのものを探すというレベルと，もう一つは，図書館の蔵書の中から探すというレベルである。おそらく図書館で受ける読書相談の多くは，後者ではないだろうか。たとえば以下のような事例は，公共図書館ではありふれた光景であろう。夏休みの終わりごろに，親子が図書館にやってくる。「読書感想文が書きやすい本はありますか。」新学期までもう時間がない。図書館に行けば子どもの本がたくさんあるし，図書館司書は親切だからきっとなんとかなるだろうと利用者は考える。

　この問いへの回答は難しいが，利用者から質問された以上，即座に何か対応しないといけない。そうでなければサービスが悪いと思われる。通常，日本の店頭で商品のことを聞くと，店員が教えてくれる。デパートならば懇切丁寧な対応が得られる。家電量販店ではメーカーに聞いてくれと言われるかもしれない。店員によって，たとえばアルバイトの場合わからないこともある。売りつけられることを恐れリアル店舗での買い物が苦手という人も増えているが，さまざまな状況において，一般に商品知識がない店員ないし店舗

はサービスが悪いと思われる。一方図書館では，少なくとも公共図書館では，蔵書のことを質問されてわからないとは言いにくい。

　すなわち，後者の読書相談サービスは，選書の問題と表裏一体の関係にある。自館の蔵書のことで相談を受けているのであり，利用者の求める条件に，さしあたりどの本が適切かを聞かれているのである。公共図書館では蔵書を知っていなければサービスできない。そもそもどのような方針で選書したのか，特定の作品群，たとえば歴史ミステリーはどの程度集めているのか，まずそこにたどりつく。そして必要なのに不足している本は，次の選書にフィードバックされることであろう。このように読書相談サービスと選書の業務は親和的である。

　現存する書物のすべてから目当ての本を探すことは難しいが，自館の蔵書という線引きは，読書相談サービスをどこまで実践するべきかという問いに，手がかりを与える。なぜなら図書館員は選書をしていて，蔵書のことならある程度わかっているはずだからである。

　すでに前節までに，読書相談サービスについて，特に公共図書館での実践があるにもかかわらず，存在感がないことを指摘してきた。図書館界はこのサービスを排除してきたとも言えるが，その理由の一つがここにある。公共図書館は，デパートや専門店ではなく，あたかも家電量販店やスーパーを志向してきたかのように見受けられる。神田神保町の古書の専門店と，検索機の置いてある巨大な書店と，公共図書館はどちらに似ているかといえば，後者である。制度的に図書館員は書誌的知識をもとに仕事をすることになっており，本の内容について詳しいことが求められているわけではない。そのため，第1節で取り上げた「貸出サービス論」には，読書相談サービスの適切な位置づけがともなわなかった。読書相談は本の内容についての知識がなくても貸出業務の片手間にできると誤解されていたため，適切に位置づけられることがなかったのである。

　近年，図書館予算が削減される中で，利用者の職員への話しかけやすさは下がる傾向にあり，共通理解の得にくい読書相談サービスの展開はますます

難しくなっている。たとえば図書の返却時に利用者は「これと似た本はないか」と聞きたいが，貸出カウンターには列ができていて遠慮する。書架整理する職員に話しかけようとすると，どうやらアルバイトのようである。レファレンスカウンターで「何か面白い本はないですか」と聞いてよいのかわからない。人々にとって身近な書店が続々と閉店する中で，図書館における読書相談サービスの需要は，むしろ上がっているとも考えられる。

　選書の問題を考えるうえでの参考事例として，以下では，いわた書店（北海道砂川市）の「一万円選書」[48]を取り上げる。図書館の選書と，街の書店の選書ではそもそも方針が異なっているが，読書相談と選書とが密接につながっていることが理解されるであろう。

4.2.1　いわた書店の「一万円選書」

　いわた書店の実践は，NHK の番組「プロフェッショナル仕事の流儀」で紹介された。以下はその番組案内であり，本節の記述はこの番組内容から引用してまとめている[49]。悩みを抱える人が多く相談するという点で，読書療法につながる面もあると思われる。

　　北海道で小さな町の本屋を営む岩田徹（66）。岩田が注目を集めるきっかけとなったのが，11 年前から独自で展開しているサービス「1 万円選書」。1 万円の予算で岩田が客 1 人 1 人にあった本を選び出すというものだ。全国各地から注文が殺到，3,000 人待ちという盛況ぶり。岩田のもとには日々，選書した本によって「人生を救われた」，「運命を変えてくれた」といった感激の声が寄せられる。なぜ岩田は客の人生に寄り添う「運命の 1 冊」を選び抜くことができるのか。その目利きの秘密と本屋に人生を捧げた男の流儀に迫る。

　同番組によれば，岩田徹の 1 日は朝 5 時 30 分から 1 時間以上かけて行う読書で始まる。読書量は年間 200 冊で，本と雑誌を合わせてこれまでに 1 万

冊を読んでいるという。

　多くの書店の場合，店頭に並んでいる本は，問屋が薦める新刊や売れ筋のものである。しかしここではそうした本はほぼ置かずに，店主が読んで面白かった本だけを並べている。新刊ではなく，古い本を仕入れる。

　1万円選書は年に数回ホームページで募集して，6,000件ほどの応募がある。その中から抽選で月に100件ほどの選書を行う。選書にはカルテが大きな役割を果たし，応募者はこれまで読んだ本ベスト20冊と，人生で嬉しかったこと，苦しかったこと，現在の境遇をカルテに書き記す。選書に応募する人の多くは，人生に悩みを抱えている。

　いわた書店が考える町の本屋の役割とは，「新たな世界への案内人」である。人生で出会う人には限りがあるから，本の世界で自分と似た人や，似た境遇にある人，同じことで悩んでいる人を探す。「本は人生の味方」で，本の中でいろんな人の人生を学びながら，自分の人生を組み立てていく。

　このような「新たな世界への案内人」という役割を，公的基盤としての図書館はどこまで果たすべきなのか。資料展示やリスト作成といった読書案内は多数に対する方法である。そうではなく，人々はオーダーメイドの，自分だけに向けられたサービスを求めているのではないか。いわた書店の実践から見えてくることは，本の世界をよく知っている人に，自分にはどの本がよいか探してほしいと，思っている人々がいるということである。

4.3　サービス対象について

　図書館界では，読書相談サービスはどちらかと言えば子どもを対象とするサービスとして，公共図書館の児童サービスや，学校図書館の領域で語られることが多いと思われる。第2節で取り上げたように，91.2％の公共図書館で読書相談を実施しているが，おそらくその多くは子どもの本が対象なのではないか。1歳半の男の子で，乗り物や動物に興味がないが，どういう絵本がよいのか。あるいは，「エルマーのぼうけん」に似た本はないかといった読書相談質問が図書館に寄せられることは想像に難くない。

　読書相談サービスが児童サービスを中心に展開されてきたのはなぜか。それは児童サービス担当者が子どもの本を読んでいて，本の内容を知っているために，読書相談に応じることができたからである。児童を対象としたフロアワークや読み聞かせなど，児童サービスには，本の内容についての知識が欠かせない。絵本や物語の読み聞かせをする場合には，まずたくさんの児童書を読み，そこからどの本にするかを選び，音読練習をして，会に臨む。そもそも昔話は口承文学で，耳から聞くおはなしであって，ストーリーテリングの話者が内容を知らないはずがない。絵本や児童文学は，大人の本と比較して早く読めるということも背景にあるだろうが，児童担当者は自館の蔵書をよく読んでいる。

　このように，子どもをおもなサービス対象として展開されてきたと考えられる読書相談サービスであるが，大人には必要ないのであろうか。小さい子どもはともかく，中学生・高校生になると，ビブリオバトルやブックトークその他，子ども同士で紹介する本に興味を向けるようになり，大人への相談などそもそもしないし，サービスは不要ではないか，読書案内で十分ではないかという意見もある。

　参考までに，書店での相談の事例を見てみると，実際に大人も読書相談をしている。以下では蔦屋書店のコンシェルジュによる相談サービスを紹介する。なお，コンシェルジュによるサービスは，図書館界では千代田区立図書館で実践されている[50]。

4.3.1　蔦屋書店のコンシェルジュ

　カルチュア・コンビニエンス・クラブ株式会社（CCC）が経営する蔦屋書店は，代官山蔦屋書店をモデル店舗とし，「プレミアエイジ」と呼ばれる50代以上の大人を対象に，本を売るためだけの施設ではなく，そこで過ごす時間を楽しめるような空間を目指している[51]。代官山蔦屋書店には，文学だけでなく，料理，旅行，ジャズなど，30人以上のコンシェルジュがいるという[52]。コンシェルジュはそのジャンルについての深い知識をベースに，顧客

の相談に対応する。

　コンシェルジュにはたとえば，文学コンシェルジュの間宮道子のように，1 年に 700 冊の本を読み，雑誌連載をもつようなプロもいる。代官山だけではなく，地方都市の店舗，たとえば梅田蔦屋書店にもコンシェルジュが 7 人（文学・人文・写真・アート・デザイン・雑誌（洋書））配置されている。

　蔦屋書店では読書相談を，感度の高い大人へのサービスとして位置づけているようである。またその守備範囲は図書だけではなく，音楽や映画にも対応している。参考までに CCC が手がける図書館は武雄市図書館はじめ 6 館あり，どこもレファレンスサービスは実施されているが，コンシェルジュはいない現状にある[53]。仕様書に書かれていなかったからなのか，その理由はわからない。

　ここで示唆されることは，大人にも読書相談のニーズがありそうだということと，読書家の書店員や図書館員に本の相談をしてみたいと思っているのではないかということである。

4.4　読書相談サービス実施の条件
4.4.1　図書館員が仕事として読書をすること

　読書相談質問に回答するためには，担当者は事前に本の内容について知っていなければならない。日本読書株式会社[54]という読書相談をする会社の構想では，社員が 1 日中読書をしていた。5 階建てのビルの最上階に社長がいて，ミステリー課，児童文学課，自然科学課，時代小説課などたくさんの課があり，50 人の社員は毎日の読書が仕事である。この構想をもとに，『WEB 本の雑誌』[55]公開時に，コンテンツの一つとして「読書相談室」が始まったという。

　日本読書株式会社では "切ない恋愛小説を読みたいってリクエストに答えるには，それがどういう恋愛小説なのか，中身を読んでいないとダメ"[56]と考えられていた。また本稿 3.2 で検討したように，図書館で読書相談サービスを実施する本来的な条件は，図書館員が読書相談の対象となりやすい文学

作品を中心に，実際に読書して準備をし，質問に対応することである。その小説が恋愛小説であるとわかっても，切なくなるかは読んでみないとわからない。またその利用者が過去に読んで切なくなった小説を聞き参考にするとしても，やはり図書館員がその小説を読んでいなければならない。

「殺人の出てこないミステリー」という要望，「今のベストセラーでおもしろいのはどれ」という質問，要するに「なにかおもしろい本はないか」と利用者は質問しているのである。利用者ごとに「自分が読みたくなる本を探してほしい」と言っているのである。これは行き過ぎた要求であろうか。レストランで料理の内容やその日のおすすめと聞くのと同様に，図書館で「ベストセラーでどれがおもしろいの」と聞くのはそれほど不自然とは思われない。図書館法第 3 条によって保障されているのではなかったか。しかしながら，制度としての図書館は現状それを許していない。理論の形成も不十分である。本稿 4.1 で指摘したように，図書館員は制度上「書誌的知識を有する存在」として機能する。蔵書が数十万冊規模の図書館で，文学作品に限定しても蔵書は多く，運営費が削られる今日の図書館で，館員による読書が実現するとは考えにくい。何といっても勤務時間内に読書をしていると，利用者からは暇そうに見られてしまう。強固な理論と制度の後ろ盾がないと，図書館員が勤務時間内に読書をすることは難しいのではないか。しかし実際に読書相談は行われている。制度として確立していない中で，図書館員の良心的な努力によって，勤務時間外にも個人的読書体験を深め，読書相談に対応していると思われる。

なおこの方向性には課題もある。"相談が来たら，なるべくすばやく答えなければならないだろ。ところがそのときにどうしても書名を思い出せないことがある" [57]。検索や典拠資料によらず人間の記憶に頼る以上，図書館員自身が書名や作家などの書誌事項を思い出せないということが起こりうる。図書館の文脈でどう対応するか，難しい課題である。

4.4.2　物語情報の組織化

　そこで，もう一つの方向性は，物語情報の組織化である。図書館員が読書相談に対応できるよう，典拠資料を開発すること，すなわち物語情報についての主題組織化を図るということである。現在，児童文学については，国際子ども図書館で絵本や児童書をあらすじ（内容解説）から検索することができるが，これらのあらすじは「日本児童図書出版協会」および「日本図書館協会」の協力により提供された内容解説情報であるという[58]。ほかにも，大阪国際児童文学振興財団では，子ども向けの物語件名の体系表を作成し，子どもが自分で検索できるシステムを開発している[59]。このように児童文学を中心に内容情報を組織化する試みが存在するが，本稿3.3で取り上げた「BOOK」データベースも図書の内容データベースで，こちらは児童書に限定されないものであった。

　また，三重県学校図書館協議会では，『R本』[60]という高校生の読書相談に向けての情報源を作成し，県内の学校図書館での業務に役立てている。内容は3部構成で，"高校生に寄り添う本"，"「おもしろい本ない？」に応える本"，"特集・展示のお役立ち本"からなる。このような典拠資料の作成が充実してくれば，読書相談サービスの実施に役立てることができるであろう。

　さらに，書評や読者レビューなど，オンライン書店やブックレビューで公開されている読者の意見や読後感などの感情情報も重要である。これらについても収集し組織化することができれば，図書館における読書相談サービスに貢献することができると考えられる。以上のように，文学作品の内容および読後感情等を検索するツールの開発が進み，典拠資料が充実してくることで，読書相談サービスの制度化も進むと思われる。またそのときには，レファレンスサービスの業務として位置づけられることになるのかもしれない。

5. 終わりに

　本稿は，読書相談サービスが公共図書館で実践されているにもかかわらず，存在感がなく，あたかも非公式に行われているかのような印象を受けるのはなぜかという問いから出発した。この問いを考えるうえで大きな手がかりを与えるのは，図書館法第 3 条（図書館奉仕）"三　図書館の職員が図書館資料について十分な知識を持ち，その利用のための相談に応ずるようにすること"の"十分な知識"について考察することである。すなわち，図書館界にはこの"十分な知識"についての議論が不足し，共通理解がないのである。

　第 2 節では読書相談とレファレンスサービスとの関係について取り上げた。まず理論的には，読書相談サービスをレファレンスサービスの副次的業務と位置づける長澤雅男の考え方を参考にした。さらに調査報告から，そもそも日本の図書館のレファレンスサービスが，一様に普及しているとは言い難いことを確認した。一方，読書相談の実施については，「レファレンスサービスとして実施」61.8 %，「レファレンスサービスとしてではないが実施」29.4 %，計 91.2 %である。実施率からは読書相談サービスの需要と実績のあることがわかる。

　第 3 節では，レファレンス質問と読書相談質問とはどのように違っているのか，その分岐点について考察した。まず質問を分類する手がかりとなる作業上の基準を二つ設定した。一つは「レファレンス質問の回答には典拠資料を必要とする」である。合理的な検索手段のない質問はレファレンスサービスで対応できないという共通認識が図書館界にはある。レファレンスサービスは典拠資料と利用者を結びつけるものであり，図書館員自身の知識をもとに回答するわけではない。もう一つは「読書相談質問は本の内容についての質問である」である。読書相談サービスの中心ないし本質は，本の内容に係る相談であるため，図書館員の知識や技量あるいは個人的な読書経験をもとに展開されることが基本である。さらに読書相談は，参考的な利用ではな

く，読了を目的とする文学作品についての質問が多い。この基準をもとに，読書相談質問を3つのタイプに分類した。

　第4節では，読書相談サービスについての主要な論点を提示した。第一に，レファレンスサービスとの違いについての考察から，そもそもレファレンス担当者のみならず図書館員は書誌的知識をもとに仕事をすることが制度的に求められていて，典拠資料をベースとした客観的な回答を追求する原理のもとにある。その一方で，読書相談サービスにあたる図書館員は，本の内容に係る知識や感情など，主観的な意見も含め個人ベースで仕事をする可能性があることを確認した。国立国会図書館の調査及び立法考査局の職員が記名の報告書を出していることを手がかりに，読書相談サービスが図書館で適切に位置づけられる可能性を示唆した。

　第二に，読書相談サービスと選書との関係について考察した。読書相談サービスと選書は親和的で，現存する全書物ではなく，自館の蔵書から本を探すという線引きが，読書相談サービス実践の可能性を高めることにつながる。一般に，商品知識のない店員のいる店はサービスが悪いと思われる。商店における「商品知識」とは，図書館においては図書館法第3条の図書館資料についての「十分な知識」にあたる。自館の蔵書について「なにか面白い本はないか」と聞かれ，良心的な図書館員はジレンマに陥り，勤務時間外の読書など個人ベースの努力によって利用者に対応することになる。そうしなければ，利用者からサービスが悪いと評価され，いつのまにか図書館は家電量販店やスーパーになってしまったと見なされてしまう。蔵書について知ることの中身について，再検討する必要がある。

　第三に，サービス対象がこれまで子どもを対象とするサービスとして，公共図書館の児童サービスや，学校図書館を中心に展開されてきた理由は，児童サービス担当者が子どもの本を読んでいて，本の内容を知っているために，読書相談に応じることができたからであると説明した。そして大人には必要ないのかという問題意識のもとに，書店における大人に対するサービスの実践例を取り上げた。

　以上 3 つの論点を提示したうえで，最後に今後の読書相談サービス実施の条件を二つ指摘した。一つは図書館員が勤務時間内に読書をすること，もう一つは物語情報の組織化である。良心的な図書館員による個人ベースの読書によって現状の読書相談サービスが維持されているのは，その理論化と制度化が不十分であるからである。読書相談サービスに存在感がない理由はここにもあった。なお物語情報の組織化は，子どもの本の領域を中心に進展しつつある。

　最後に，読書には 2 種類ある。本を情報取得の手段とする読み方と，読了を目的とする読み方である。レファレンスサービスは，利用者が情報を得ることを支援する。「情報利用」と言うとき，情報を利用する主体がいて，本は客体としてその一部を利用される。そのとき私たちは，テキストの向こうにいる人間としての著者に，時空を越え思いを馳せることがあるのだろうか。見城徹は 2 種類の読書について次のように語る。

　　仕事のために必要な情報を本から取得するのは悪いことではない。しかし，僕が考える読書とは，実生活では経験できない「別の世界」の経験をし，他者への想像力を磨くことだ。重要なのは，「何が書かれているか」ではなく，「自分がどう感じるか」なのである[61]。

　読了して別の世界を経験するような読書を求める人もいることを図書館は再確認し，支援するべきではないだろうか。図書館のレファレンスサービスと読書相談サービスの関係を考えることは，日本の読書について考えるうえでも避けて通れない問題ではないかと考える。

謝辞

　本稿を長澤雅男先生に捧げます。なお本書執筆に向けた研究会はたいへん貴重な機会となり，ご助言いただいた皆様に心から御礼申し上げます。

引用文献

1）　日本図書館情報学会用語辞典編集委員会編『図書館情報学用語辞典』第4版，丸善，2013，p.171.

2）　前掲1），p.169.

3）　長澤雅男『レファレンスサービス：図書館における情報サービス』丸善，1995，p.96.

4）　前掲3），p.95-97.

5）　日本図書館協会『市民の図書館』1970，p.60. なお同書では読書相談サービスについて「読書案内」の用語を使用している。

6）　根本彰『理想の図書館とは何か：知の公共性をめぐって』ミネルヴァ書房，2011.「第7章　貸出しサービス論批判」p.109-128.

7）　本の雑誌編集部『よりぬき読書相談室 疾風怒濤完結編』本の雑誌社，2008，p.180.

8）　文部科学省生涯学習政策局社会教育課編「図書館の設置及び運営上の望ましい基準（平成24年文部科学省告示第172号）について」2012.

9）　国立国会図書館関西館図書館協力課編『日本の図書館におけるレファレンスサービスの課題と展望』（図書館調査研究リポート No.14），国立国会図書館関西館図書館協力課，2013.3，p.51-52.

10）　Anwyll, Rebecca; and Chawner, Brenda. "Social media and Readers' advisory: New Zealand Experiences" *Reference & User Services Quarterly*. volume 53, issue 2, Winter 2013. p.113-118.

11）　Burke, Susan K.; and Strothmann, Molly. "Adult Readers' Advisory Services through Public Library Websites" *Reference & User Services Quarterly*. volume 55, issue 2, Winter 2015. p.132-143.

12）　長澤雅男『レファレンスサービス：図書館における情報サービス』丸善，1995，p.90-97.

13）　前掲12），p.96

14）　池谷のぞみほか『大学図書館におけるレファレンスサービスの実態』東洋大学社会学研究所研究報告書，2001-03，(26)，102p.

15）　前掲9）

16）　前掲9），p.44-48.

17）　前掲9），p.45-48.

18）　前掲9），p.51-52.

19）　前掲9），p.51のグラフから「読書相談」の数値のみ引用して，まとめた。なお，公共図書館の「無回答」は0.7%である。

20）　前掲9），p.55-56.

21）　全国公共図書館協議会ホームページ，調査研究報告書，2003~2005年度
https://www.library.metro.tokyo.jp/zenkoutou/report/2003_2005/（参照 2019-01-06）

22）　調査のあらましは以下のとおり：
2003年度：全国の公共図書館の各中心館を対象に，レファレンスサービスに関する実態調査を実施

2004 年度：前年度の調査をもとに外部の専門家による分析と 20 館の事例を収録

2005 年度：3 年間の調査をもとに外部専門家による「レファレンスサービスの改善と向上に向けてのガイドライン（案）」の提示，および「レファレンスサービスに関する規程類について」のまとめ並びに全国公共図書館 24 館の事例を収録

23）全国公共図書館協議会編『公立図書館におけるレファレンスサービスの実態に関する研究報告書』（全国公共図書館協議会調査研究事業報告書：2004 年度）全国公共図書館協議会，2005.3

「第 1 部　公立図書館におけるレファレンスサービスの課題－実態調査報告書に基づく分析と創造的展開に向けての視座」小田光宏（青山学院大学）p.1-44

24）3 つの問題とは「レファレンスサービスの概念あるいは定義の問題」，「レファレンスサービスの範囲の問題」「図書館の固有の状況に基づく誤解や先入観」である。前掲 23），p.24

25）前掲 23），p.25

26）小田光宏「レファレンスサービスの改善と向上に向けてのガイドライン（案）：市町村立図書館に焦点を合わせて」全国公共図書館協議会編『公立図書館におけるレファレンスサービスに関する報告書』（全国公共図書館協議会調査研究事業報告書：2005 年度）全国公共図書館協議会，2006.3，p.3-18

27）前掲 26），p.6.

28）前掲 3），同所

29）JLA 公共図書館部会参考事務分科会「参考事務規程」（1961 年 3 月 15 日）

2005 年度（平成 17 年度）公立図書館におけるレファレンスサービスに関する報告書　第 1 部 -2（PDF：505KB）レファレンスサービスに関する調査・研究報告（2）　表 3「参考事務規程」と「東京都立図書館情報サービス規程」の比較対照表より

https://www.library.metro.tokyo.jp/zenkoutou/report/2003_2005/index.html（参照 2019-01-04）

30）国立国会図書館ホームページ「レファレンス・資料案内」

http://www.ndl.go.jp/jp/use/reference/index.html（参照 2019-01-04）

31）福永智子「読書相談質問の類型化の試み：『本の雑誌』における読書相談を手がかりに」中部図書館情報学会研究発表会，2018 年 12 月 8 日発表

32）前掲 7）

33）前掲 7），p.87.

34）前掲 7），p.169.

35）前掲 7），p.88.

36）前掲 7），p.125-126.

37）前掲 7），p.196-197.

38）前掲 7）　p.97-98.

39）前掲 7），p.183-184.

40）前掲 7），p.191-192.

41）前掲 28）

42）齋藤泰則「認識論的権威としての図書館情報資源に関する考察」『論考　図書館とレファレンスサービス』樹村房，2017，p.53-80.

43）前掲 42），p.66-67.

44）前掲 42），p.64.

45）前掲 42），同所

46）国立国会図書館ホームページ「国会へのサービス概要」
http://www.ndl.go.jp/jp/diet/service/index.html（参照 2019-01-01）

47）国立国会図書館ホームページ「平成 31 年度国立国会図書館職員採用試験について」http://www.ndl.go.jp/jp/employ/employ_exam.html（参照 2019-04-25）

48）いわた書店ホームページ　http://iwatasyoten.my.coocan.jp/new4.html（参照 2019-01-01）

49）「運命の 1 冊，あなたのもとへ　書店店主　岩田徹」（プロフェッショナル仕事の流儀 2018 年 4 月 23 日（月）放送　http://www.nhk.or.jp/professional/2018/0423/index.html（参照 2018-12-26）

50）千代田区立図書館「コンシェルジュサービス」
https://www.library.chiyoda.tokyo.jp/guidance/services/concierge/（参照 2019-01-06）

51）CCC ホームページ「蔦屋書店」https://www.ccc.co.jp/showcase/sc_004033.html?cat=life（参照 2019-01-04）

52）同「コンシェルジュ」https://www.ccc.co.jp/showcase/sc_004058.html?cat=life（参照 2019-01-04）

53）同「図書館／公共施設」https://www.ccc.co.jp/showcase/sc_004056.html?cat=life（参照 2019-09-23）

54）本の雑誌編集部編『日本読書株式会社』本の雑誌社，2001.9，p.2-7

55）『WEB 本の雑誌』（http://www.webdoku.jp/　参照 2018-11-30）

56）前掲 54），p.4.

57）前掲 54），p.6-7.

58）国立国会図書館．「リサーチナビ：絵本・児童書をあらすじ（内容解説）から検索するには」
https://rnavi.ndl.go.jp/research_guide/entry/post-511.php（参照 2019-03-20）

59）大阪国際児童文学振興財団「本の海大冒険」，「ほんナビきっず」　これらには物語件名体系表が搭載され，検索ができる。

60）三重県学校図書館協議会司書部レファレンス研究会『R 本：テーマ別小説 100 連発！』2018.3.

61）見城徹『読書という荒野』幻冬舎，2018，p.15.

第 11 章

米国の大学図書館界における教育を担当する図書館員の人材像の変遷

上岡真紀子

1. はじめに

　本稿の目的は，米国の大学図書館界において，教育を担当する図書館員の人材像が，ビブリオグラフィックインストラクションの時代から情報リテラシー教育の時代を通じて，どう変化してきたかを明らかにすることである。

　米国の大学図書館界における，専門領域としての「教育」は，歴史的には比較的新しい領域である。もちろん，大学図書館にとって教育を支援することは，その存在意義にかかわる使命の一部であり，それらは長く大学図書館が所蔵する資料の提供を通じて行われてきた。これら教育への支援が，大学図書館員自身によって，すなわち「図書館員による教育」の提供を通じて行われるようになったのは，1970 年代に拡大したビブリオグラフィックインストラクション（Bibliographic Instruction）の登場以降のことである。

1.1　ビブリオグラフィックインストラクションと教育を担当する図書館員の登場

　ビブリオグラフィックインストラクションとは，授業で出された課題に対して，図書館員が正規の授業時間の中で，学生に目録や索引データベースなどの二次資料の使い方を含む情報探索戦略を教えるという図書館利用教育の手法である[1]。この授業内容と関連づけて提供されるビブリオグラフィックインストラクションの手法は，当時すでに効果が疑問視されていた，授業と関連づけずに提供されていた図書館オリエンテーションに代わるものとし

て，それまでレファレンスデスクで学生に課題を行うための情報探索を教え
ていたレファレンスライブラリアンたちに爆発的に支持されることとなっ
た[2]。

　ビブリオグラフィックインストラクションは，1960年代に先駆的な大学
図書館で取り組まれ始め，1970年代には全米の大学図書館に拡大して行わ
れるようになっている[3]。そして，これらビブリオグラフィックインストラ
クションの拡大にともなって，全米の大学図書館に登場したのが，ビブリオ
グラフィックインストラクションを担う図書館員たち，すなわち教育を担当
する図書館員たちである。

　これらの教育を担当する図書館員たちにとって，正規の授業の中で教育を
提供することは，当時のライブラリースクールでは教えられてこなかった
まったく新たな試みであった。そのため，教育の提供に興味と熱意をもつ図
書館員たちは，これらの教育をいかに行うかについて，内容や方法，作成し
た教材等の情報を交換し合い，互いの実践から熱心に学び合っていった[4]。
こうした動きの中で，まず1971年に，教育プログラムの内容や教材を共有
するためのクリアリングハウスであるLOEX（Library Orientation Exchange）が
設置された[5]。LOEXは，図書館員たちが実践事例を発表し情報交換する場
として現在でも毎年カンファレンスを開催している。さらに教育を担当する
図書館員たちが実践事例や研究成果を論文として発表するための図書館利用
教育に関する専門誌であるResearch Strategiesも発行された[6]。そして，こ
れらの基盤を通じて，大学図書館界の中に教育を担当する図書館員たちのコ
ミュニティが形成され，図書館員たちは自らを「教育を担当する図書館員」
（instruction librarian）と自認していくようになったのである。

　これら教育に熱意をもつ図書館員たちは，自らの専門職能団体であるアメ
リカ図書館協会に対しても，活動の拠点となる部会の設立を働きかけていっ
た。その結果，1971年にはカレッジ・研究図書館協会（Association of College
and Research Libraries）の中に，ビブリオグラフィックインストラクションの
ための臨時委員会が設置されている[7]。その後1977年に，『大学図書館にお

けるビブリオグラフィックインストラクションのガイドライン』（Guidelines
for Bibliographic Instruction in Academic Libraries）[8]の完成にともない，教育を担当
する図書館員たちのためのパーマネントな部会であるビブリオグラフィック
インストラクションセクション（Bibliographic Instruction Section）の設置が正式
に認められている[9]。1960 年代に草の根の取り組みとして開始されたビブリ
オグラフィックインストラクションは，1970 年代のうちに大学図書館界か
らも図書館員にとっての新たな専門領域の一つとして公式に認められ，図書
館協会の内部にも，その活動拠点が整えられたのである。

　その後 1980 年代に至り，ビブリオグラフィックインストラクションセクショ
ンは，カレッジ・研究図書館協会における最大の部会の一つに成長してい
る[10]。このことは，米国の大学図書館におけるビブリオグラフィックインスト
ラクションの導入が 1980 年代以降も着実に拡大を続け，それにともなって，
教育を担当する図書館員の数もますます増加していったことを示している。

1.2　インストラクションセクションと教育担当者のための能力基準

　ビブリオグラフィックインストラクションセクションは，その設立以降一
貫して，図書館員による教育活動の支援に取り組んできている。そのリー
ダーシップは，毎年 2 回開かれるアメリカ図書館協会の大会における講演や
シンポジウム，ワークショップの開催を通じた，情報共有や能力開発・学習
機会の提供のほかに，活動の理念や方向性，求められる内容と質を示すガイ
ドラインや基準の作成を通じて発揮されている。この時期に作成されたガイ
ドラインや基準としては，インストラクションセクションの設立時に公開さ
れた『大学図書館におけるビブリオグラフィックインストラクションのガイ
ドライン』のほかに，1970 年代からの目標設定のトレンドに対応した，ビ
ブリオグラフィックインストラクションのための『目標の記述例』（Academic
Bibliographic Instruction: Model Statement of Objectives）[11]や，ビブリオグラフィッ
クインストラクションのプログラム開発と実施についてまとめた『ビブリオ
グラフィックインストラクションハンドブック』（Bibliographic Instruction Hand-

book）[12)]があげられる。これらの成果からは，ビブリオグラフィックインストラクションのリーダーたちが，1970年代に生じたビブリオグラフィックインストラクションの急激な拡大に対して，プログラムに求められる内容と質に関する一定の基準や枠組みを示そうとしていたことがうかがえる。

　1980年代になると，この時期に開始された国をあげての教育改革と成果の評価の要請に対応した，『ビブリオグラフィックインストラクションの評価』（Evaluating Bibliographic Instruction: A Handbook）[13)]が作成されている。同時に1970年代に作成された『目標の記述例』と『ビブリオグラフィックインストラクションハンドブック』についても，改定が企画されている。このとき実施されたアンケート調査で明らかになったのが，次世代を担う教育担当図書館員の育成に対する現場からの強いニーズであった[14)]。

　1970年代からビブリオグラフィックインストラクションに取り組んできた，教育を担当する図書館員のいわば第一世代の図書館員たちは，1980年代に入って，徐々に管理職に移行しつつあった[15)]。その結果，大学図書館の現場では，次世代を担う新たな教育担当図書館員を育成する強いニーズが生じていたのである。

　教育に関する専門性を身につけた次世代の教育担当図書館員の育成という課題は，1981年に実施されたビブリオグラフィックインストラクションの今後を検討した，インストラクションセクション主催のシンクタンクにおいても指摘されている[16)]。この教育を担当する図書館員のコミュニティにとっての重要な課題に対応するため，ビブリオグラフィックインストラクションセクションの内部でも，望ましい教育担当図書館員の人材像，すなわち，教育を担当する図書館員とはどのような知識や能力をもつ人材なのかについて，その能力を特定すべきとの議論が開始されるようになったのである。

　しかしながら，結論を先取りすれば，ビブリオグラフィックインストラクションの時代には，教育担当図書館員に期待される能力基準の公開には至っていない。そして，その後1980年代の終わりに，アメリカ図書館協会によって情報リテラシーの『最終報告書』[17)]が提出されたことで，ビブリオグ

ラフィックインストラクションは，徐々に情報リテラシー教育へと置き換わっていったことは周知のとおりである。その後 1990 年代に生じたビブリオグラフィックインストラクションから情報リテラシーへの転換の中で，ビブリオグラフィックインストラクションセクションは，部会名をインストラクションセクション（Instruction Section）に改称している[18]。

　その後，インストラクションセクションが，公式に教育を担当する図書館員のための能力基準を示したのは，情報リテラシーの実践が広く浸透した 2007 年のことである[19]。インストラクションセクションが，1980 年代に教育を担当する図書館員の望ましい人材像についての議論を開始していたことを鑑みれば，2007 年に公式な基準が示されるまでに，実に四半世紀以上の年月がかけられたことになる。

　この間，インストラクションセクションにおいては，教育を担当する図書館員の能力の特定と，能力基準の作成に関して，繰り返し諮問がなされてきている。しかしながら，そのときどきの議論において，教育を担当する図書館員の望ましいあり方をめぐって，具体的にどのような議論がなされてきたのか，またそこで議論された人材像は，ビブリオグラフィックインストラクションの時代から情報リテラシーの時代へと移る中で，どう変化してきたのかについては，これまでに検討されてきていない。インストラクションセクションが，ビブリオグラフィックインストラクション時代から情報リテラシーの時代を通じて，教育を担当する図書館員のあり方に関してどのような議論を行ってきたのか，具体的内容とその変遷をたどることは，現在米国の大学図書館界が提示している，教育を担当する図書館員の人材像を理解するうえでも意義があるだろう。

　本稿では，米国の大学図書館界において，教育を担当する図書館員の人材像が，ビブリオグラフィックインストラクション時代から情報リテラシーの時代を通じて，どう変化してきたかを明らかにする。次節から，アメリカ図書館協会のカレッジ・研究図書館協会インストラクションセクションにおける，教育を担当する図書館員の能力に関する具体的議論を検討する。

2. ビブリオグラフィックインストラクションの時代

2.1　教育担当図書館員教育委員会における議論：1980 年代の議論

　ビブリオグラフィックインストラクションセクションにおける教育担当図書館員の人材像に関する検討は，ビブリオグラフィックインストラクションの最盛期である 1980 年代に開始されている。当時，各大学図書館におけるビブリオグラフィックインストラクションの導入はいまだ拡大し続けており，その様子は，大学図書館の求人広告にも見られる。

　求人広告を対象とした調査によれば，教育を担当する図書館員に対する初めての求人は 1975 年に登場したとされている[20]。その後，大学図書館のパブリックサービスの求人広告における教育の職務の記載は増加の一途をたどり，1980 年代中には，すべてのパブリックサービスの求人に教育が職務として含まれるようになるとの予測もなされている[21]。ただし，1987 年に実施された調査では，教育のみを担当している図書館員は全体の 5.4 ％にすぎず，その他の図書館員は，レファレンスなど他の業務の一部として教育を担当しているとされている[22]。また，ビブリオグラフィックインストラクション担当者の図書館員としての経験年数は，12 年以上が 30 ％，6 年以上が 45 ％とされ，そのほとんどが中堅以上の図書館員によって担われ，全体の半数以上が 1970 年代からビブリオグラフィックインストラクションを担当している図書館員であるとされている[23]。

　こうした現場の状況を背景に，インストラクションセクションにおいて，教育を担当する図書館員の能力を検討する任にあたったのは，教育担当図書館員教育委員会（Education for Instruction Librarian Committee）である。この委員会の使命は，教育を担当する図書館員の育成のために，ライブラリースクールとの関係を構築することにあった。というのも，当時ビブリオグラフィックインストラクションが正規の授業の一環として行われているにもかかわらず，教育を担当する図書館員たちが教え方を正式に学んでいないことが課題

として指摘されていたためである[24]。それへの対応として，インストラクションセクションは，ライブラリースクールに対して，公式なカリキュラムとしての教育に関する科目の設置を働きかけていたのである[25], [26]。

　このとき委員会は，作成する能力リストはあくまでもライブラリースクールとの話し合いのためのものであり，ガイドラインなどの最終成果物を目指さないことを合意している[27]。その理由として，"現時点では，未だ多くの図書館がビブリオグラフィックインストラクションプログラムの開発の比較的初期段階にあり，ライブラリースクールの教員たちとの関係構築も初期段階にある"ことがあげられている[28]。

　1980 年代当時，ビブリオグラフィックインストラクションはすでに全米の大学図書館で行われていたものの，プログラム開発という意味では，いまだ発展途上にある図書館も多く，その質にはばらつきがあった。一方で，ビブリオグラフィックインストラクションのリーダーたちは，1970 年代にはインストラクショナルデザイン，1980 年代には認知的学習理論の導入を通じて，ビブリオグラフィックインストラクションの高度化を図ろうとしていた[29]。その結果，最新の動向や学習理論を踏まえて，ビブリオグラフィックインストラクションの高度化を目指すリーダーたちと，いまだプログラム開発の途上にあった図書館員たちの実践の間には，大きな幅が存在していたのである[30]。

　こうしたビブリオグラフィックインストラクションの状況は，委員たちの議論においても言及されている。委員会では，能力リストは，現在「実際に行われていること」に基づいて作成するのか，それとも，「何を行うべきか，または，何が行われる必要があるか」という望ましい状態に基づいて作成するのかが議論されている。話し合いの中では，"ビブリオグラフィックインストラクションの名のもとに，不確かな内容や誤った内容が売られている"という指摘や，現状にもとづいた基準を作成すれば，それは"下に合わせた（downward validation）ものになる"との懸念も述べられている[31]。

　これらの議論の結果，現状では"単純に能力基準を開発するのは好ましく

なく"，"複数の観点から見て疑問が提示された"とされている[32]。この時点
では，図書館員の取り組みの質にばらつきがあることから，公式な基準の作
成は時期尚早と判断されたのである。その結果，この委員会の成果として
1985 年に作成された "Proficiencies of Instruction Librarian"（以下，"Proficien-
cies"）は，ライブラリースクールで科目を設置するための，将来教育を担当
する図書館員に期待される能力を記述したものとなっている。この文書はラ
イブラリースクールに配布され，一般には公開されなかった。

2.2　"Proficiencies of Instruction Librarian" の内容

　"Proficiencies" では，教育を担当する図書館員として，学生に直接教育を
提供する教育担当図書館員（instruction librarian）と，教育プログラムを管理す
る図書館員，すなわち，一般の教育担当図書館員とその管理者の 2 種類の図
書館員を想定して，それぞれに求められる能力が記述されている。
　教育担当図書館員に必要な能力としてあげられているのは，ゴールと到達
目標を書く能力，教育力（instructional ability），授業計画を書く能力，コミュニ
ケーションスキル，調査・評価方法を用いる能力，メディアスキル，計画能力
の 7 項目である。それぞれの能力の説明では，「ゴールと到達目標を書く能
力」が，測定可能な目標設定に基づいて科目とカリキュラムをデザインし評
価する能力，「教育力」は，学習理論，教授法，評価ツールへの適切な理解と
それらの活用能力，「授業計画を書く能力」は，授業内容を計画する能力，「コ
ミュニケーションスキル」は，論理的に講義し，学生と適切にコミュニケー
ションする能力，「調査・評価手法を用いる能力」は，評価のためにサーベ
イなどの各種調査法・統計手法を用いる能力，「メディアスキル」は，教育
にメディアを導入する能力，最後の「計画能力」は，大学の方針やカリキュ
ラムのニーズを理解し，それらに教育内容を整合させる能力，となっている。
　一瞥して，これらの能力は，当時ビブリオグラフィックインストラクショ
ンのリーダーたちが，ビブリオグラフィックインストラクションの高度化の
中で目指していた，インストラクショナルデザインや学習理論，評価研究の

知見を活用した，適切に教授（teaching）を行うための能力と言える。

　一方，教育プログラムの管理者としての能力は，管理能力，予算能力，人事計画力，訓練と評価の能力，ビブリオグラフィックインストラクションプログラムを推進する能力，プログラム全体の効果を評価する能力の 6 項目である。具体的内容としては，「管理能力」がマネジメントの原理と理論，および組織構造と権限の範囲を理解して，プログラムを指揮・調整する能力，「予算能力」は，適切に予算を配分し執行する能力，「人事計画力」では，適切に人員を配置する能力，「訓練と評価の能力」は，インストラクションライブラリアンを適切に訓練し評価する能力，「ビブリオグラフィックインストラクションプログラムを推進する能力」は，組織のどことコミュニケーションすればよいのかを理解し，大学の管理者と教員を説得してビブリオグラフィックインストラクションを売り，プログラムを推進する能力，「プログラム全体の効果を評価する能力」は，プログラムを評価し，その結果を改善に活用する能力，とされている。

　これらの能力のほとんどは，一般に組織において業務をマネジメントする管理者としての能力と言え，ここで，図書館の教育プログラムの管理者に特有と言えるのは，「ビブリオグラフィックインストラクションプログラムを推進する能力」である。その能力は，ここではビブリオグラフィックインストラクションを教員に売り込む能力とされている。

　これら具体的内容からは，ビブリオグラフィックインストラクション時代に教育を担当する図書館員に求められていたのは，適切に教授を行う「教師」としての能力と，図書館の教育プログラムを管理する「管理者」としての能力であることがわかる。この中で，直接教育を提供する図書館員に求められている能力は，インストラクショナルデザインの考え方にもとづいて，学習目標を設定し，学習理論や評価研究の知見を取り入れつつ授業をデザインする能力，すなわち適切に教授を行う能力そのものであり，当時のビブリオグラフィックインストラクションのリーダーたちが考えていた教師としての理想像が記述されたと言える。ただしこれらの能力は，あくまでも，科目

を担当する教師として授業の一端を担うこと，すなわち，いわゆる"ワンショット"で教育を行うことを想定したものであり，ここにカリキュラム開発などの大学教育全体につながる視点は見られない。このことはプログラム管理者に求められている能力においても同様であり，管理者のレベルでは，図書館員による教育を教員に売り込んでその規模を拡大していくこと，すなわち，ビブリオグラフィックインストラクションを教員に売り込んでいく能力が重要とされている。ビブリオグラフィックインストラクションの時代には，教育を担当する図書館員には，何よりも適切に教授を行う「教師」としての能力と，その取り組みを拡大するための，教員にプログラムを売り込む「管理者」の能力が求められていたと言えるだろう。

3. ビブリオグラフィックインストラクションから情報リテラシーへの転換期

3.1　図書館教育のための教育委員会における議論：1990年代の議論

　その後，1989年にアメリカ図書館協会から情報リテラシーの『最終報告書』が公開されたことで，1990年代に，ビブリオグラフィックインストラクションは，情報リテラシーへの転換期へと突入することになる[33]。情報リテラシーの『最終報告書』は，1980年に開始された大規模な教育改革を背景に，情報リテラシーをすべての国民に必須の能力と位置づけ，情報リテラシーの獲得を目指した情報にもとづいた学びが，当時の高等教育改革で求められていた，学生の主体的な学びとコンピテンシーベースの教育を実現するとして，学習成果としての情報リテラシーをカリキュラムに統合すること，すなわち，情報リテラシーによるカリキュラム改革を提唱したものである。

　このとき，学生に情報リテラシーを習得させる責任は大学にあるとされ，情報リテラシーのカリキュラムへの統合は，大学の管理者と教員と図書館員の協働によって行われるとされている。報告書の中で，図書館員の役割は，教員が情報リテラシーを授業とカリキュラムに組み込むのを支援すること，すなわち情報リテラシーによるカリキュラム改革を支援し，推進することと

されているのである。

　この報告書を受けて，1990 年代以降，ビブリオグラフィックインストラクションは，情報リテラシーのための取り組みへと徐々に転換していった。しかし，情報リテラシーに対しては，図書館界の中に，情報リテラシーは図書館員にとっての新たな目的と責任を示しているという見方があった一方，情報リテラシーはビブリオグラフィックインストラクションの対象をインターネット情報源に拡大したものであるという見方や，情報リテラシーはビブリオグラフィックインストラクションの名前をつけ替えたものにすぎないという見方も存在していたとされ[34]，情報リテラシーの意義に対する図書館員たちの認識や理解は一通りではなかった。

　一方，この時期の教育を担当する図書館員の状況を見ると，1990 年代には，すべてのレファレンスライブラリアンの求人広告に教育の職務が含まれるようになったとされている。この時期には，もはや図書館員の肩書きも，レファレンス・教育担当図書館員（reference and instruction librarian）といったジョブ並列型や，情報リテラシー担当図書館員（information literacy librarian）といった肩書きが主となり，教育担当図書館員の職務の一部にレファレンスが含まれるという，従来からのレファレンス業務と教育業務の主従が逆転したものが増加したとされている。1990 年から 1998 年の間に，純粋なレファレンスライブラリアンの求人は 22 %，サブジェクトスペシャリストの求人は 25 %減少し，レファレンスライブラリアンの役割は教育などの新しい役割へと移行したとされ，これらの新しい役割については，独立したポジションが設置されるようになっている[35]。つまり 1990 年代には，各大学図書館の中に，レファレンス業務の一部としてではなく，独立したポジションとして，教育を担当する図書館員のポジションが設けられていったことが理解できる。

　こうした大学図書館の現場における専門業務としての教育の成熟と変化の中にあって，インストラクションセクションは，1990 年代にも，教育を担当する図書館員の能力基準の作成を検討している。このときの議論は，部会

の名称変更が行われた 1996 年に，教育担当図書館員教育委員会の後継である図書館教育のための教育委員会（Education for Library Instruction）によって，1980 年代に作成された "Proficiencies" の見直しプロジェクトとして開始されている[36]。しかし，見直しのための予備的活動が行われる中で，委員の間でプロジェクトの最終成果物に対する認識の食い違いが明らかになり，プロジェクトは 1997 年にいったん仕切り直しされている。その際，インストラクションセクションの執行委員会（Executive Committee）からは，まずはインストラクションセクションが "Proficiencies" を改訂し，公式に承認すべきことを提案してほしい，との依頼がなされている[37]。委員会の委員長は，"委員会は "Proficiencies" の改訂を強く望んでいると思う" と回答していたものの，実際には議論はまとまらなかった[38]。紆余曲折の末，能力基準について検討する任は，教育委員会から引き上げられた。執行委員会は，1998 年に改めて，インストラクションセクションが教育担当図書館員に求められる能力を特定する必要性と意義を検討するための，教育担当図書館員のためのスキル検討タスクフォース（Taskforce for Skill Area for Instruction Librarian）を別途設置した。タスクフォースは，1999 年に最終報告書を提出している[39]。

3.2　教育担当図書館員のためのスキル検討タスクフォースによる最終報告書

　報告書は，インストラクションセクション内で，これまでに繰り返し能力基準の作成が諮問されてきたにもかかわらず，何の解決策も公式な反応もなされてこなかったことを指摘している。そのうえで，これ以上委員の時間を無駄にしないために，より積極的には，自らガイドラインを作成し得ない教育担当図書館員に対して，知識のない高等教育の管理者たちが妥当でない基準を課すのを防ぐために，そして何より，インストラクションセクションが能力基準を作成するのに最もふさわしいという理由から，インストラクションセクションは何らかの対応をする必要があるとしている。

　この状況を踏まえ，タスクフォースは，インストラクションセクションの諮問委員会のメンバーに対して，能力基準を作成した場合のメリットとデメ

リットについてのアンケート調査を実施した。その結果，能力基準を作成するメリットとして，教育担当図書館員の能力に対する図書館界の合意を示すことができる，各大学における教育担当者の育成や，ジョブディスクリプションの作成，雇用・昇進の判断に活用できる，教育担当者の役割と専門性が明確になる，といった意見があげられている。デメリットとしては，公式の基準を示すことで，教育担当図書館員の業務が束縛され，想像性が妨げられる，現在基準は政治的なものであるため，大学の政治に取り込まれる危険性がある，能力のチェックリストとして使用され，能力が質でなく量で測られてしまう可能性がある，基準を満たしていないすでにいる優れた図書館員が糾弾される恐れがある，基準を満たしていない新たな優れた図書館員を遠ざける可能性がある，といったデメリットがあげられた。

　1990 年代は，高等教育改革の進展で言えば，アカウンタビリティ（説明責任）と成果の評価の時代である[40]。そのためこの時期に図書館協会から公式な基準を公開することは，そのまま各大学における図書館員の評価に使用される可能性があることを意味した。これらアンケートの記述からは，委員の間に，当時の高等教育界における成果の評価の動きに対する強い警戒感があったことがうかがえる。

　検討の結果，タスクフォースは，能力基準を作成することの意義も必要性も，また能力基準を作成しないことによる，大学の管理者たちからの不適切な基準の押しつけなどのリスクをも認めながらも，この時期に図書館協会としての公式な能力基準を公開することによる悪影響を懸念して，能力基準の作成を見送った。タスクフォースは，その最終報告書で，インストラクションセクションは公式な基準を作成するべきでなく，むしろ個々の図書館がその実情に合わせて，個別に能力の基準を作成するのを支援すべきであると勧告した[41]。

　このことは，裏を返せば，当時の教育担当図書館員のあり様が，当時のアカウンタビリティと成果の評価の文脈のもとで，基準によって一律に評価されるに足るほど一様ではなかったことも示している。タスクフォースの勧告を受け

て，その後，個別の大学で能力基準を作成するためのハンドブックが作成され
たが，インストラクションセクションからの承認には至っていない[42]。

　その翌年の 2000 年に，アカウンタビリティと成果の評価への対応とし
て，カレッジ・研究図書館協会から『高等教育のための情報リテラシーの能
力基準』(*Standards for Information Literacy in Higher Education*：以下，『情報リテラ
シーの能力基準』）が公開された[43]。『情報リテラシーの能力基準』は情報リ
テラシーの，『最終報告書』で示された複合的コンピテンシーである情報リ
テラシーを，当時の情報探索行動研究の知見である学習プロセスにもとづい
て細分化し，測定可能な学習成果の基準と，それらを評価するためのパ
フォーマンス指標を示したものである。カレッジ・研究図書館協会は，『情
報リテラシーの能力基準』の作成を通じて，高等教育改革における学習成果
の評価の要請に応えるとともに，情報リテラシーの段階的な学習目標を示す
ことは，各大学における情報リテラシーのカリキュラムへの統合の一層の推
進を目指したのである。

　『情報リテラシーの能力基準』は，成果の評価に対応していた高等教育界
に広く受け入れられ，その後各大学における情報リテラシーのカリキュラム
への統合は一気に拡大している。また 2000 年は，アメリカ図書館協会が初
めて情報リテラシーの推進を図書館界全体の目標とし，図書館界による情報
リテラシーの推進が初めて一貫して動き出した年でもある。インストラク
ションセクションも，2000 年を境に情報リテラシーへの支持を明確にし，
情報リテララシーのカリキュラムへの統合の推進に向けて全面的に動き出し
ている[44]。

4. 情報リテラシーの時代

4.1 『インストラクションライブラリアンとコーディネーターのための技能基準』の公開

　2004 年に，満を持して，インストラクションセクション内に教育担当図

書館員の能力基準作成のためのタスクフォースが設置された。タスクフォースは，約2年をかけて作業を行い，2007年に教育を担当する図書館員に関する初めての基準である『インストラクションライブラリアンとコーディネーターのための技能基準』(*Standards for proficiencies for instruction librarians and coordinators*：以下，技能基準) を公開した[45]。

　前書きでは，基準作成の背景として，大学図書館における「教育」と情報リテラシーの役割が拡大し続け，図書館員は，より効果的に教えるためのスキルを開発する必要に直面しているとされている。また多くの図書館が，図書館員による教育を改善するための専門能力開発に取り組んでおり，何をもってよい教師と言えるのかについて基準を定めることに奮闘していることが述べられている。こうした状況に鑑み，『技能基準』は，教育担当図書館員が優れた教師となるために必要なスキルを特定することを通じて，“情報リテラシープログラムを開発・改善するために必要な協働を強化する” ことを目的とするとされている。

　ここで，強化するとされている“情報リテラシープログラムを開発・改善するための協働”は，まさに情報リテラシーの『最終報告書』で提言され，『情報リテラシーの能力基準』でも目指された，情報リテラシーのカリキュラムへの統合を実現するための大学管理者と教員と図書館員の協働を指している。このことは，『技能基準』が，学習成果としての情報リテラシーのカリキュラムへの統合の推進という，情報リテラシームーブメントの理念と整合したものであることを示している。すなわち，『技能基準』は，情報リテラシーをカリキュラムに統合するための大学の管理職や教員との協働の一層の強化に向けた能力を記述したものとされているのである。

　『技能基準』では，教育担当図書館員に必要な能力として12のカテゴリが示されている。このとき『技能基準』では，直接に教育を提供する教育担当図書館員と，そのプログラムを管理するコーディネーターの2種類の職種が想定されている。各カテゴリには，教育担当図書館員とコーディネーターに必要な能力がそれぞれ項目を分けて列挙されている。基本的に，コーディ

ネーターには，インストラクションライブラリアンに必要な能力が求められ
るとされ，コーディネーターの項目では，それらに加えて，コーディネー
ターに求められる能力が記述されている。

　12のカテゴリは，管理スキル，アセスメントと評価のスキル，コミュニ
ケーションスキル，カリキュラムの知識，情報リテラシーを統合するスキ
ル，インストラクショナルデザインスキル，リーダーシップスキル，計画ス
キル，プレゼンテーションスキル，プロモーションスキル，主題専門知識，
ティーチングスキルである。これらの知識とスキルのほとんどは，1985年
に作成された"Proficiencies"の時点で特定されていた，適切に教授を行う
教師としての能力，および教育プログラムの管理者としての能力を再度カテ
ゴリ化したものと言える。この中で，『技能基準』において，情報リテラ
シーへの対応のために新たに設けられているのが，「情報リテラシーを統合
するスキル」のカテゴリである。

　「情報リテラシーを統合するスキル」では，教育担当図書館員に求められ
るスキルとして，
・大学，経営者，プログラム，学部に対して，情報リテラシーの役割を説明
　する
・科目の内容，課題，図書館員によるセッションに適切な，情報リテラシー
　のコンピテンシー，コンセプト，スキルを組み込むために授業担当教員と
　協働する
・情報リテラシーのコンピテンシーとコンセプトの専門分野のカリキュラム
　への統合を計画・実施するために，授業担当教員，および大学の管理者と
　連携する
があげられている。

　これらに加えて，コーディネーターに独自に求められるスキルとしては，
・大学のプログラム評価，学部の学習目標，アクレディテーション基準と，
　情報リテラシー基準が整合していることを確認する
・教員への継続的なトレーニングを支援するために，ファカルティ・ディベ

　ロップメントプログラムと協働する

・大学全体，学部，プログラム，科目のすべてのレベルにおける情報リテラ
　シーの重点化を促すために，授業担当教員，および大学の管理者と協働す
　るよう，インストラクションライブラリアンを励まし，導き，支援する

があげられている。

　これらの内容を見ると，教育担当図書館員が，学習目標の設定や情報リテ
ラシーための課題作成など，主として授業や科目，学部レベルでの情報リテ
ラシーの統合に従事するのに対し，コーディネーターは，カリキュラム開
発，プログラム評価，アクレディテーション（適格認定）への対応といった，
全学レベルの教育改善や改革にかかわる意思決定の場において情報リテラ
シーの統合に従事するとされていることがわかる。すなわち，一般の教育担
当図書館員が，授業と科目レベルで教員と協働するのに対し，コーディネー
ターはさらに上の全学の代表者たちと，全学の教育改善や改革のためのさま
ざまな取り組みにおいて協働するとされているのである。

　このコーディネーターという職種は，『技能基準』の作成に際して行われ
た文献調査や求人広告の調査などの現状調査の結果，抽出されたものであ
る。このことは，すでに 2000 年代の半ばには，大学図書館の現場で，カリ
キュラム開発，プログラム評価，アクレディテーションへの対応といった，
全学レベルの教育改善活動に参画する，情報リテラシーのコーディネーター
が活躍していたことを示している。つまりこの時期には，全米の各大学にお
ける情報リテラシーへの対応，すなわち学習成果としての情報リテラシーへ
の大学からの承認と情報リテラシーのカリキュラムへの統合が，情報リテラ
シーのコーディネーターの存在のもとですでに一定程度浸透していたと言え
る。

　インストラクションセクションは，2000 年代に至り，従来からの懸念で
あった教育担当図書館員に対してのみならず，情報リテラシーにともなって
登場した情報リテラシーを統合するコーディネーターという，情報リテラ
シーへの取り組みを象徴する新たな人材の能力に対しても，公式な基準を示

し得た。このことは，各大学図書館における教育担当図書館員の実践と能力の両方が，公式な基準による評価に耐えるだけ十分に成熟していたことを示している。

　このとき，インストラクションセクションは，コーディネーターには基本的にインストラクションライブラリアンに求められる知識とスキルが必要であるとして，それまで教育を担当する図書館員たちが努力して培ってきた能力が，図書館員にとっての新たな役割であるコーディネーターの役割を果たす上での土台であるとの認識を示している。2007年の『技能基準』は，教育を担当する図書館員が，ビブリオグラフィックインストラクション時代を通じて獲得してきた適切に教授を行うための知識と能力を基盤として，大学の管理者と教員と協働して，情報リテラシーのカリキュラムへの統合と全学の教育改善活動に貢献していくという，情報リテラシー時代の新たな人材像と，教育を担当する図書館員にとっての新たな方向性を示したのである。

4.2　インストラクションライブラリアンからティーチングライブラリアンへ

　2000年代以降，各大学における情報リテラシーへの対応はますます拡大し，大学図書館の管理者たちは，図書館業務の中で「教育」が最も重要であるとの認識を示すに至っている[46]。2000年代には，すでに図書館における，教育担当は独立したポジションとされており[47]，その職務には，従来からの教授の役割とともに，情報リテラシーのカリキュラムへの統合への支援と推進が基本業務として含まれている[48]。

　2014年に，カレッジ・研究図書館協会より，『情報リテラシーの能力基準』に代わるものとして，『高等教育のための情報リテラシーの枠組み』(*Framework for information literacy for higher education*：以下，『情報リテラシーの枠組み』)[49]のドラフトが公開された[50]。この動きにともなって，インストラクションセクションでも，2014年に，『技能基準』の改訂が提案され，タスクフォースが設置されている[51]。タスクフォースは，関連文献調査，および求人広告の内容の調査など2年間に及ぶ作業を行い，2017年に『ティーチングライブ

ラリアンの役割と強み』（*Roles and Strengths of Teaching Librarians*：以下，『役割と強み』）を公開した[52)]。

　『役割と強み』は，カレッジ・研究図書館協会による『情報リテラシーの枠組み』が，情報リテラシーを構成するコア概念を示すというアプローチを採用したことに則して，教育担当図書館員を構成する役割と能力の概念を提示するという形式をとっている。すなわち，従来のように，授業担当者や管理者，あるいはコーディネーターといった特定のポジションを想定して必要とされる能力のリストを示すのではなく，教育を専門とする図書館員とはどのような人材なのかについて，その核となる複数の概念を示すことで，その全体像を描くというアプローチが採用されている。また『役割と強み』では，教育担当図書館員の名称も，ビブリオグラフィックインストラクション時代から使用されてきた Instruction Librarian から，より幅広く大学の教授と学習（teaching and learning）にかかわることを明確にしたティーチングライブラリアン（Teaching Librarian）に変更している。

　『役割と強み』では，ティーチングライブラリアンを構成する複数の役割がカテゴリとして示されている。ティーチングライブラリアンの役割とされているのは，提唱者，コーディネーター，インストラクショナルデザイナー，生涯学習者，リーダー，教師，ティーチングパートナーの 7 つである。

　ティーチングライブラリアンは，その時々のポジションや文脈に応じてこれらの役割のいくつか，またはすべてを担うとされている。ティーチングライブラリアンは，あるときには，情報リテラシーの提唱者として，"情報リテラシーの価値を大学のコミュニティの幅広いオーディエンスに伝え"，あるときにはコーディネーターとして，"大学の組織の風土や文化，ステークホルダーの期待を理解して，大学全体の情報リテラシーの到達目標達成にかかわる"。また，あるときには，インストラクショナルデザイナーとして，"さまざまな学習環境のもとで，学習目標，アセスメントツール，教材の開発を行う"ことで専門性を発揮し，ティーチングパートナーとしては，"情報リテラシーのための課題のデザイン，情報リテラシーのアセスメント，学

生の課題やプロジェクトへのフィードバックに参加"し，教師として，"教授・学習のベストプラクティスを採用する"。そして，これらあらゆるレベルの取り組みにおいて，リーダーとして，"図書館，大学，専門コミュニティ，地域のそれぞれでリーダーシップを発揮する"とともに，生涯学習者として，"自ら学び続け，将来に向けて成長し変化していく"。

　『役割と強み』においては，ビブリオグラフィックインストラクション時代から続く，適切に教授を行う教師としての役割と能力はもちろんのこと，『技能基準』で示された情報リテラシーをカリキュラムに組み込むコーディネーターの役割と能力ですら，その役割の一部にすぎなくなっている。ここで示されているのは，適切な教授，カリキュラム開発や評価への知識とスキル，専門能力開発支援の知識とスキルなどの，大学の教授・学習活動全体と情報リテラシーにかかる幅広い知識とスキルを身につけた，教育と情報リテラシーを専門とする図書館員の姿である。

　ティーチングライブラリアンの活動の場として想定されているのは，これまで目指されてきたカリキュラムに統合された全学的情報リテラシープログラムというより，むしろ大学における日常的な教授・学習活動全体と言える。ティーチングライブラリアンは，今後も変化し続ける大学のあらゆる教授・学習活動の中で，その時々のポジションや文脈に応じて，教育と情報リテラシーに対する専門性を強みとして，その永続的営みに貢献することが示されている。現在，米国の大学図書館界が示している教育を担当する図書館員の人材像は，自らも学び続け，大学の中心的活動である教授・学習活動において，すでに日常となった持続的な改善活動に深く埋め込まれた教育と情報リテラシーの専門家であると言えるだろう。

5. 終わりに

　本稿では，米国の大学図書館界における教育を担当する図書館員の人材像が，ビブリオグラフィックインストラクション時代から情報リテラシー時代

を通じて，どう変化してきたかを検討した。教育を担当する図書館員の人材像は，ビブリオグラフィックインストラクション時代の，適切に教授を行う「教師」と，図書館の教育プログラムを売り込む「管理者」から，情報リテラシーの時代には，学習成果としての情報リテラシーのカリキュラムへの統合を推進する「コーディネーター」へと発展してきた。さらに，現在では，大学の日常的・持続的な教授・学習活動の改善と発展に貢献する「教育と情報リテラシーの専門家」へと変化している。これらの変化にともない，教育を担当する人材に求められる能力は，教授・学習理論にもとづいて，授業や科目レベルで，適切に教授をデザインし提供する能力から，カリキュラム開発や成果の評価の知識を持ち，アクレディテーションやファカルティ・ディベロップメントなどの全学レベルの活動の場で，情報リテラシーのカリキュラムへの統合に向けて大学の管理者や教員たちと協働する能力へ，さらには，高等教育と情報リテラシーに関する幅広い知識にもとづいて大学の日常的・持続的な教授・学習活動のなかで，その時々の文脈やポジションに応じて，教育と情報リテラシーの専門家として貢献する能力へと大きく拡張されてきている。

　インストラクションセクションにおける教育を担当する図書館員の能力基準の作成の議論は，執行部からの諮問により，ビブリオグラフィックインストラクションの時代から繰り返し行われてきた。各議論は，米国で進行した高等教育改革と平行して，常に現場の図書館員の状況を参照しながらなされてきた。図書館員が直接教授・学習のプロセスに参加する契機となったビブリオグラフィックインストラクションの時代には，当時の教育を担当する図書館員たちがいまだ発展途上にあることを鑑み，公式な基準としてでなく，将来教育を担当する図書館員の望ましい人材像が議論された。アカウンタビリティと成果の評価の時代には，評価のプレッシャーにさらされている現場の図書館員を慮り，再び基準の作成は見送られている。図書館界が満を持して，教育を担当する図書館員の能力基準を公開したのは，図書館員たちの実践が成熟した情報リテラシーの時代である。このとき図書館界は，情報リテ

ラシーの理念を象徴する「コーディネーター」という新たな人材像を示し，高等教育における情報リテラシーのカリキュラムへの統合の一層の拡大を目指している。

　そして，現在では，全学レベルの日常的・持続的なあらゆる教授・学習の改善活動の中で，情報リテラシーの側面から貢献し，自らも学び続け，今後も役割を拡張し発展し続ける，情報リテラシーの専門家像が示されるに至っている。米国で示されている成熟した情報リテラシーの専門家像は，高等教育改革が進行する日本の大学図書館界にとっても示唆的である。

　本研究は，科研費課題番号 16K00444 の助成を受けています。

注・引用文献

1）　上岡真紀子「米国におけるビブリオグラフィックインストラクションムーブメントの展開：情報リテラシーの前史として」『Library and information science』2016, no.76, p.33-53.

2）　Hardesty, Larry; Hastreiter, J; Henderson D. *Bibliographic Instruction in Practice: A Tribute to the Legacy of Evan Farber*. The Pierian Press, 1993, 157p.

3）　Kirk, T. "Past, present, and future of library instruction". *Southeastern Librarian*, 1997, Spring, p.15-18.

4）　Hogan, Sharon. Training and education of library instruction librarians. *Library Trends*, 1980, Summer, p.105-126.

5）　Lee, Sul H. *Library Orientation*. Lee, Sul H. ed. The Pierian Press, 1972, 45p.

6）　Stoffle, Carla; Bernero, Cheryl. "Bibliographic instruction Think Tank Ⅰ: Looking back and the challenge for Think Tank Ⅱ". Mellon, Constance.ed. *Bibliographic Instruction: The Second Generation*. Libraries Unlimited, 1987, p.5-23.

7）　前掲 4）

8）　"Guidelines for bibliographic instruction in academic libraries," *College and Research Libraries News*. 1977, no.38, p.92-93.

9）　"ACRL Bibliographic Instruction Section formed". *College and Research Libraries News*. 1977, no.4, p.125.

10）　前掲 6）

11）　*Model Statement of Bibliographic Instruction for Academic Bibliographic Instruction*. Association of College and Research Libraries. Bibliographic Instruction Section Task Force. 1979.

12) *Bibliographic Instruction Handbook.* Association of College and Research Libraries, 1979, 68p.

13) *Evaluating Bibliographic Instruction: A Handbook.* Association of College and Research Libraries, Bibliographic Instruction Section, 1983, 122p.

14) Oberman, Cerise. "Introduction". *Read This First: An Owner's Guide to the New Model Statement of Objectives for Academic Bibliographic Instruction.* Association of College and Research Libraries, Bibliographic Instruction Section Task Force, 1979. Dusenbury, Carolyn; Fusich, Monica; Kenny, Kathleen; Woodard, Beth, eds. Bibliographic Instruction Section. Association of College and Research Libraries, 1991, p.1-3.

15) 前掲 6)

16) "Think Tank recommendations for bibliographic instruction". *College and Research Libraries News.* 1981, no.42, p.394-398.

17) Association of College and Research Libraries, Presidential Committee on Information Literacy. *Final report*, 1989.

18) Branch, Katherine. In Chicago with a new name. *BIS newsletter.* 1995, vol.12, no.1, p.1.

19) Association of College and Research Libraries, *Instruction Section. Standards for proficiencies for instruction librarians and coordinators.* 2007. 11p.

20) Wang, Hanrong; Tang, Yingqi; Knight, Carley. "Contemporary development of academic reference librarianship in the United States: a 44-year content analysis," *The Journal of Academic Librarianship*, vol.36, no.6, 2010, p.489-494.

21) Curran, Charles. "Teaching about reference work," *Reference Librarian*, vol.11, no.25/26, 1990, p.465-481.

22) Patterson, Howell. "Library user education: Assessing the attitude of those who teach," *RQ*, Summer, 1990, p.513-524.

23) Smith, Barbara. "Background characteristics and education needs of a group of instruction librarians in Pennsylvania," *College and Research Libraries*, May, 1982, p.199-207.

24) 前掲 23)

25) この問題について初めて言及したのが以下の文献とされている。Breivik, Patricia. "A rose by any other name or library instruction and the library school,"Lubans John ed. *Educating Library User*, R.R. Bowker, 1974, p.410-414.

26) 前掲 23)

27) "Proficiencies for BI librarians: who defines them?" *Research Strategies*, Summer, 1990, p.102-103.

28) Skill Area Task Force. *Final report and recommendations*, 1999.

29) 前掲 1)

30) 前掲 14)

31) タスクフォースのメンバーからタスクフォースの副議長，議長への 1984 年 6 月 17 日付の手紙

32）Association of College and Research Libraries. Bibliographic Instruction Section. Education for Bibliographic Instruction Committee. *Proficiencies of instruction librarian*, 1985.

33）上岡真紀子「米国におけるビブリオグラフィックインストラクションから情報リテラシーへの転換」『Library and Information Science』no.78, 2017, p.27-53.

34）"Introduction". Informaion literacy instruction: theory and practice. Grassian, Esther; Kaplowitz, Joan. 2001, Neal-Schuman Publishers, p.xxvii-xxxi.

35）Lynch, Beverly P; Smith, Kimberley Robles, "The changing nature of work in academic libraries," *College and Research Libraries*, vol.62, no. 5, 2001, p.407-420.

36）Steven Thomas から Mary Pagliero Popp への 1996 年 10 月 2 日付のメール

37）Loanne Snavely から Joan Kaplowitz への 1997 年 8 月 7 日付のメール

38）Joan Kaplowitz から Loanne Snavely への 1997 年 6 月 10 日付のメール

39）Skill Area Task Force. *Final report and recommendations*, 1999.

40）Hernon, Peter.; Dugan, Robert E. *An Action Plan for Outcome Assessment in Your Library*. American Library Association, 2002, 191p.

41）前掲 39)

42）ACRL Instruction Section Management of Instruction Services Committee. Toolkit for developing skill areas for instruction librarians. Draft. 2002.

43）American Library Association. *Information literacy competency standards in higher education*, 2000, https://alair.ala.org/bitstream/handle/11213/7668/ACRL%20Information%20Literacy%20Competency%20Standards%20for%20Higher%20Education.pdf?sequence=1&isAllowed=y （参照 2019-09-26）

44）前掲 33)

45）前掲 19)

46）Hall, Russell. "Beyond the job: employers and library instruction," *College and Research Libraries*, January, 2013, p.24-37.

47）前掲 20)

48）Brecher, Dani; Kevin Michael, Klipfel. "Education training for instruction librarians: a shared perspective," *Communications in Information Literacy*, vol.8, no.1, 2014, p.43-49.

49）Association of College and Research Libraries. *Framework for information literacy for higher education*, 2016. http://www.ala.org/acrl/sites/ala.org.acrl/files/content/issues/infolit/Framework_ILHE.pdf （参照 2018-12-31）

50）"ACRL seeks feedback on draft framework for information literacy for higher education," *College and Research Libraries News*, March, 2014, p.115.

51）Standards and proficiencies for instruction librarians and coordinators revision task force. "Roles and strengths of teaching librarians," *College and Research Libraries News*, July/August, 2017, p.364-370.

52）前掲 51)

第 12 章
探究学習における学校図書館の役割

岩崎れい

1. はじめに　情報リテラシーの位置づけ

　学校図書館において，探究学習と情報リテラシーは密接な関連があるものとして論じられてきた。その情報リテラシーに対する考え方は，名を変えながら，少しずつ変容してきているのではないだろうか。

　情報リテラシーの定義は，必ずしも社会的に共通しているものではない。また，現在ではメディア・リテラシーとほぼ同義で使われることもある概念だが，両者はその背景を異にして発展してきた。

　メディア・リテラシーは，1930 年代にイギリスで発生した概念と考えられている。ケンブリッジ大学を中心に文学批評をしていたスクルーティニー派のリーヴィス（Leavis, Frank Raymond）らによって，マスメディアを批判的に読み解くことが子どもを低俗な大衆文化の影響から保護するのに役立つと説いたことが原点だとされている[1]。その後，同じような考えがヨーロッパ大陸や米国にも広がり，主にマスメディアを批判的に捉える能力として，教育の中に位置づけられていった。

　さらに，カナダのオンタリオ州では，2006〜2007 年に改訂された州の教育カリキュラムの中にメディア・リテラシー教育が含まれている。カナダのオンタリオ州は学校図書館の発展にも熱心に取り組んでいる地域であり，学校図書館とメディア・リテラシー教育との関連も深い。

　たとえば，2006 年に州の教育省が発表したカリキュラムの改訂版（The Ontario Curriculum, Grades1-8, Language）[2]では，全学年でメディア・リテラシーを教えることが盛り込まれており，学校図書館もそのカリキュラムの中に位

置づけられている。ここにおける学校図書館の役割は，生徒が，情報・知識基盤社会において生涯学習者となることを手助けし，カリキュラムの中で，幅広い読書をするよう鼓舞したり，研究能力やそのための情報収集・活用能力の向上を支援したりすることであるとしている。特に，学校図書館は教師と連携して，児童生徒の情報リテラシー[3]と研究能力の向上に中心的な役割を果たさなければならない，としている。

　情報リテラシーという概念は 1970 年代に発生し，用語は，1974 年に情報産業協会の会長であったザーコフスキー（Zurkowski, P. G.）が，米国の国家計画として情報リテラシー教育を行うように全米図書館・情報学委員会（NCLS）に提言した時に初めて使ったといわれている。1980 年代後半には，クルトー（Kuhlthau, C.）が，library skills（図書館活用力）と computer literacy（コンピュータ・リテラシー）の両概念を統合する形で発展してきたものと捉えている。この語について，アメリカ図書館協会は，米国教育省の『危機に立つ国家』（A Nation at Risk: The Imperative for Education Reform）に対して発表した文書の中で，情報リテラシーは，"情報ニーズを認識し，情報を入手し，評価し，ニーズに合った情報を効果的に利用する"一連の能力であると定義している[4]。

　上記のように発展してきたメディア・リテラシーと情報リテラシーであるが，現在はその定義も緩やかに混ざりつつあり，どちらの語もメディアや情報を活用する力，すなわち各自の情報ニーズに合わせて，情報にアクセスし，それを批判的に読み解いて，情報を評価・選択し，利用することができる能力であると総合的に捉えられるようになってきている。この概念の融合については，ユネスコが 2014 年に Media and Information Literacy: Policy and Strategy Guidelines を発表し，人々の知的自由および情報技術を通じて情報にアクセスすることを考えるうえで，メディア・リテラシーと情報リテラシーの概念を統合することは重要で，すべての市民が 21 世紀を生き抜くための批判的思考能力を提供する力であるとしている[5]。また 2000 年に，国際技術教育学会によって提示された「技術リテラシーのスタンダード」も，個々の市民が技術の開発と利用について責任のある，知識に基づいた決定を

することが重要なので，技術リテラシーを教育に取り入れる必要があるとしており，基本的な考え方は共通している。いずれも，人が社会の中で他者とコミュニケーションを取りながら，社会の一員としてよりよい生活を送るために欠かせない力なのである。

2. 学校教育に求められる能力の変容

　上記のように，アメリカ図書館協会の定義した情報リテラシーは，課題解決のための一連の学習の流れを包含したものであり，日本では同じ用語は使われていないものの，この情報リテラシーにあたる能力の育成が求められているが，その具体的な内容は次第に変容してきている。

　2017 年に告示された学習指導要領（小学校）においても，学習プロセスを学び，生涯学習者になることが重要視されており，それは中央教育審議会の答申においても以下のように明記されている。

　　　次期学習指導要領が目指すのは，学習の内容と方法の両方を重視し，子供たちの学びの過程を質的に高めていくことである。単元や題材のまとまりの中で，子供たちが「何ができるようになるか」を明確にしながら，「何を学ぶか」という学習内容と，「どのように学ぶか」という学びの過程を，前項（2）において述べた「カリキュラム・マネジメント」を通じて組み立てていくことが重要になる[6]。

　この背景にあるのは，21 世紀を知識基盤社会と捉え，人工知能と共生する社会の到来を予測し，その際人間はどのような能力を身につけておくべきかが論じられている現状である。その中で，経済協力開発機構（OECD）におけるキー・コンピテンシーの議論やシスコシステムズ，インテル，マイクロソフトをスポンサーとして始まった「21 世紀型スキルの学びと評価プロジェクト」（Assessment and Teaching of Twenty-First Century Skills Project（ATC21S））

が提唱した 21 世紀型スキルとしての KSAVE（Knowledge, Skills, Attitudes, Values and Ethics）モデルが今回の学習指導要領の改訂にも影響を与えている。また，国際教育到達度評価学会（IEA）が実施する国際数学・理科教育動向調査（TIMSS）や OECD が実施する生徒の学習到達度調査（PISA）が求める学力の影響も見られる。

　文部科学省は，OECD が 1997 年にスタートし，2003 年に最終報告を出し，PISA 調査の概念的な枠組みの基本となっているプログラム「コンピテンシーの定義と選択」（DeSeCo）について次のように説明している[7]。

　「コンピテンシー（能力）」とは，単なる知識や技能だけではなく，技能や態度を含むさまざまな心理的・社会的なリソースを活用して，特定の文脈の中で複雑な要求（課題）に対応することができる力である。「キー・コンピテンシー」とは，日常生活のあらゆる場面で必要なコンピテンシーをすべて列挙するのではなく，コンピテンシーの中で，特に，1.　人生の成功や社会の発展にとって有益，2.　さまざまな文脈の中でも重要な要求（課題）に対応するために必要，3.　特定の専門家ではなくすべての個人にとって重要，といった性質をもつとして選択されたものであり，個人の能力開発に十分な投資を行うことが社会経済の持続可能な発展と世界的な生活水準の向上にとって唯一の戦略である。また，それは以下の 3 つのカテゴリーに分けられる。

　1.　社会・文化的，技術的ツールを相互作用的に活用する能力（個人と社会との相互関係）
　2.　多様な社会グループにおける人間関係形成能力（自己と他者との相互関係）
　3.　自律的に行動する能力（個人の自律性と主体性）

　さらに，この 3 つのキー・コンピテンシーの枠組みの中心にあるのは，個人が深く考え，行動することの必要性であり，深く考えることには，目前の状況に対して特定の定式や方法を反復継続的に当てはめることができる力だけではなく，変化に対応する力，経験から学ぶ力，批判的な立場で考え，行動する力が含まれる。その背景には，「変化」，「複雑性」，「相互依存」に特

徴づけられる世界への対応の必要性があるとしている。文部科学省では以上の能力の育成を視野に入れて，学習指導要領の改訂に取り組んだということになる。

　また，21 世紀型スキルとして提唱された KSAVE モデルは以下の 4 領域によって成り立っている[8),9)]。

1. 思考の方法
   （創造性とイノベーション，批判的思考，問題解決，意思決定，学びの学習，メタ認知）
2. 働く方法
   （コミュニケーション，コラボレーション（チームワーク））
3. 働くためのツール
   （情報リテラシー，ICT リテラシー）
4. 世界の中で生きる
   （シチズンシップ，人生とキャリア発達，異文化理解と異文化適応能力を含む個人の責任と社会的責任）

　これらの力が，学習指導要領に大きく影響したことは，「次期学習指導要領等に向けたこれまでの審議のまとめ」から読み取れる。ここでは，議論のうえで参考になるのは，国内外における，教育学だけではなく，人間の発達や認知に関する科学なども含めた幅広い学術研究の成果や教育実践などを踏まえた資質・能力についての議論の蓄積であるとして，上記の文書では次の注をつけている[10)]。

　　学習指導要領に対する資質・能力の在り方については，OECD におけるキーコンピテンシーの議論や，問題発見・解決能力，21 世紀型スキルなど，これまでも多くの提言が国内外でなされてきた。これらは全て，社会において自立的に生きるために必要とされる力とは何かを具体的に特定し，学校教育の成果をそうした力の育成につなげていこうとする試みである。文部科学省においても「育成すべき資質・能力を踏まえた教

育目標・内容と評価の在り方に関する検討会」を設置して検討を重ね，その成果は平成 26 年 3 月に論点整理としてとりまとめられた。そこでは，教育の目標や内容の在り方について，①問題解決能力や論理的思考力，メタ認知など，教科等を横断して育成されるもの，②各教科等で育成されるもの（教科等ならではの見方・考え方など教科等の本質に関わるものや，教科等固有の個別の知識やスキルに関するもの）といった視点で，相互に関連付けながら位置付けなおしたり明確にしたりすることが提言された。

　この動向は，児童生徒の学習に，社会で役立つ力を身につけることが明確に求められるようになったことを示しており，情報リテラシーがこれに内包されるようになってきたと捉えることができるだろう。社会の中で，主体的に「問い」をもち，多様なものの見方や考え方を受容する素地をつくり，常に変化する社会への適応能力も求められており，多様な資料を提供できる学校図書館は，重要な役割を果たしうる可能性をもっている。

3. カリキュラムにおける探究的な学習

3.1　学習指導要領に見る探究的な学習の概念

　このような課題解決型の探究的な学習の必要性は，以前から言われてきていたが，上記の小学校の学習指導要領に加え，高等学校の学習指導要領においても探究的な学習はクローズアップされることになった。2018 年には，高等学校において「総合的な学習の時間」に代わる「総合的な探究の時間」が設置されることになった。この「総合的な探究の時間」は，小学校・中学校で引き続き実施される「総合的な学習の時間」を引き継ぎ，それを卒業後の自分の生き方につなげていく役割があると位置づけられている。

　この科目における生徒の探究活動については，次のように説明されている[11]。

生徒は，①日常生活や社会に 目を向けた時に湧き上がってくる疑問や
関心に基づいて，自ら課題を見付け，②そこにある具体的な問題につい
て情報を収集し，③その情報を整理・分析したり，知識や技能に結び付
けたり，考えを出し合ったりしながら問題の解決に取り組み，④明らか
になった考えや意見などをまとめ・表現し，そこからまた新たな課題を
見付け，更なる問題の解決を始めるといった学習活動を発展的に繰り返
していく。要するに探究とは，物事の本質を自己との関わりで探り見極
めようとする一連の知的営みのことである。

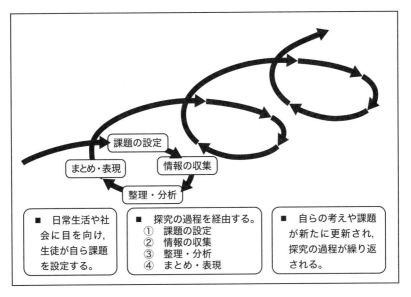

図 1　探究的な学習における生徒の学習の姿
（出典：文部科学省「高等学校学習指導要領解説　総合的な探究の時間編」2018, p.12）

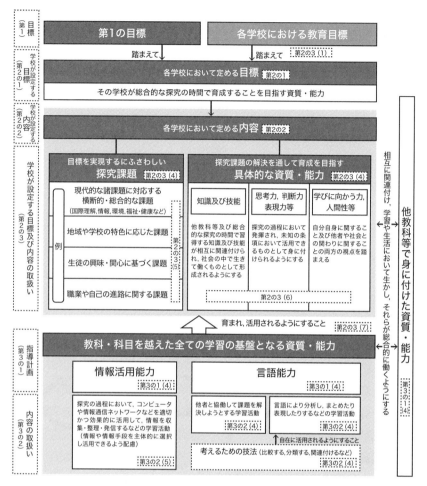

図2　総合的な探究の時間の時間の構造イメージ
（出典：文部科学省「高等学校学習指導要領解説　総合的な探究の時間編」2018，p.21）

　中学校までの「総合的な学習の時間」との対比において，生徒が展開する探究の過程をより高度化することを目指しており，指導要領の解説では，以下のように説明されている。高度化することは，①探究において目的と解決の方法に矛盾がない（整合性），②探究において適切に資質・能力を活用している（効果性），③焦点化し深く掘り下げて探究している（鋭角性），④幅広い可能性を視野に入れながら探究している（広角性）などの姿で捉えることができることだとしている。また，探究が自律的なものとなるとは，①自分にとってかかわりが深い課題になる（自己課題），②探究の過程を見通しつつ，自分の力で進められる（運用），③得られた知見を生かして 社会に参画しようとする（社会参画）などの姿で捉えることができる[12]。

　さらに，総合的な探究の時間の構造イメージは，図2のように示されている。

3.2　学習指導要領と ISP モデル

　この流れや内容は，クルトー（Kuhlthau, Carol）が提示している Information Search Process（ISP）[13]に大変よく似ており，クルトーは ISP について，多様な図書館利用者の利用行動の分析がもとになっていると述べていることから，日本の高等学校における新教科「総合的な探究の時間」と図書館にも密接な関連を見出すことができる。

　クルトーは ISP モデルにおいて，そのプロセスには6段階あり，また，感情面，思考面，行動面の3点から捉えることができるとしている。図1，図2を見るとプロセスに関してはその類似点が見て取れる。

プロセス

学習指導要領	①課題の設定　②情報の収集　③整理・分析　④まとめ・表現
ISP モデル	① Initiation　② Selection　③ Exploration　④ Formulation ⑤ Collection　⑥ Presentation　⑦ Assessment

表1　学習指導要領の探究プロセスとISPモデル

学習指導要領	ISPモデル
①課題の設定	① Initiation ② Selection
②情報の収集	③ Exploration
③整理・分析	④ Formulation ⑤ Collection
④まとめ・表現	⑥ Presentation ⑦ Assessment

プロセスを捉える側面

　学習指導要領　①知識及び技能　②思考力，判断力，表現力等
　　　　　　　　③学びに向かう力，人間性等
　ISPモデル　　①感情面　②思考面　③行動面

　学習指導要領に示された探究の過程は，ISPモデルに沿っているが，あまり詳しく書かれていないこともあってか，プロセスの分け方は4段階である。それに対し，ISPモデルが7段階に分かれているのには，このプロセスを学習者の感情面や思考面，行動面に分けた側面から捉えているためと考えられる。ISPモデルの①，②はいずれも課題の設定の段階だが，①では学習者の中でぼんやりとした「問い」が浮かんでいる段階，②は探究に向けてその「問い」が明確な課題となった段階を示している。ISPモデルの④について，クルトーは重要なターニングポイントとなる段階だと述べており，学習者が自らの課題や仮説に合わせて情報を評価することを含んでおり，⑤は情報が課題に即して整理した段階を示している。漠然とした問いや情報が明確化されていく段階を重視しているからこそ，別の段階として表示しているということだろう。また⑦を重視することで，次の探究活動に際し，プロセスの方法論を踏まえた学習活動の取り組みが可能となる。

　さらに，学習指導要領の解説では，環境整備にあたって，学習空間の確保

や情報環境が不十分であることを指摘し，学術情報等のデータベースへのアクセスや公共図書館との連携などの重要性を示すとともに，参考図書の活用の支援や情報提供の役割が明示されている。さらに，生徒への利用教育の必要性や読書指導との連携についても言及されている。

4. 探究学習における学校図書館の活用事例

4.1　探究学習の事例

　現在，探究学習における学校図書館の活用はまだ事例が少ない。ここでは，探究科をもつ高等学校の事例を取り上げる。

　京都市立堀川高等学校では，高等学校 1 年から，課題解決の方法や論文の書き方などの指導に力を入れている。その中心を担うのは研究部であり，学校図書館はこの研究部に属している。

　入学時には多くの生徒が OPAC の使い方も知らないことが多く，教員が授業で指導をする。1 年生の後期から，探究活動の指導が始まり，2 年生の前期には文系と理系のゼミに分かれて具体的な探究活動を行い，2 年生の後期に探究活動の成果を発表するという流れになっている。探究活動にあたって，教員がゼミごとに指導にあたるが，その際，学校図書館資料等の情報資源の利用が必要であり，学校司書の支援による学校図書館資料の構築が重要な役割を果たす。また，教員による指導に加えて，京都市内の大学院生の協力も得ており，人的資源の活用も充実している。これらの果たす幅広い物理的・人的資源の存在は，各自の「問い」をもつことをはじめとして，探究活動全体に有用であると言えるだろう。ゼミは生徒の希望を聞いて分属を決めるため，固定ではなく，たとえばある年の文系ゼミには「言語・文学ゼミ」，「国際文化ゼミ」，「スポーツ・生活科学ゼミ」，「人文科学ゼミ」，「社会科学ゼミ」，「人文社会ゼミ」があり，理系ゼミには「生物学ゼミ」，「化学ゼミ」，「生物学・化学ゼミ」，「物理・地学ゼミ」，「物理ゼミ」，「地学ゼミ」，「数学ゼミ」，「情報科学ゼミ」，「数学・情報ゼミ」が存在した。「物理・地学ゼミ」

に加え，「物理ゼミ」，「地学ゼミ」が別にあるのは一見不可思議であるが，あらかじめ分類したゼミに生徒を振り分けるのではなく，生徒の具体的な希望を聞いてから，それをカテゴリー化し，一教員が一ゼミを担当するため，あまり整理されていないゼミ名になっているが，それは生徒がそれぞれもつ「問い」を尊重している結果だといえるだろう。生徒たちは，自分の希望するゼミに所属し，各自の問題意識に合わせた論文を執筆する。テーマは多岐にわたり，たとえば以下のタイトルがある。

論文タイトルの事例
　物理ゼミ
　　　結露を防ぐためには―断熱材と熱伝導係数を用いて―
　　　きれいに割り箸を割る方法
　　　ロボットを用いたアトリウム上部窓の清掃の低コスト化
　　　最も遠くへ飛ぶペットボトルロケットの羽根の素材とは
　　　時間を測定できるおもちゃの製作―木のおもちゃ「歩くハリネズミ」を
　　　　利用して―

　地学ゼミ
　　　隕石の衝突エネルギーと入射角の関係
　　　宇宙デブリを省エネルギーで減らすには
　　　火星に食塩水は存在できるのか
　　　京都市における地震波の増幅の仕組み
　　　ケルビン・ヘルムホルツ不安定性（K-H 不安定性）による波雲の発生
　　　　条件

　　上記のタイトル例を見ると，身近なものから宇宙を扱ったものまで，また理論的なものから実践的なものまで，テーマが多岐にわたっていることが見てとれる。学習活動の指導は教員が行うが，その学習活動の場としては学校

図書館が主として利用される。学校図書館には資料がそろえられているだけではなく，ノートパソコンなどの情報機器も整備され，一人で調べ物をしたり，読書をしたりする静寂なスペースと，グループ学習をしたり，議論したりできるスペースに分けられるようにもなっている。また，学校司書が常駐し，情報探索を支援したり，生徒や教員のニーズに沿って資料の充実をはかったりしている。

4.2　探究的な学習実施のためのテキスト事例

　京都市立堀川高校では，その指導のために，独自にテキスト『未知の探究－探究活動の歩き方』[14]を発行しており，その内容は以下のとおりである。

未知の探究―探究活動の歩き方―　目次
すべては君の「知りたい」からはじまる
巻頭言
第 1 章　探究活動の心得
　1. 対話
　2. ふりかえり
　3. 探究五箇条
　4. 3 つのキーワード
第 2 章　課題研究の心得
　1. 課題解決の「型」
　2. 論証の「型」
　3. 研究計画のすすめ
第 3 章　課題設定の心得
　1. 問題発見
　2. 課題設定
第 4 章　情報収集の心得
　1. 情報収集の作法
　2. 情報の信憑性
　　　《付録》情報収集の広場
　　　　1. 堀川高校図書館を利用しよう

　　2.　図書資料を手に入れよう　①分類番号編　②検索エンジン活用編

　　3.　公共図書館（京都府内）の所蔵状況を調べよう

　　4.　Cinii で論文を手に入れよう

第 5 章　情報利用の心得

　1.　先行研究の利用─「巨人の肩に乗る」

　2.　不正利用の禁止─剽窃・改ざん・ねつ造の危険

　3.　引用・参考の作法

　4.　3 つの「仕掛け」

第 6 章　発表の心得

　1.　発表の作法

　2.　ポスター作成の作法

　3.　質問の作法

　4.　予稿のすすめ

　　　《付録》発表の広場

　　　　発表者のみなさんへ／見学者のみなさんへ

第 7 章　論文の心得

　1.　論文の基礎

　2.　序論の作法

　3.　本論の作法

　4.　結論の作法

　5.　表記ルール

　　　《付録》論文の広場

　　　　探究論文チェックリスト

参考資料

　【1】堀川高校版　論文の形式

　【2】論文例「ハブ空港に羽田は最適か」

　参考文献　学びを深めるための読書案内

あとがき

　ここで注目したいのは，課題発見や計画立案，情報の評価，そしてふりか
えりに力を入れていること，探究学習を実施する際の「型」を示すことで，
プロセスを身につけられるようにしていることである。また，探究学習にお
ける方法論だけではなく理論面についても生徒に丁寧に説明しているところ
にも，その特徴がある。

　課題発見にあたっての「問い」の答えを探す際の考え方の基本として，
「メタ認知」（Metacognition），「クリティカルシンキング」（Critical Thinking），
「心の理論」（Theory of Mind）という 3 つのキーワードをあげている。「メタ
認知」では，自分の知識や活動を客観視することの重要性とそれによってふ
りかえりができるようになることに言及している。「クリティカルシンキン
グ」では，疑えばよいのではなく，「ウソだ」と主張している自分にメタ認
知を働かせることだと説明している。「心の理論」については，他者の置か
れている状況や態度（外から見てわかること）から，その他者の認識の状態
や心理的な事象（外から見てもわからないこと）を推測する心の機能のこと
であると説明し，発信者と受信者の双方が「心の理論」を適切に働かせるコ
ミュニケーションの重要性を提示している。

表2　プロセスモデルの比較

学習指導要領	ISP モデル	堀川高校のプロセスモデル
①課題の設定	① Initiation	問題発見
	② Selection	①課題設定
		②仮説の設定
		③課題解決の計画立案
②情報の収集	③ Exploration	④情報収集・仮説の検証
③整理・分析	④ Formulation	
	⑤ Collection	⑤結果の考察・仮説の評価
④まとめ・表現	⑥ Presentation	
	⑦ Assessment	⑥今後の課題

　計画立案にあたっては，研究計画書の書き方を示すだけではなく，計画を実行するにあたっての「型」を提示している。課題解決の「型」と論証の「型」である。課題解決の「型」では，仮説やアウトラインの意義を説明したうえで課題解決のプロセスが示されている。このプロセスは「問題発見→①課題設定（課題の具体化）→②仮説の設定→③課題解決の計画立案→④情報収集・仮説の検証→⑤結果の考察・仮説の評価→⑥今後の課題」という流れで示されている。学習指導要領に示されたプロセスよりも ISP モデルにより近い形になっている。さらに，課題設定のプロセスについて，より細かな段階を設定しており，最後にはふりかえりの段階として⑥の今後の課題を加えている。テキストではプレゼンテーションについて詳しく述べられているが，他のモデルと違い，プレゼンテーションの段階がプロセスでは表記されていない。

　論証の「型」については論理的であることを重要視し，そのために以下の3つの条件を示している。

◇論理的に「答え」を導き出すための条件

　1.「論証の筋道」が無理なく通っている。

　2.「根拠」が事実にもとづいている。

　3. 誤解を招くような「隠れた前提」が含まれていない。

　そのうえで，①演繹法（deduction），②帰納法（induction），③アブダクション（abduction）の3つの具体的な方法論を紹介している。

　情報の評価については，情報の信憑性を判断することの重要性を示しているほか，自分がデータを発信する際にも印象操作をすることのないようデータ分析における注意点を示している。

　ふりかえりは学習指導において常に重視されてきたポイントであるが，このテキストでは，最後に活動の振り返りをするのではなく，プロセスごとにふりかえりをするように構成されているところが特徴的である。たとえば，課題設定の章ではふりかえりとして以下の2点が問題設定されている。

　①質問リストによる「問い」の具体化により，元の疑問文はどのように変

化しただろうか。元の疑問文と見比べ，変化した点をあげてみよう。
②「問い」を具体化する質問リストは，課題設定以外の場面でどのように
　活用できるだろうか。

プロセスごとのふりかえりは，探究行動における失敗を防ぐために有効な
方法であるが，このテキストにおける特徴は，各プロセスにおけるふりかえ
りを具体的な問題の形式で提示し，初めて探究学習をする生徒にとっても具
体的に何をすればよいかがわかりやすくしてあることである。

本稿では，特徴のみについて述べたが，テキスト全体の構成は，その理念
から具体的な図書館の利用方法に至るまで順を追って示してあり，初心者に
とってかなり使いやすいテキストに仕上がっているといえるだろう。

5. おわりに　情報拠点としての学校図書館の役割

本稿では，社会のニーズによって学校教育で育成することを求められる力
が変容し，それが2017 〜 2018 年に公示された学習指導要領に影響を与え，
探究学習の重要性が増したことについて述べてきた。「総合的な探究の時間」
が創設されたものの，探究学習をこれから始める学校がほとんどであろうと
思われる中で，すでに探究学習についての経験を積んでいる高等学校の事例
を紹介した。この事例の特徴は，ほぼすべての教員が，探究活動の指導を実
施でき，学校図書館はそのサポートに入っていることである。情報リテラ
シー教育も，司書教諭や学校司書だけが担うのではなく，ほぼすべての教員
が担っているそうである。大半の教員が探究活動のベテランであるような指
導方法は，多くの学校ではすぐには実現できないかもしれないが，今回の学
習指導要領改訂によって探究活動が定着すれば，すべての教員が探究活動の
指導ができるようになる可能性は大いに考えられる。

では，このような探究的な学習に学校図書館はどのような役割を果たすこ
とができるのか。重要なことは，学校図書館は単独でその役割を果たすので
はなく，学校教育の一機関として，他の部署，特に教学と連携して，はじめ

てその力を発揮することができるということである。同時に，探究活動の指導の主体が教員であるとすれば，学校図書館の専門職に求められる専門性は何であるか，という課題が生じる。学校教育において，すべての教員が探究活動の指導をできるようになることは理想的であるが，その場合，学校図書館専門職にはどのような専門性が必要とされるであろうか。資料を充実させるのも，情報探索の支援をするのも，学校図書館の大切な役割であるが，そこにどの程度の専門性が求められるのか，という点が現状では明らかではない。多様な学習ニーズに応えるためには，図書，参考図書，雑誌・新聞，視聴覚資料，オンライン資料など，幅広いコレクション構築が必要であり，学校図書館は，他部署と連携しながら，その充実を果たすことで，常に典拠の求められる探究学習を支援することができる。それを，選書，資料組織，提供という一連の体系性をもたせながら，情報サービスにつなげていくことは，学校図書館が探究学習において不可欠な存在となることにほかならない。情報リテラシー教育を担うというのも従来の考え方の一つであったが，探究学習が進めば，その基礎的な教育はカリキュラムの中によりいっそう組み込まれていくことになるであろう。そうなれば，情報リテラシー教育の中心は教員となる。

　この変化の中で，いっそう求められるであろう役割は情報サービスであると考えられる。京都市立堀川高校の探究科の事例でも述べたように，探究活動をするにあたって生徒個人の「問い」は重要であり，そこから導き出される探究活動のテーマは千差万別になっていく可能性があるからである。そこには，多様なニーズに応えるための資料を充実させるコレクション構築や生徒や教員の具体的な情報要求に応えるレファレンスサービスが含まれるだろう。カリキュラムと連携しての情報サービスであるから，公共図書館のレファレンスサービスとは違う形で発展していく可能性もあるが，まずは，学校図書館専門職が求められる情報サービスを提供できる専門性を持つことは重要である。読書センターとしての役割が中心であることの多かった学校図書館が，本来不可分であるはずの読書と学習，情報利用を結びつけてサービ

スし，また，教員にとっての教材センターとしての役割を果たすことによっ
て，探究学習に役立つ機関となるであろう。

注・参考文献

1）　山内祐平『デジタル社会のリテラシー』岩波書店，2003，p.40.

2）　Ontario Ministry of Education. *The Ontario Curriculum, Grades1–8, Language (Revised)*. 2006

3）　このカリキュラムでは，メディア・リテラシーはそれぞれのメディアを批判的に読み解く
能力として，情報リテラシーは総合的に情報を活用する力として，表記している。

4）　ACRL. *Presidential Committee on Information Literacy: Final Report*. January 10, 1989, in Wash-
ington, D.C.

5）　UNESCO. *Media and Information Literacy: Policy and Strategy Guidelines*. 2014.
http://www.unesco.org/new/en/communication-and-information/resources/publications-and-
communication-materials/publications/full-list/media-and-information-literacy-policy-and-
strategy-guidelines/（参照 2018-12-25）

6）　中央教育審議会「幼稚園，小学校，中学校，高等学校及び特別支援学校の学習指導要領等
の改善及び必要な方策等について（答申）」2016 年 12 月 21 日，p.29.
引用部分における前項（2）とは，「（2）　教育課程を軸に学校教育の改善・充実の好循環を
生み出す『カリキュラム・マネジメント』の実現」を指し，今回の学習指導要領における重
要ポイントの一つにあげられている。

7）　中央教育審議会「OECD における『キー・コンピテンシー』について」
http://www.mext.go.jp/b_menu/shingi/chukyo/chukyo3/004/siryo/attach/1399302.htm（参照 2019-01-
15）

8）　Apple Inc. https://www.apple.com/education/docs/Apple-P21Framework.pdf（参照 2018-11-25）

9）　山内祐平「変化する社会における 教育目標と 21 世紀型スキル」
http://www.soumu.go.jp/main_content/000542079.pdf（参照 2019-01-25）

10）　中央教育審議会「次期学習指導要領等に向けたこれまでの審議のまとめ」2016，p.12
http://www.mext.go.jp/component/b_menu/shingi/toushin/__icsFiles/afieldfile/2016/09/09/
1377021_1_1_11_1.pdf（参照 2018-11-25）
中央教育審議会「次期学習指導要領等に向けたこれまでの審議のまとめ　補足資料」2016.
http://www.mext.go.jp/component/b_menu/shingi/toushin/__icsFiles/afieldfile/2016/09/09/
1377021_4_1.pdf（参照 2018-11-25）

11）　文部科学省「高等学校学習指導要領解説　総合的な探究の時間編」2018，p.12
http://www.mext.go.jp/component/a_menu/education/micro_detail/__icsFiles/afieldfile/2019/03/
28/1407196_21_1_1_1.pdf（参照 2019-01-15）

12）　文部科学省「高等学校学習指導要領解説　総合的な探究の時間編」2018，p.25.

http://www.mext.go.jp/component/a_menu/education/micro_detail/__icsFiles/afieldfile/2019/03/
28/1407196_21_1_1_1.pdf（参照 2018-12-22）

13）Kuhlthau, Carol. *Information Search Process. Rutgers*, 2018.
http://wp.comminfo.rutgers.edu/ckuhlthau/information-search-process/（参照 2018-11-25）

14）京都市立堀川高等学校『未知の探究：探究活動の歩き方』2018.

あとがき

　インターネット環境により利用者自身の資料による探索と入手，すなわちセルフサーチが条件付きながら可能となった今，レファレンスサービスの役割は変容または低下しつつあるとの見方がある。条件付きといったのは，利用者自身によるセルフサーチのスキルと検索可能な情報源の範囲が未だ限定的だからである。なぜなら，ウェブサイトの検索は特定のキーワードによる検索のみで可能だが，図書や雑誌記事等の図書館が扱う資料の検索は，そうした単純な検索では求める資料の同定と入手は不可能だからである。件名と自由語の使い分け，著者による検索，出版年による検索範囲の制限など，多様な検索方法を駆使することが，図書や雑誌記事の検索には必要なスキルである。こうしたスキルをあらかじめ備えている利用者は少ないであろう。一方，サーチエンジンで検索可能な情報源は表層ウェブといわれるウェブページのレベルに限られており，図書や雑誌記事のレベルの情報源の多くは深層ウェブのレベルにあるか，そもそもインターネット上で検索利用可能な情報源とはなっていないものである。これまで紙メディアで発行されてきた図書や雑誌記事がインターネットで利用可能な全文データベース化されるには多くの時間を要するであろうし，将来にわたって書誌情報のみの電子化にとどまる図書や雑誌記事が存在することは否定できない。

　利用者自身によるセルフサーチの範囲の拡大に伴い，相対的に図書館員の人的支援の範囲は縮小することは確実とはいえ，上述のとおり，インターネット環境に全面的に依存したなかで限られた検索スキルしかもたない利用者によるセルフサーチの限界は，今後とも，図書館員の人的支援が依然として必要であることを示唆するものである。

　現在，私は，在外研究でカリフォルニア大学バークレー校に滞在している。カリフォルニア大学バークレー校の図書館の閲覧室を利用する学生は，

ほぼ例外なくラップトップ型 PC に向かっており，紙メディアの図書や雑誌を参照利用している学生の姿はごく少数である。確かに雑誌論文については電子資料での利用範囲が広がってはいるものの，学習や研究に必要な図書の多くは依然として紙メディアであることを踏まえるならば，学生の学習や研究におけるメディア利用行動にはいささか疑問をいだかざるを得ないのは私だけであろうか。

　サーチエンジンを利用したセルフサーチのもう一つの限界は，あらかじめ求める資料を一つないし二つ程度のキーワードで表現しなければならないという前提から生じる。キーワードを思いつき，設定できなければ，サーチエンジンによる検索はできない。それゆえ，キーワードの設定を前提としない探索は，インターネット環境における情報資料探索行動を考えるとき，重要なポイントになる。レファレンスサービスのなかの間接サービスによるレファレンスコレクションの形成は，キーワードをもたない利用者であっても，資料との接触をとおして新たな資料を発見する機会を提供するものとして，その意義が強調されなければならない。

　米国の大学生の情報源選択行動に関する調査を見ても，インターネットが知的空間の中心であり，学習・研究のための情報源の選択選好においてさえも，授業での指定図書に続いて，第 2 位にサーチエンジンがあげられている[1]。情報源として過度にインターネットに依存している状況は大学生に限らず広く一般にみられる傾向でもある。今や社会において，インターネット空間にない知識はもはや利用対象とはならないという認識すら生じている。こうした認識は，人類がこれまで蓄積してきた膨大な知的資源，知的世界の多くを放棄し，無視することを意味し，今後の知的文化の進展に大いなる弊害をもたらすことになろう。

　英国の随筆家ロバート・リンド（Lynd, Robert）は「無知の喜び（"The pleasure of ignorance"）」と題する随筆の中で次のように述べている。

　　　人間に知られている最大の愉しみの一つは，知識を求めて無知の中へと

飛翔することである。無知の大いなる喜びとは，つまるところ，質問を
することの喜びである[2]。

　リンドは，無知であるがゆえに知の発見への喜びが生まれるのであり，知
識の探索を通じて無知の世界を知の世界へと転換することが人間にとって最
大の愉しみだと指摘しているのである。図書館にある膨大な資料を目にする
とき，われわれはいかに自分が無知であるかを強く実感する。図書館は人間
に無知の広大な大陸を認識させる場である。そして，リンドが指摘するよう
に，無知を知った人間の喜びとは，無知を解消するために質問をする喜びで
あるとするならば，図書館のレファレンスサービスはまさに無知の喜びに直
接，貢献するサービスといえよう。

　さて，本書は，2018年3月に逝去された長澤雅男先生への学恩に報いる
ために開催された「長澤雅男先生感謝の会」を受けて企画立案されたもので
ある。本書の各章の執筆者は，感謝の会の出席者に本書の企画を提示して応
募してくださった方々を中心に，編集担当者から執筆を依頼し受諾していた
だいた方々からなる。レファレンスサービスをめぐって多様な視点から考察
された論考が収められている。

　今回の本書の刊行を期に私のほぼ30年にわたるレファレンスサービスの
研究を振り返るとき，私の研究の原点がすべて長澤雅男先生の研究に依拠し
ていることを改めて認識している。長澤先生の著作物は多岐にわたるが，そ
の多くはきわめて実践的な内容を扱っており，現場のレファレンスサービス
の実務における必携の書となっているが，その内容をつぶさに見ていくと
き，精密な理論がそこに提示されていることがわかる。R.S. テイラー（Taylor,
R.S.）の情報ニーズのレベルに関する理論やレファレンスインタビューにお
ける5つのフィルター[3]など，きわめて理論的色彩のつよい内容が実践的な
記述とととともに示されているのである[4]。また，レファレンスブックに関す
る一連の著作[5]においても，G. ジャホダ（Jahoda, G.）と J.S. ブロウナゲル
（Braunagel, J.S.）によるレファレンスブックの類型化[6]と類似の理論的枠組み

をもとに，各種のレファレンスブックが体系化されていることがわかる。改めて，長澤先生の優れた見識と理論を重視した学問に感嘆するばかりである。

　お忙しい中，本書の執筆をお引き受けいただき，限られた期間にもかかわらず，玉稿をご提出いただいた方々に心より，お礼申し上げる。

　最後に，出版事情が厳しい昨今，レファレンスサービスに関する理論志向の強い本書の刊行をお引き受けいただいた日本図書館協会および私たちの活動を辛抱強く支えてくださった事務局の内池有里さんに深く感謝申し上げる。

　2020 年 1 月

齋藤泰則

引用文献

1）　Head, Alison J.; and Eisenberg, Michael B. *Truth be told: how college students evaluate and use information in the digital age: Project information literacy progress report, Nov.1, 2010.* The Information School, University of Washington, 72p.

2）　Lynd, Robert. *The Pleasure of ignorance.* 1st World Library, 2005, p.10.

3）　Taylor, R.S. "Question-negotiation and information seeking in libraries," *College and Research Libraries*, vol.29, no.3, 1968, p.178-194.

4）　長澤雅男『レファレンスサービス：図書館における情報サービス』丸善，1995，245p.

5）　Jahoda, Gerald; and Braunagel, Judith Schiek. *The Librarian and reference queries: a systematic approach.* Academic Press, 1980, 175p.

6）　長澤雅男『情報と文献の探索：参考図書の解題』丸善，1982，385p.

索引

※　→　を見よ参照　　→：　をも見よ参照

●英数字

Amazon　64, 99, 141, 143, 171

BOOK　270-271, 262

Bookplus　140-141

Books　140

CD-ROM　137, 186-187

CiNii　65, 142-143, 154-155, 185. 210, 326

CTS　187

DOI　92, 153

DVD-ROM　137, 202, 209-211

e-デポ　150, 154

EPWING　187, 189, 195, 205

FRAD　110

FRBR　88, 109

FRBRoo　128

FRSAD　110, 119

HITS　39

HTML　36, 91

HTTP　37

Google　iii, 39, 59, 99, 91, 145, 159-160, 171

Google Books　64, 99-100, 145-148, 157, 159

IFLA LRM　88, 97-98, 106, 108, 110-131, 156

Internet Archive　95, 171-172

IREX　53

ISBN　92, 139, 141,143, 153, 159

ISP モデル　321, 328

ISSN　92, 153, 159

J-STAGE　154-155

JPO　139

JST　→科学技術振興機構

KSAVE モデル　316-317

Linked Data　109, 126, 130

LOD　91, 97-98

LOEX　290

MinerVA　54

n-gram　34

NDL　→国立国会図書館

NDL-Bib　136-137, 142

NDL サーチ　65, 137

NII　→国立情報学研究所

NTCIR　52, 54, 59

OECD　315-317

ONESWING　205

OPAC →蔵書目録

PageRank　→ページランク

Paradigm プロジェクト　165

PDA　201

Pepper　50

Q&A サイト　67-68, 86

QuestionPoint　44, 50, 67

Quora　67

RDF　91, 126

Res（IFLA LRM）　123-124

RFID　49, 68

RUSA　107

『R 本』　282

SNS　60, 86, 98-99, 260
　　→：ソーシャルメディア

TF・IDF　35

TPP11　144

TREC　52

Twitter　60, 165, 172–174

UBC　159

URI　91, 95

URL　36–37, 40, 95

VIAF　92

WARP　95, 149–151, 155

Watson　51, 67

Wayback Machine　95

Web of Science　93

Web 本の雑誌　259, 269–272, 280

Wikipedia　51, 60, 86, 99–100, 205, 209

WISDOM X　54

WorldCat　109

Yahoo!　38

Yahoo! 知恵袋　67

●五十音順

【あ行】

青空文庫　64

アカデミックディスコース　79–80

『アクセス』　140

アメリカ図書館協会　iii, 178, 314

　カレッジ・研究図書館協会　302

　カレッジ・研究図書館協会インストラク
　　ション部会　293–308

　カレッジ・研究図書館協会ビブリオグラ
　　フィックインストラクション部会
　　291–293

　レファレンス利用者サービス部会　107,
　250

アンカーテキスト　39–40

石川県立図書館　45

今澤慈海　iv

意味の三角形　76

医療相談　58, 66, 233–238

いわた書店「一万円選書」　277–278

岩波書店　184–186, 194–197

インストラクションライブラリアン
　→教育担当図書館員

「インストラクションライブラリアンとコー
　ディネーターのための技能基準」　292,
　303–306

インターネット　iii, vi, 30–31, 46, 50, 89, 93–
　95, 97–100, 134, 139, 145, 149– 155, 176,
　210, 333–334
　→：ウェブ

引用　iii, 39, 72–73, 80, 87, 93–94, 97–99

引用索引　93–94

ウェブ　12, 30–32, 36–47, 50, 52, 56–57, 59–
　60, 64, 67, 75, 91, 95, 106–109, 114, 125–
　131, 140, 153–154, 163–164, 168– 169, 171–
　173, 176, 178, 260, 333

　深層　38, 333

　表層　38, 333

　→：インターネット

ウェブアーカイビング　92, 95, 97–98, 167,
　172–173, 176

浦安市立図書館　218–219

エキスパートシステム　52

大阪市立中央図書館　244

オグデン，C.K.　75

教えて goo　67

小田泰正　221

オトレ，ポール　159

オープンサイエンス　100

オープンデータ　45, 88, 138, 156
音声対話システム　50, 63
オンライン資料　149-154, 156, 159, 176, 330
オンラインデータベース　33
重みつき語集合　35

【か行】
外延的意味　76-78
開架　4, 16-22, 25-26, 73, 230, 232, 243-248
解説レファレンス　86, 89, 96-99
科学技術振興機構（JST）　154-155
学識　84
学習指導要領（2017）　315-322, 327-329
貸出サービス　230-232, 243-245, 258
課題解決の型　328
学校司書　323, 325, 329-330
学校図書館　11, 44, 63, 72, 278, 282, 284, 313-330
ガーフィールド, E.　93
カーリル　65, 142-143
間接サービス　2, 4-5, 14-15, 24-27, 50, 226-228, 273, 334
間接指示レファレンス　86, 97-98
関連　12, 33, 40, 73, 89, 91, 193, 224
　　→：適合度
関連（IFLA LRM）　81-82, 88, 110-112, 116, 119-124, 126, 129
　　拡張　35-36
　　分かち書き　33-34
機関リポジトリ　154-156, 158
記号学　74, 76
疑似適合フィードバック　36
技術リテラシー　315
北九州市立図書館　246

『逆引き広辞苑』　190, 196-198, 206
教育担当図書館員（インストラクション
　　ライブラリアン）　290, 296-308
　　情報リテラシーを統合するスキル　304
共引用　93-94
協同レファレンスサービス　50, 67
京都市立堀川高校　323-330
キーワード　31, 33-36, 39-40, 100, 141, 186, 188, 191, 194, 230, 247, 327, 333-334
クエリ　33-36, 40-42, 84
　　ログ　40-42
クラウドサービス　169, 171, 174, 177, 207, 209
クリエイティブコモンズ　45
クリティカルシンキング　327
クリプキ, S.　78
グリーン, サミュエル　iii
クーン, T.　78
形態素解析　34, 55-56, 88, 90
権威（オーソリティ）　8-9, 39, 80-81, 84-87, 96-97, 100-101
　　→：認識論的権威
『言海』　185
研究資料　80
健康医療情報サービス　122, 134
　　→：医療相談
言語学　74-76, 79-80, 83
言語トピックモデル　36
検索アルゴリズム　iii, 35, 39, 99-100
検索エンジン　→サーチエンジン
言説（ディスコース）　73, 77-87, 97
語　82, 97
『広辞苑』　184-211
　　第3版 CD-ROM版　186-189

第3版電子ブック版　189-190
第4版電子ブック版　190-191
第4版電子辞書　192
第4版 CD-ROM 版　192-197
第5版デジタル版　197-201
第6版デジタル版　201-206
第7版デジタル版　206-208
「高等教育のための情報リテラシーの能力
　基準」（ACRL）　302-303, 306
「高等教育のための情報リテラシーの枠組
　み」（ACRL）　306-307
「公立図書館におけるレファレンスサービス
　の実態に関する研究報告書」　264-265
国語辞書　184-185, 210
国際図書館連盟（IFLA）　106, 136, 159
　図書館参照モデル　→ IFLA LRM
国際博物館会議（ICOM）　128
『国史大辞典』　5-6
『国書総目録』　130
国文学研究資料館　142
国立近代美術館フィルムセンター　156
国立国会図書館　v, 44-46, 50, 57, 64, 91, 95,
　135-139, 142-143, 147-156, 267
　国際子ども図書館　271, 282
　サーチ（NDL サーチ）　137
　書誌提供サービス（NDL-Bib）　136
　蔵書　137
　調査及び立法考査局　274-275
　デジタルコレクション　46, 65, 138- 139,
　148-156
国立情報学研究所（NII）　54, 142, 154
心の理論　327
「こととい」　194-195
言葉　76

コトバンク　211
コーパス　31, 35, 52, 56, 59
固有名（詞）　22, 78, 79, 86, 92-93, 98, 184
『これから出る本』　139
これからの図書館在り方検討協力者会議
　218, 229
コンピテンシー　298, 302, 304, 315- 317

【さ行】
索引　vi, 2, 33-36, 38, 45, 56, 73, 82-83, 88-
　91, 93, 129, 136, 226, 240, 247, 268, 289
索引ファイル　34, 88-90
作品　70, 80-81, 87, 91, 117, 122, 165, 191, 240
　→：文学作品
サーチエンジン　iii, 3, 8, 27, 31-32, 37-42,
　56, 59, 91, 94, 97-98, 100, 107-109, 118,
　128-129, 169, 209, 265, 333
サブジェクトライブラリアン　67, 275
「参考事務規程」　60, 233-234, 267
『参考調査活動序講』（長澤雅男）　220, 233
『参考調査法』（長澤雅男）　221, 233
参考図書　iv, 59, 82, 221, 245, 268, 323, 330
　→：レファレンスブック
参照　2-10, 15-19, 24-28, 59, 72-75, 79-82,
　84, 86-89, 91-101, 124, 129, 141, 146, 163,
　165-166, 169, 179, 193, 200, 222, 334
恣意性　76-77, 101
自館作成資料　26
識別コード　92, 97-98
指示　13, 22, 41-42, 73, 73-82, 88-89
指示理論　84, 86-87
辞書　2, 8, 14, 34-35, 62-63, 82-83, 87, 140,
　184-211
自然言語処理　54, 90-91, 99

持続する〈学び〉　250-251

志智嘉九郎　iv-v

事典　8, 13-14, 59, 64, 82-83, 87, 97, 268

質問　→レファレンス質問

質問―回答サービス　2, 4, 19, 27, 50, 129, 226-227, 234-238, 248, 250

質問応答システム　50-64, 66-69

　回答　56, 59

　質問解析　55

　ノンファクトイド型　53-56

　ファクトイド型　53-56

　文書解析　56

児童サービス　257-258, 278-279, 284

『市民の図書館』　230, 243, 258

指名レファレンス　248-253

社会的認識論　87, 101

ジャパンサーチ　vi, 147

ジャパンナレッジ　211

集合演算モデル　32-33

集合化著作（IFLA LRM）　117

集合体現形（IFLA LRM）　116-117

集合知　86, 100

主題　vi, 2-10, 13-16, 22-24, 45, 59, 63, 73, 82, 86, 122-124, 129, 241, 268, 273, 282, 304

主題書誌　129, 131

主題専門制　275

主題探索質問　22-23

出版流通　135, 139-141, 156

出版流通販売データベース　141

情報　10-13

情報検索システム　30, 32-34, 38, 100, 118

情報源　iii, 32, 43, 46, 52, 56, 59-61, 64-65, 68, 72, 74, 129, 164, 166, 173, 179, 235, 250-251, 273, 282, 333-334

信頼性　60, 64

情報資源　iv, 4, 10, 30-32, 35, 38, 41, 43, 45-46, 88, 106-109, 112-130, 137, 274, 323

　粒度　116-118

情報探索行動　41-42, 302

情報ニーズ　30-33, 41-43, 47, 107, 163, 314, 335

情報リテラシー　302-309, 313-318

情報リテラシー教育　vi, 130, 178, 289, 292-293, 298-299, 302-309, 313-318, 329-330

商用プラットフォーム事業者　40-41

所在　28, 82, 142, 157, 160, 178, 265

書誌　vi, 2, 45, 59, 82, 73, 82, 139, 226

書誌コントロール　100, 113, 125-128, 130, 135-136, 143, 159-160

書誌情報　30, 45-46, 129-130, 139-143, 333

書誌的結合　93-94

書誌的世界　110, 112, 120, 123-124

書誌的知識　267, 273-274, 276, 281, 284

書誌データ　82, 84-85, 89, 92, 109-110, 113, 118-119, 125-127, 130, 136-138, 185

書誌データベース　45, 87-88, 90-92, 98, 100

書誌レコード　109-110, 115, 125

「書誌レコードの機能要件」　109

書籍販売DB　99

書評　99, 143, 261, 269, 282

調べ方ガイド　43-45

新日本古典籍総合データベース　142

ストーリー・レファレンス　271

スニペット　56, 145-146, 157

セマンティックウェブ　91, 126

セルフサーチ　333-334

セレンディピティ　119

全国書誌　91, 135-138, 142-143, 156, 158-

159

全体部分関連　82, 116-117

全文検索　→フルテキスト検索

全文データベース　97-98, 199, 145, 159, 333, 334

総合的な探究の時間　318-321, 329

総合目録　109, 133, 142

蔵書目録　2, 19-20, 28, 65-66, 109, 137, 140-141, 143, 323

相談　v, 58, 66, 68, 122, 219, 223-224, 233-238, 241-242, 245, 248-253, 277
　→：医療相談、読書相談、法律相談

ソーシャルアーカイビング　176

ソーシャルメディア　163-164, 172, 174, 176, 178-179

ソンタグ，S.　175

【た行】

大学教育　11, 298

大学図書館　250, 263, 289-310

「大学図書館におけるビブリオグラフィックインストラクションのガイドライン」291

『第二の知識の本』（藤川正信）　v

大日本印刷　186, 202

対話システム　50-52, 63

探究学習　313. 323-331

探索　2, 18, 20, 22-24, 31, 42-45, 59, 61, 65, 239, 245, 251, 258, 268, 333

探索（IFLA LRM）　88, 118-123, 129

地域資料（郷土資料）　45, 60, 129, 251

チェニー，フランシス　iv

知識　2-27, 42, 64, 72, 74, 77-78, 80-87, 91-92, 101, 134, 159-160, 252, 259-261, 273-274, 276-277, 279, 283-284, 292, 300-301, 304, 306, 308-309, 314-316, 318-319, 327, 329, 334-335
　→：書誌的知識

知識資源　10-11, 134-135, 156, 158-160
　プラットフォーム　143-144

知識の公理　14-15

知識ベース　45

地動説　13, 78

知のネットワーク　120, 122, 129

地方・小出版流通センター　140

チューリングテスト　51

調査学習型検索　42-43

直接指示レファレンス　86, 97, 99

著作　73, 80-82, 84-86, 88-89, 91-93, 97-101, 111-124, 129-136

著作権　46, 60, 96, 100, 139, 144-150 157-158, 172-174
　権利制限の柔軟性　148, 157

著作物　100, 141, 145-147, 157, 164, 166

蔦屋書店コンシェルジュ　279-280

ティーチングライブラリアン　306-307

「ティーチングライブラリアンの役割と強み」　306

テイラー，R. S.　18-19, 24, 336

デカルト，R.　51

適合度　32-33, 36, 90, 119, 271
　→：関連

テキストコーパス　→コーパス

テクスト論　87, 113

デジタルアーカイブ　vi, 46, 125, 130, 147, 149, 166
　→：パーソナルデジタルアーカイブ

デジタル遺品　168-169

デジタルフォレンジック　176

デジタルレファレンスサービス　44

データベース　vi, 28, 33, 45, 52, 59, 64-66, 72-73, 87-93, 98-100, 138, 140- 146, 157, 158, 202, 234, 246, 270-271, 289, 323, 333

　　→：書誌データベース，全文データベース

典拠　4-10, 27, 68, 100

典拠コントロール　45, 88, 91-93, 110, 116, 125, 138, 142

典拠資料　6, 10, 261, 267-269, 271-274, 281-283

電子辞書　184, 185, 187, 192, 200

電子書籍　31, 88, 106, 114-116, 121-122, 134, 137, 143, 146, 149

　　→：納本制度

電子図書館　30, 130

電子ブック　189-191, 200

転置索引　34, 36

トータルアーカイブズ　165

東京都立中央図書館　243, 244

読書　iv, 63, 219, 259, 280-281, 285, 314, 330

読書案内　232, 243, 257

読書相談サービス　63, 257-285

　　コンシェルジュ　279-280

　　質問　259, 268-272

　　児童サービス　278-279

　　選書　275-277

図書　iii, 4, 14, 17-19, 22-23, 64, 67, 88, 92, 95, 99-100, 106-107, 115, 134-139, 142-143, 152-154, 158-159, 280

図書館　iii, 10-15, 20, 28, 30-32, 43, 49-50, 69, 73, 127, 131, 148-149, 163, 218-226, 257-266, 333-334

　　→：学校図書館，国立国会図書館，大学図書館

図書館員　iii, 268, 274, 281, 296-297, 333

　「十分な知識」　259, 283

図書館オリエンテーション　290

図書館学の五法則　17

図書館建築　230-233

図書館参照モデル　→ IFLA LRM

図書館指導者講習会　iv

図書館法　259, 274, 281, 283-284

図書館目録　90, 106-116, 123-124, 128-131

　　→：蔵書目録，目録，総合目録

図書館流通センター　69, 139

トータルアーカイブズ　165

【な行】

内閣府知的財産戦略推進事務局　147

内包的意味　76-78

長尾真　148-150, 158

長澤雅男　vi, 12, 18, 82, 218, 220, 226, 233, 237, 257-258, 260-261, 266, 285, 335-336

日外アソシエーツ　140

『日本史年表』　5-6

日本出版インフラセンター（JPO）　139-140

日本書籍出版協会　139

『日本書籍総目録』　139-140

日本図書館協会　218

　　公共図書館部会参考事務分科会　60, 233, 238

　　町村図書館活動推進委員会　231- 232

　　目録委員会　136

「日本の図書館におけるレファレンスサービスの課題と展望」　260, 262

認識論的権威　8-9, 273
ネットワーク情報資源　30, 32, 46
納本制度　135-137, 142, 150-156, 176
　　電子書籍・電子雑誌　151-156
ノーメン　123-124

【は行】

ハイパーテクスト　36, 90
ハイパーメディア　36
ハイパーリンク　38, 38, 40, 90-91, 97-98
博物館データ　128
パスファインダー　2, 26, 45
パーソナルデジタルアーカイブ　164-169
　　社会的便益　166
　　負の側面　168-169
ハッシュタグ　99
パラダイム論　78
版元ドットコム　140
非言語情報　58
ビッグデータ　30, 41, 166
日野市立中央図書館　230
ビブリオグラフィックインストラクション
　　289-302
百科事典　iii, 8, 13, 15, 20, 87, 97
広島市立図書館　219
ファクトイド型質問　53
フェアユース　95, 100, 145-148, 172, 174
藤川正信　v
普通名詞　22
プライバシー　40, 58, 122, 169-170, 172-17,
　　224, 244, 251
ブラウジング　18-19, 26, 39, 42, 73, 88, 100,
　　119, 122, 129
ブーリアン検索モデル　33

フルテキスト検索　30, 34, 38, 46, 56, 62-63,
　　73, 88-89, 91, 98, 100, 146, 157, 160, 188,
　　194, 205
文化遺産機関　163, 172, 178
文学作品　258-260, 268-269, 271-272, 274,
　　276, 281-282, 284
文学理論，文化理論　87
閉架　20
米国議会図書館　67, 109, 172
　　全米デジタル情報基盤整備・保存プログ
　　ラム（NDIIPP）　172-175, 178
ペイジ，ラリー　iii
ベクトル空間モデル　35-36, 56
ページランク　iii, 39
ベルヌ条約　146
変則的な知識状態仮説　23
法律相談　58, 66, 68, 224, 233-238
ボーンデジタル資料　142, 165, 175

【ま行】

『未知の探究―探究活動の歩き方』　323
武蔵野市　219
無人図書館　69
無知の知　3, 16-17, 19-20, 25
メタデータ　37, 42, 73, 82, 84-85, 88- 89, 91,
　　97-98, 143, 147, 156, 156-157, 177
メタ認知　317-318, 327
メディア　12, 47, 72, 81, 106, 114-116, 122,
　　129, 134, 138, 313-314, 333-334
メディア情報リテラシー　314
メディアリテラシー　313
目録　73, 82, 109, 136, 143, 159, 289
　　→：蔵書目録，図書館目録
目録理論　106, 108

物語情報の組織化　282
モンタギュー意味論　22

【や行】
ユネスコ　314
『夜明けの図書館』（埜納タオ）　238
要素技術　30-31, 46, 52
読み　90
予約レファレンス　252-253

【ら行】
ライプニッツ, G.　iii
ラシュディ, S.　175
ラッセル, B.　77
ラフォンテーヌ, アンリ　159
ランガナタン, S. R.　17-18, 20-21
リーヴィス, F. R.　313
リサーチナビ　45
リチャーズ, I. A.　76
リファレンス　75
利用者　iii, 2-28, 30-33, 36-37, 40-47, 49-50,
　52, 63, 67, 72-73, 88, 90, 96, 98, 106-111,
　113-114, 116, 118-120, 122, 125, 128-130,
　140, 192, 218-253, 257- 285, 321, 333-334
　自律的　113, 118, 128, 130
利用者タスク（IFLA LRM）　118-119
利用者要求（ニーズ）　2-5, 18, 24-26, 32,
　227-229
　無意識　20-22, 25-27
　→：情報ニーズ
リンク　37-41, 73, 91, 95-96, 99-100, 110,
　126, 140, 142, 145, 160, 176, 273
リンク解析　31, 38-39, 41
リンクトオープンデータ　46

リンド, ロバート　334-335
レファレンス　v, 28, 72-73, 100, 222
レファレンスインタビュー　2, 23, 58, 67,
　234, 236, 335-336
レファレンス協同データベース　44, 57, 246
レファレンス記録票　62
レファレンスコーナー　229-233
レファレンスコレクション　2, 4, 24, 26, 50,
　226-229, 334
レファレンスサービス　iii-vi, 2-28, 32, 43,
　49-50, 57-69, 72, 107, 218-254, 258
　解説書　219-220
　間接サービス　17-18, 24-28, 226, 334
　質問回答事例　229-248
　写像モデル　24-28
　直接サービス　17-18, 24-28, 226, 250
　読書相談サービスとの関係　260-266
　発信型　26-27
　ビブリオグラフィックインストラクショ
　　ンとの関係　299
　表示（サイン）　222-226
　用語　222-224
　要素技術　30-47
「レファレンスサービスの改善と向上に向け
　てのガイドライン（案）」　222, 245, 265
レファレンス質問　vi, 18-20, 26, 44, 226-
　242, 262
　回答すべきでない質問（禁止質問）　66,
　　233-238
　事実調査型　55, 61-62, 65
　質問回答事例　229-248
　所蔵調査型　65-66
　文献調査型　55, 61-62, 65
　利用案内型　66

レファレンス事例集　44, 239-242, 245-248

レファレンス資料　5, 8-10, 13, 60, 72, 184

レファレンスブック　82, 84, 87, 336-337

　案内指示的　82-84, 89, 96, 129

　事実解説的　83-84, 89, 96-97

　データレファレンス　83-84, 96

レファレンスプロセス　57-59, 61, 67

レファレンスライブラリアン　5, 9, 17, 19-

　21, 24, 290, 299

レファレンス理論　73-75, 86-87, 101

『レファレンス・ワーク』(小田泰正編)

　221

『レファレンス・ワーク』(志智嘉九郎)　v

レフェラルサービス　58, 224

ロボット　50, 62

ロボットは東大に入れるか　54

ローススティーン，サミュエル　iv

【わ行】

ワールドワイドウェブ　→ウェブ

忘れられる権利　169, 174

執筆者一覧

【編者】

根本　彰（ねもと　あきら）　慶應義塾大学文学部教授

1954 年生。東京大学大学院教育学研究科博士課程単位取得退学。博士（図書館・情報学）。著書に『情報リテラシーのための図書館』（みすず書房，2017），『教育改革のための学校図書館』（東京大学出版会，2019）など。

齋藤泰則（さいとう　やすのり）　明治大学文学部教授

1958 年生。東京大学大学院教育学研究科博士課程単位取得退学。著書に『利用者志向のレファレンスサービス：その原理と方法』（勉誠出版，2009），『図書館とレファレンスサービス：論考』（樹村房，2017）など。

【著者】

浅石卓真（あさいし　たくま）　南山大学人文学部准教授（第 3 章）

1986 年生。東京大学大学院教育学研究科博士課程修了。博士（教育学）。論文に「高校理科教科書における知識の形成過程：テキストにおける語彙ネットワークの成長過程の分析」（『日本図書館情報学会誌』vol.62, no.1, 2016），「中学・高校の理科教科書における知識の潜在的規模：テキストからの語彙量推定に基づく分析」（『日本図書館情報学会誌』vol.63, no.3, 2017）など。

石黒祐子（いしぐろ　ゆうこ）　鳥取大学地域学部・鳥取短期大学国際教養学科非常勤講師（第 8 章）

慶應義塾大学大学院文学研究科修士課程（図書館・情報学専攻）修了。共著書に『レファレンスブックス：選びかた・使いかた』三訂版（日本図書館協会，2016）など

糸賀雅児（いとが　まさる）　慶應義塾大学名誉教授（第 9 章）

1954 年生。東京大学大学院教育学研究科修了（教育学修士）。共著書に『地方自治と

図書館』（勁草書房，2016 年）など。

岩崎れい（いわさき　れい）　京都ノートルダム女子大学国際言語文化学部教授（第12 章）
東京大学大学院教育学研究科博士課程単位取得満期退学。共著書に『学校図書館への研究アプローチ』（勉誠出版，2017），Global Action on School Library Education and Training（De Gruyter SAUR, 2018）など。

上岡真紀子（うえおか　まきこ）　帝京大学学修・研究支援センター准教授（第 11 章）
慶應義塾大学文学研究科図書館・情報学専攻単位取得退学。論文に「米国におけるビブリオグラフィックインストラクションから情報リテラシーへの転換」（Library and Information Science, no.78, 2017），「米国におけるビブリオグラフィックインストラクションムーブメントの展開：情報リテラシーの前史として」（Library and information science, no.76, 2016）など。

齋藤泰則　編者を参照（第 1 章）

塩崎　亮（しおざき　りょう）　聖学院大学基礎総合教育部准教授（第 7 章）
1977 年生。シティ大学ロンドン 図書館情報学専攻修士課程修了。訳書に，デビッド・ボーデンほか著『図書館情報学概論』（勁草書房，2019）。論文に「国立国会図書館サーチのメタデータ収録状況：Europeana との比較調査」（『情報管理』vol. 57, no.9（共著））など。

高久雅生（たかく　まさお）　筑波大学図書館情報メディア系准教授（第 2 章）
1976 年生。筑波大学大学院図書館情報メディア研究科博士後期課程修了。博士（情報学）。共編著に『メタデータとウェブサービス』（勉誠出版），論文に「タスク種別とユーザ特性の違いが Web 情報探索行動に与える影響」（『情報知識学会誌』vol. 20, no.3, 2010）など。

根本　彰　編者を参照（第4章，第6章）

橋詰秋子（はしづめ　あきこ）　慶應義塾大学大学院文学研究科後期博士課程（第5章）

1976年生。国立国会図書館を経て，慶應義塾大学大学院後期博士課程修了。博士（図書館・情報学）。論文に「RDA，NCR1987，NCR2918における『著作』」（Library and Information Science, no.80, 2018），「FRBRからみたJapan/MARCの特徴：『著作』を中心に」（『日本図書館情報学会誌』vol.55, no.4, 2009）など。

福永智子（ふくなが　ともこ）　椙山女学園大学文化情報学部教授（第10章）

東京大学大学院教育学研究科博士課程単位取得退学。論文に，「名古屋市の小学校における読み聞かせボランティア」（『中部図書館情報学会誌』vol. 56, 2016），「愛知県内の小・中学校における学校司書の実態」（『中部図書館情報学会誌』vol.58, 2018, p.1-20）など。

レファレンスサービスの射程と展開

2020 年 2 月 28 日　初版第 1 刷発行
定価：本体 3,000 円（税別）

編　者：根本　彰, 齋藤泰則
発行者：公益社団法人　日本図書館協会
　　　　〒 104-0033　東京都中央区新川 1-11-14
　　　　Tel 03-3523-0811 ㈹　Fax 03-3523-0841　www.jla.or.jp
印刷・製本：藤原印刷㈱

JLA201920　　ISBN978-4-8204-1913-6　　　　　　Printed in Japan
本文用紙は中性紙を使用しています